قال تعالى : (قُلْ لَوْ كَانَ الْبَحْرُ مِدَادًا لِكَلِمَاتِ رَبِّي لَنَفِدَ الْبَحْرُ قَبْلَ أَنْ تَنْفَدَ كَلِمَا
رَبِّي وَلَوْ جِئْنَا بِمِثْلِهِ مَدَدًا (109))

المحاسبة الحكومية

المحاسبة الحكومية

د. لؤي وديان   د. زهير الحدرب

الطبعة الأولى

2010م /1431 هـ

دار البداية ناشرون وموزعون

المملكة الأردنية الهاشمية
رقم الإيداع لدى دائرة المكتبة الوطنية (2009/6/2369)

657.8
وديان ، لؤي محمد عبد الرحمن
المحاسبة الحكومية /لؤي محمد عبد الرحمن وديان
. _ عمان: دار البداية ناشرون وموزعون ، 2009.
( ) ص.
ر.أ: (2009 / 6 / 2369)
الواصفات: / المحاسبة الحكومية // المحاسبة المالية /

* إعدت دائرة المكتبة الوطنية بيانات الفهرسة والتصنيف الأولية
*يتحمل المؤلف كامل المسؤولية القانونية عن محتوى مصنفه ولا يعبر هذا المصنف عن راي دائرة المكتبة الوطنية او أي جهة حكومية أخرى .

الطبعة الأولى

2010م – 1431هـ

دار البداية ناشرون وموزعون
عمان - شارع الملك حسين - مجمع الفحيص التجاري
هاتف: ٠٠٩٦٢ ٦ ٤٦٤٠٦٧٩ تلفاكس: ٠٠٩٦٢ ٦ ٤٦٤٠٥٩٧
ص.ب ٥١٠٣٣٦ عمان ١١١٥١ الأردن
Info.daralbedayah@yahoo.com

المقدمة

الحمد لله رب العالمين والصلاة والسلام على سيد المرسلين سيدنا محمد وعلى آله وصحبه أجمعين.

نلقي الضوء في هذا الكتاب من المحاسبة الحكومية على الإطار الفكري للمحاسبة الحكومية ، والموازنة العامة للدولة ، والرقابة المالية العامة ، وتناولنا في الفصل الرابع السياسات المالية والنقدية والاستقرار الاقتصادي، واعددنا الموازنة العامة في المملكة الأردنية الهاشمية والأساليب الحديثة للموازنة العامة ، وتناولنا في الفصل السابع النظام المحاسبي في ضوء التشريعات الأردنية ، والمعالجة المحاسبية للإيرادات والمقبوضات الأخرى ، والحسابات الختامية في الحكومة ، وقارنا بين العلاقة بين المحاسبة القومية والاقتصاد ، وأخيرا المنظمات الدولية والمحاسبة الحكومية.

ونسأل الله العلي القدير أن نكون قد وفقنا في تقديم هذا الكتاب.

و الله من وراء القصد

المؤلفان

الفصل

الأول

الإطار الفكري للمحاسبة الحكومية

الفصل الأول

الإطار الفكري للمحاسبة الحكومية

مقدمة

يقوم النظام المحاسبي في المنشآت بدور أساسي في تخطيط ورقابة الأنشطة والعمليات باعتباره نظاماً للمعلومات، وتزداد أهمية هذا الدور في الوحدات الإدارية الحكومية نظراً لضخامة حجم الموارد التي تحصلِها الحكومات أو تقوم بإنفاقها، وفضلاً عن ذلك، فإن عدم وضوح العلاقة بين ملكية وإدارة أموالها مما قد يؤدي إلى إساءة استخدام الأموال.

ورغم أهمية التخطيط الدقيق للأنشطة والعمليات التي تقوم الحكومات بتأديتها، وما يترتب عليها من نفقات، فإن هذه الوظيفة الأساسية ما زالت عاجزة إلى حد كبير وخاصة في الدول النامية، نظراً لاستناد تخطيط الأنشطة والعمليات الحكومية إلى أسلوب الموازنة التقديري والذي ثبت بالبحث النظري والتطبيق العملي قصوره في القيام بترشيد كافة موارد الدولة نحو الاستخدام الأفضل، وكذلك قصوره في الرقابة على هذه الموارد وأوجه إنفاقها.

وعلى هذا فإن المحاسبة الحكومية تعتبر جزءاً متكاملاً من الهيكل المالي العام للدول، كما أنها الوسيلة التي تمكن من توفير المعلومات اللازمة لاتخاذ القرارات الاقتصادية في التخطيط الشامل لإدارة الاقتصاد القومي، كما تعتبر العنصر الأساسي في رقابة وإدارة أنشطة الوحدات الإدارية الحكومية.

ونظراً لارتباط الموازنات الحكومية بالمحاسبة الحكومية باعتبار أن الموازنات عنصر أساسي من عناصر نظام المحاسبة الحكومية، فقد قامت الأمم المتحدة بإصدار العديد من التقارير تتعلق بأسس ودليل التبويب للمحاسبة

الحكومية، ودليل لموازنة البرامج والأداء، وكذلك المحاسبة الحكومية في إدارة اقتصاد الدول النامية.

ولذلك فإن عدم احتواء الموازنة العامة للدولة على نوع وكمية بعض الأنشطة والخدمات التي تقدمها الوحدات الحكومية، فقد خلا كذلك النظام المحاسبي الحكومي من هذه المعلومات رغم أهميتها، بل انصب اهتمامه على توفير بيانات السلامة القانونية والمالية عند تنفيذ الموازنة.

وتأسيساً على ما سبق يتضمن هذا الفصل الموضوعات التالية:

1- مفهوم المحاسبة الحكومية

2- أهداف المحاسبة الحكومية

3- خصائص النشاط الحكومي

4- خصائص النظام المحاسبي الحكومي

5- وظائف النظام المحاسبي الحكومي

6- الخصائص المميزة للمحاسبة الحكومية

7- معايير المحاسبة الحكومية

8- نطاق تطبيق المحاسبة الحكومية

9- أوجه الشبه والاختلاف بين المحاسبة الحكومية والمحاسبة المالية

10- المنهج والأسس والنظريات المحاسبية

1-1 مفهوم المحاسبة الحكومية:

لقد تأثرت المحاسبة الحكومية بشكل كبير بتطور النشاط الحكومي وتنوعه وكبر حجمه واتساع مجالاته، نتيجة للتحول من أداء الوظائف السيادية مثل: الأمن والدفاع والعدالة، حيث كانت المحاسبة الحكومية قاصرة على تسجيل عمليات الإنفاق والتحصيل الخاصة بهذه الوظائف.

ونتيجة لتطور وازدياد وظائف الحكومة واتجاهها لأداء وظائف أخرى نتيجة للمتطلبات الحديثة التي فرضت نفسها على الحكومات لإشباع الحاجات العامة للمواطنين، ومن ثم ارتبط مفهوم المحاسبة الحكومية بتطور النشاط الحكومي حيث أصبحت المحاسبة الحكومية تهتم بشكل كبير في تقديم البيانات والمعلومات المالية والمحاسبية اللازمة والضرورية إلى الجهات المعنية، كما أنها تعتبر أداة هامة من أدوات الإدارة المالية العامة في فرض الرقابة على تحصيل الأموال وأوجه إنفاقها، وبالإضافة إلى أنها وسيلة هامة لتقييم أداء الحكومات ومصدراً أساسياً لأغراض التخطيط الاقتصادي والاجتماعي والمالي.

وعلى الرغم من الخصائص التي تميز النشاط الحكومي على الأنشطة الأخرى التجارية والصناعية، والتي من أهمها غياب مقياس الربح وانفصال الملكية عن الإدارة، إلاّ أنه يجب أن يكون هناك استجابة للنظام المحاسبي الحكومي لطبيعة الأنشطة والخدمات التي يقدمها، كما أن تعدد صور الإجراءات في هذا النظام المحاسبي تهدف إلى زيادة الرقابة بكافة أنواعها.

وعرف أحد الكتّاب المحاسبة الحكومية بأنها:

((المبادئ والتقاليد والإجراءات المرتبطة بالمحاسبة عن المحليات والمحافظات والوحدات الحكومية. وتتصف هذه المحاسبة في الماضي بالتسجيل في السجلات والقوائم المالية لحسابات الموازنة ومراعاة القيود القانونية أو الإدارية المفروضة على الإنفاق، وتسجيل الالتزامات وينظر إلى كل منها حالياً على أنها مواصفات

اختيارية، وفي السنوات الأخيرة فإن طريقة المحاسبة على أساس الاستحقاق تحل تدريجياً محل النماذج القديمة)).

كما عرّفتها هيئة الأمم المتحدة بأنها:

((تختص بقياس (تبويب وتقييم) ومعالجة وتوصيل ومراقبة وتأكيد صحة المتحصلات والنفقات والأنشطة المرتبطة في القطاع الحكومي)).

وطبقاً للقانون المصري رقم 127 لسنة 1981 الخاص بالمحاسبة الحكومية والذي عرّفها بأنها:

((القواعد التي تلتزم بها الجهات الإدارية في تنفيذ الموازنة العامة للدولة وتأشيراتها وتسجيل وتبويب العمليات المالية التي تجريها وقواعد الرقابة المالية قبل الصرف ونظم الضبط الداخلي وإظهار وتحليل النتائج التي تعبر عنها المراكز المالية والحسابات الختامية لهذه الجهات وبحيث تعطي صورة حقيقية لها)).

ومن هذا التعريف الساق نتبين أن القانون حدد وظائف المحاسبة الحكومية التقليدية، ونرى أنه من المفيد أن يتضمن التعريف أن المحاسبة الحكومية تساهم في توفير المعلومات المالية اللازمة لأغراض التخطيط والرقابة واتخاذ القرارات، ومن ثم يمكن الحكم على كفاءة أداء الوحدات الإدارية في تقديم الأنشطة والخدمات الحكومية للمواطنين.

وتأسيساً على ما سبق فإنه يمكن تعريف المحاسبة الحكومية أنها: تتضمن مجموعة من المبادئ والقواعد والإجراءات التي تحكم عملية تجميع وتسجيل وتبويب العمليات المالية التي تقوم بها الوحدات الإدارية الحكومية والتي تتعلق بتحصيل الإيرادات العامة وأوجه إنفاقها على الأنشطة والخدمات التي تبغي الحكومية القيام بها، وذلك تمهيداً لعرضها في شكل تقارير وقوائم مالية دورية وتقديمها إلى الجهات المعنية بالتعرف على نتائج أداء الحكومة. وتتمثل هذه الجهات في الآتي:

أ- السلطة التشريعية:

تساعد البيانات المالية التي أنتجتها المحاسبة الحكومية في إحكام الرقابة على الأنشطة والعمليات التي تقوم بها أجهزة الوحدات الحكومية وذلك من خلال مدى التزام هذه الوحدات بالقواعد والإجراءات الخاصة بتحصيل الإيرادات العامة وأوجه صرف النفقات العامة، وذلك في ضوء التشريعات والقوانين والأنظمة المالية المعمول بها.

ب- السلطة التنفيذية:

يقصد بها الإدارة العليا المتمثلة في مجلس الوزراء حيث تحتاج إلى البيانات والمعلومات التي توفرها المحاسبة الحكومية وذلك لتحقيق الأهداف التالية:

1- تساعد السلطة التنفيذية في اتخاذ القرارات الاقتصادية والاجتماعية والمالية.

2- تساعد في تقييم أداء الوحدات الإدارية الحكومية، بالإضافة إلى تحقيق الرقابة على أنشطتها وتحديد الانحرافات لمعالجتها.

3- تساعد في عمليات التخطيط طويل وقصير الأجل.

جـ- المستثمرون:

تلعب البيانات والمعلومات المالية الحكومية دوراً هاماً في إقناع المستثمرين سواء كانوا محليون أو أجانب بالقيام بالاستثمارات المختلفة حيث يستطيعون من خلال هذه المعلومات التعرف على قوة أو ضعف المركز المالي الحكومية وحجم الالتزامات ومقدار الرصيد النقدي المتوفر لمواجهة أية التزامات.

2-1 أهداف المحاسبة الحكومية:

يمكن تحديد الأهداف التي ينبغي أن تحققها المحاسبة الحكومية فيما يلي:

1- إمكانية التعرف على الإيرادات الفعلية والنفقات الفعلية ومقارنة ذلك مع الإيرادات والنفقات المقدرة للوحدات الإدارية الحكومية، وذلك بهدف التعرف على أسباب الفروق بين الفعليات والتقديرات، ومن ثم اتخاذ الإجراءات المصححة التي تساعد على تفادي الفروق غير المرغوب فيها.

2- تحقيق الرقابة الفعالة على إيرادات ونفقات الدولة، ومن ثم إظهار سلامة عمليات التحصيل والإنفاق من حيث إتساقها مع ما تفرضه القوانين واللوائح والإجراءات للتأكد من جدية وقانونية الإنفاق على تنفيذ الأنشطة والبرامج والخدمات وتمشيه مع القوانين واللوائح المنظمة لذلك.

3- إحكام الرقابة على الأصول المملوكة للوحدات الإدارية الحكومية لحمايتها والحفاظ عليها من الضياع أو الاختلاس أو سوء الاستخدام.

4- توفير البيانات والمعلومات اللازمة لرسم السياسات والتخطيط واتخاذ القرارات، والرقابة والمتابعة لأداء الوحدات الإدارية الحكومية لتقييم أدائها.

5- الإفصاح عن النتائج المالية والاقتصادية للأنشطة والبرامج التي تنفذها الوحدات الحكومية من حيث الالتزام بنفقات هذه البرامج والأنشطة وكذلك إظهار حجم ما حققته من أنشطة وعمليات.

وبالإضافة لما سبق فإن من مهام النظام المحاسبي الحكومي تزويد أجهزة الإحصاء بالبيانات التي تساعد على عمل الإحصاءات المختلفة للقطاعات المتعددة للاقتصاد القومي وكذلك البيانات والمعلومات اللازمة للمستثمرين وجهات الإقراض الدولية مثل صندوق النقد الدولي.

3-1 خصائص النشاط الحكومي:

تسعى الحكومات إلى تقديم السلع والخدمات العامة والمتعددة للمواطنين، ويتسع ويضيق نطاق هذه الأنشطة التي تقوم بها الحكومات تبعاً للفلسفة

الاقتصادية التي تتبناها تلك الدول، وحيث يتراوح نطاق الأنشطة الحكومية تبعاً لذلك من امتلاك وإدارة كاملة لكل الأنشطة والخدمات التي تقدمها الحكومات إلى الاقتصار على القيام ببعض الأنشطة والخدمات والتي ترغب في تقديمها لإشباع الحاجات العامة للمواطنين.

ولا تتبنى الحكومة في العصر الحديث أداء خدمات معينة دون غيرها بطريقة عشوائية، وإنما يحدث تحديد واختيار للخدمات التي تؤديها الحكومة وهي بمثابة الخدمات الضرورية التي يلزم حصول الجمهور عليها دون النظر إلى المقدرة على دفع ثمنها، نظراً لآثارها الاجتماعية الممتدة، وكذلك أيضاً الخدمات الجماعية التي لا يمكن أن يستهلكها كل فرد بذاته، وإنما يلزم أدائها بشكل جماعي مثل الطرق والكباري.

وتأسيساً على ما سبق فإن الوحدات الإدارية الحكومية تتميز بخصائص معينة تؤثر على النظام المحاسبي في هذه الوحدات، ويمكن إيجاز هذه الخصائص وأثرها على النظام المحاسبي على النحو التالي:

1-3-1 الوحدات الحكومية لا تهدف إلى تحقيق الربح:

إن النشاط الحكومي يتميز بتقديم الخدمات العامة بشكل مستمر لإشباع الحاجات العامة للمواطنين وليس لتحقيق الربح، حيث تخصص الموارد عادة لمشروعات الخدمات العامة من أجل تقديم سلع وخدمات ضرورية للمواطنين ويلزم حصول الأفراد عليها بدون النظر إلى المقدرة على الدفع، وعلى ذلك لا تحقق مشروعات الخدمات العامة الإيرادات، ومن ثم لا تجري مقابلة بين النفقات والإيرادات بغرض حساب الربح.

ولا يعني غياب الربح في مشروعات الخدمات التي تؤديها الوحدات الحكومية أنها تعمل بخسارة، ولكن يغيب فقط مقياس الربح الناشئ عن المقارنة بين الإيرادات والنفقات وتظل هناك حاجة لحساب العائد الاجتماعي لهذه

الخدمات العامة، ورغم صعوبة قياسه إلاّ أنه ليس مستحيلاً، وقد اهتمت الدول المتقدمة من خلال قياس كمي ووصفي للعائد الاجتماعي لهذه الخدمات مما يحقق جدوى تخصيص الموارد بين الخدمات المختلفة.

وعلى الرغم من أن الربح يمثل مقياساً جيداً للمفاضلة بين البدائل المختلفة، كما أنه مقياس لكفاءة أداء البرامج والأنشطة، وأن غياب الربح في الوحدات الإدارية الحكومية يؤدي إلى ضرورة توفير أدوات تحقق نفس مزاياه، ومن ثم فإن النظام المحاسبي للوحدات الإدارية الحكومية ينبغي أن يتضمن أساليب ومؤشرات أخرى بين البدائل لقياس كفاءة الإدارة، مثل أن تقاس بدرجة رضاء الأفراد عن الخدمات المقدمة.

2-3-1 تختلف وتتعدد مصادر تمويل الإيرادات والنفقات العامة:

إن الحكومة هي صاحبة القرار في تحصيل الإيرادات وطرق إنفاقها باعتبارها سلطة سيادية حيث تحصل على الإيرادات العامة على شكل ضرائب ورسوم وعوائد على اختلاف أنواعها، وتقوم بتوزيعها على الأنشطة والخدمات التي تؤديها الوحدات الحكومية المختلفة بموجب اعتمادات ترصد سنوياً في الموازنة العامة للدولة لتأدية هذه الأنشطة والخدمات وذلك لتحقيق أهداف عامة ومرسومة من قبل الحكومة.

وعلى ضوء هذا يتبين لنا عنصرين أساسين هما:

أ- لا يوجد للوحدة الإدارية الحكومية رأس مال كما هو في المنشآت التجارية، وإنما يتم تمويلها عن طريق الاعتمادات التي ترصد لها في الموازنة العامة للدولة.

ب- لا يوجد علاقة ارتباط بين الإيرادات والمصروفات وهو ما يؤكد ظهور مبدأ عمومية الإيرادات والمصروفات.

3-3-1 غياب حافز المنافسة في مجال النشاط الحكومي:

تقدم الوحدات الإدارية الحكومية خدمات وسلع ضرورية للأفراد عادة ليست محل تبادل في الأسواق نظراً لأنها تقدم مجاناً وأحياناً بمقابل رمزي ليس له علاقة بالتكلفة، كما قد نحظر الحكومة على الأفراد أو القطاع الخاص القيام بتقديم بعض السلع والخدمات لأغراض اجتماعية أو سياسية، ولذلك لا توجد عادة سوق للمنافسة في مجال تقديم السلع والخدمات العامة التي تؤديها الوحدات الإدارية الحكومية.

وعلى هذا فإنه يتحتم في ظل غياب المنافسة في مجال الخدمات والسلع التي تؤديها الوحدات الإدارية الحكومية ضرورة أن يتضمن النظام المحاسبي الحكومي وسائل بديلة تؤدي إلى الاقتصاد في ترشيد استخدام الموارد وتحقيق مستوى أفضل للخدمة، ويمكن عن طريق الربط بين حجم الخدمات التي تقدمها الوحدات الإدارية الحكومية ومبالغ الاعتمادات المخصصة لها هو أحد وسائل ترشيد نفقات هذه الوحدات الحكومية.

4-3-1 تخضع الوحدات الإدارية الحكومية لقيود قانونية:

يتم تمويل الأنشطة والخدمات التي تقدمها الوحدات الإدارية الحكومية عن طريق تخصيص اعتمادات مالية لهذه الوحدات في ضوء احتياجاتها وبإشراف الجهاز الإداري والمالي للدولة المتمثل في وزارة المالية وأجهزتها المختلفة، ويراقب المجلس النيابي (مجلس النواب) سلامة تخصيص الموارد لأنشطة تلك الوحدات الحكومية، ومن ثم يخضع استخدام هذه الموارد من قبل الوحدات الحكومية لمجموعة من القواعد القانونية واللوائح المالية التنفيذية والتي تنظم عملية الإنفاق لمخصصات تلك الوحدات، كما تنظم أيضاً الحالات التي تتجاوز فيها الوحدات هذه المخصصات والإجراءات التي تتبع في سبيل ذلك.

ويترتب على ذلك أن إنشاء النظام المحاسبي في القطاع الحكومي يخضع لقوانين وإجراءات وقواعد تتبع في إثبات العمليات المالية وأسماء الحسابات وتبويبها وتوحيد المستندات اللازمة لإثبات جدية وصحة العمليات المالية والدفاتر المحاسبية والتقارير والقوائم المالية والحسابات الختامية وكل ما يتعلق بالنظام المحاسبي وبما يساعد على تحقيق رقابة فعالة على عمليات التحصيل والإنفاق حتى لو أدى ذلك إلى وجود تعارض مع المبادئ المحاسبية المتعارف عليها والمقبولة قبولاً عاماً.

5-3-1 ملكية الوحدات الإدارية الحكومية ملكية عامة:

إن الوحدات الحكومية لا تحصل على رأس مال ثابت تستخدمه في ممارسة أنشطتها المختلفة بل تحصل على الأموال من خلال تحصيل الإيرادات المستحقة للدولة في صورة فرض ضرائب أو رسوم أو عوائد، وبالتالي فإن تلك الوحدات تنفذ أعمالها من خلال أموال الشعب المحصلة وهي كذلك تعد مملوكة ملكية عامة لجميع أفراد هذا الشعب، وقد ينشأ عن ذلك زيادة انفصال الملكية عن الإدارة مما أضعف إحساس الإدارة بحرمة المال العام وبالتالي ضعف المساءلة التي تتعرض لها هذه الوحدات من قبل الإدارة العليا الحكومية.

وفي ضوء ذلك يقع على المحاسبة الحكومية عبء سلامة ودقة توجيه الموارد الاقتصادية نحو الأنشطة والبرامج التي تحقق أعلى منفعة ممكنة، وفضلاً عن ذلك إحكام الرقابة الفعالة على الموارد الاقتصادية التي تخصص لكل نشاط أو برنامج تقدمه الوحدات الحكومية وذلك لإمكانية ضمان التزام إدارة هذه الوحدات بتحقيق أهداف هذه الموارد.

وتجدر الإشارة إلى أن الوحدات الإدارية الحكومية لا تعد ميزانية تتضمن أصولها ومصادر تمويلها لعدم الحاجة إليها، أما فيما يتعلق بضمان سلامة هذه الصول الحكومية فيتم إتباع نظام العهد وكذلك الحسابات النظامية.

4-1 خصائص النظام المحاسبي الحكومي:

يعتبر النظام المحاسبي أحد النظم الفرعية للمحاسبة ويتضمن كافة عمليات إثبات الإيرادات العامة الحكومية وتحصيلها وأوجه إنفاقها على أنشطة الوحدات الحكومية، ثم التقرير عن هذه الأنشطة في شكل تقارير وقوائم مالية وتقديمها إلى الجهات التي لها مصلحة مباشرة فيها.

والنظام المالي الحكومي له طبيعته الخاصة وهو ما ينعكس على خصائص عناصر هذا النظام بشكل يميزه عن ما هو متواجد في وحدات منشآت الأعمال. وسيتم تناول طبيعة النظام المحاسبي الحكومي وخصائصه كالتالي:

1-4-1 طبيعة النظام المحاسبي الحكومي:

النظام المحاسبي بصفة عامة يقوم بوظيفة تقديم الخدمات إلى أطراف معينة تستفيد من مخرجات هذا النظام، كما أنه يجب أن يتطور هذا النظام لتلبية الاحتياجات من المعلومات في بيئة معينة، وفي هذا المجال فإن بيئة الوحدات الإدارية الحكومية نجد أنها تسعى إلى أن القرارات الخاصة بالحصول على الإيرادات وطرق إنفاقها، وتوجيه الإدارة العليا لاستخدام هذه الموارد وحمايتها وتقنين طرق صرفها كان دائماً محاطاً بأهداف اجتماعية وسياسية واقتصادية وقيود أخرى أكثر من هدف تحقيق الربح.

كما استخدمت القوانين واللوائح المالية كأداة للمجتمع في توجيه الوحدات الإدارية الحكومية لتحقيق الأهداف وبالتالي فإن النظام المحاسبي في تلك الوحدات نما وتطور بطريقة تتميز بأهمية الرقابة وذلك باعتبار أن النظام المحاسبي الحكومي يتابع النشاط الحكومي في الوحدات الإدارية الحكومية وهو نشاط محكوم بتحقيق المصلحة العامة لجموع الشعب ويخضع للمساءلة القانونية ولاعتبارات سياسية واقتصادية واجتماعية ومالية وإدارية، وهو ما

ينعكس بالضرورة على هيكل النظام المحاسبي والوظائف الذي يسعى لتحقيقها وكذلك الخدمات التي يقوم بأدائها.

وتأسيساً على ما سبق تنعكس طبيعة النشاط الحكومي الذي يتولاه النظام المحاسبي على هيكل هذا النظام وطرق التسجيل للعمليات المالية وذلك من حيث استخدام أساليب خاصة بعمليات قياس النتيجة وإعداد البيانات والمعلومات المتعددة الأغراض لخدمة التخطيط المالي.

2-4-1 سمات النظام المحاسبي الحكومي:

على الرغم من تماثل النظام المحاسبي في الوحدات الحكومية وفي منشآت الأعمال، إلاّ أن الاختلاف في طبيعة الوحدات الإدارية الحكومية عنه في منشآت الأعمال، فرض صفات معينة أدت إلى تميز بعض عناصر النظام المحاسبي الحكومي بصفات قد لا توجد في منشآت الأعمال وهي:

أ- يتم العمل في الوحدات الإدارية الحكومية وفقاً للموازنة العامة والتي تعد قبل بداية السنة المالية وتتضمن تقديرات للإيرادات والنفقات عن سنة مقبلة، وهو ما يتطلب ضرورة الربط بين النظام المحاسبي الحكومي والموازنة العامة بصورة تحقق التكامل بينهما لإظهار مدى التزام تلك الوحدات بما ورد بالموازنة العامة كخطة مالية تعكس أنشطة الحكومة وسياساتها.

ب- يتم تصميم النظام المحاسبي الحكومي بشكل ينسجم مع المتطلبات الدستورية والقانونية والتعليمات المالية، وهو ما يبين مدى التزام الوحدات الحكومية بالقواعد التشريعية والمالية المطبقة.

جـ- تعد التقارير والقوائم المالية في الوحدات الإدارية الحكومية في شكل نماذج موحدة ووفقاً لقواعد وإجراءات ثابتة تحددها القوانين واللوائح المالية وتهدف هذه التقارير إلى إظهار الموقف المالي على مستوى الوحدة الحكومية وكذلك على مستوى الجهاز الحكومي.

د- تأخذ المستندات في جميع الوحدات الحكومية شكلاً نمطياً ويحكم استيفاءها دورات مستندية تحقق هدفين، الأول: أن هذه المستندات تمثل دليلاً موضوعياً على صحة العمليات المالية، والثاني: فهي تحقق رقابة على صحة ودقة هذه العمليات من خلال مراحل استيفاءها.

هـ- تستخدم الوحدات الإدارية الحكومية مجموعة موحدة من الدفاتر والسجلات المحاسبية تقوم بطباعتها وزارة المالية، كما يحكمها مجموعة موحدة من الدورات المحاسبية، وأهم ما يميز هذه الدفاتر والسجلات في الوحدات الحكومية دورها في إحكام الرقابة على العمليات المالية.

وعلى ضوء ما سبق فإننا نجد أن النظام التشريعي المالي للدولة يتدخل في المجالات التالية:

1-2-4-1 توحيد المصطلحات المالية والمحاسبية:

إن ضمان الدقة في العمل المالي والمحاسبي للوحدات الإدارية الحكومية يتطلب من الحكومة أن توزع أعمالها على وزارات وهيئات ودوائر مختلفة، يتعين على كلاً منها القيام بعمل معين، وعلى اعتبار أن هذه الوزارات أو الهيئات والدوائر جزء من كيان الحكومة.

وعلى هذا فإنه لضمان الدقة في العمل المالي والمحاسبي لهذه الوحدات يقتضي الأمر أن تكون كافة المصطلحات المالية والمحاسبية موحدة وذات معانٍ واحدة، وهذا لا يتم إلاّ بموجب تشريع موحد من قبل الحكومة تتبعه الوحدات الحكومية وتنفذ أحكامه جميع أجهزة الحكومة وذلك ضماناً لتحقيق الدقة في العمل المالي والمحاسبي.

1-4-2-2 تحديد نماذج المستندات والدفاتر والسجلات المحاسبية:

إن تحديد هذه النماذج الخاصة بهذه المستندات والدفاتر والسجلات المحاسبية يساعد على تحقيق الرقابة الفعالة على كافة العمليات المالية والمحاسبية المتعلقة بإيرادات ونفقات الدولة، كما أنها تمثل الدليل الموضوعي لصحة هذه العمليات من خلال الدورة المستندية التي تمر بها. ويتم هذا التوحيد من قبل وزارة المالية باعتبارها السلطة المالية المركزية.

1-4-2-3 أنواع الحسابات:

يلزم النظام المالي للدولة محاسبي الوحدات الإدارية الحكومية بالتقيد بالتعليمات المالية الصادرة والمحددة لأنواع الحسابات المسؤول عن فتحها في سجلاته، وهذه الوسيلة تعتبر السبيل الوحيد لضمان إمكانية توحيد الحسابات التي ترد من الوحدات الحكومية في خلاصة موحدة تبين نتائج المعاملات المالية التي أجرتها تلك الوحدات الإدارية الحكومية، وهو ما يسهل معه إعداد الحسابات الختامية للدولة لبيان حسابات الموازنة العامة ونتيجة تنفيذها عن السنة المالية المعنية وفق الأسس والمعايير المعتمدة في هذا النظام والقوانين والأنظمة المرعية.

1-5 وظائف النظام المحاسبي الحكومي:

النظام المحاسبي الحكومي يعتبر أحد الركائز الهامة التي تعتمد عليه الإدارة المالية العامة في تنفيذ الأنشطة والعمليات الحكومية وذلك عن طريق استخدام الأموال العامة بكفاءة وفعالية، حيث يقوم هذا النظام بتوفير المعلومات الأساسية اللازمة لعمليات التحليل والتقييم والتخطيط والرقابة وذلك لاتخاذ القرارات الرشيدة، وتتمثل أهم وظائف النظام المحاسبي الحكومي في الآتي:

1-5-1: يقوم هذا النظام بمتابعة المتحصلات النقدية المستحقة للحكومة سواء من الأفراد أو المؤسسات والعمل على تحصيلها في أوقاتها والقيام بتسجيلها.

2-5-1: التسجيل التاريخي للنشاط الحكومي بصورة رقمية، متمثلاً بقيد تفاصيل المعاملات المالية التي تقوم بها الدوائر الحكومية.

3-5-1: فرض الرقابة على الأموال العامة لمنع وقوع ضياع أو اختلاس أو سوء استخدام لها، وكشف الأخطاء أو التلاعب الذي يمكن أن يحدث لها.

4-5-1: توفير البيانات اللازمة المتعلقة بتنفيذ الموازنة، وبيان المركز المالي للدولة وإظهار الفائض أو العجز.

5-5-1: توفير البيانات والمعلومات اللازمة التي تسهل عمليات التحليل الاقتصادي ودراسة الآثار الاقتصادية المترتبة على الإيرادات العامة، واستخداماتها.

6-5-1: توفير التقارير اللازمة عن تنفيذ البرامج والخدمات التي تؤديها الأجهزة الحكومية بحيث تسهل عمليات تقييمها.

7-5-1: توفير البيانات والمعلومات لمختلف الجهات لاستخدامها كمؤشرات في اتخاذ القرارات أو رسم السياسات أو إخضاعها لعمليات الدراسة والتحليل.

وعلى ضوء ما سبق، فإن النظام المحاسبي الحكومي كنظام معلومات يساعد الإدارة المالية في تخصيص الأموال وتقييم أداء الوحدات الحكومية وأن يسلط الضوء على المجالات التي تتطلب مزيداً من الرقابة، كما أصبحت البيانات المحاسبية ضرورية لقياس أداء الأجهزة الحكومية، ولصياغة السياسات العامة حيث يتعين على هذا النظام تطوره ليتلاءم مع كونه محدود في التقيد

بالقوانين واللوائح المالية الخاصة بتدفق الموارد إلى الاهتمام باستخدام الموارد المخصصة وفعالية استخدامها.

6-1 الخصائص المميزة للمحاسبة الحكومية:

مرت الأنشطة والخدمات التي تقدمها الوحدات الإدارية الحكومية بمراحل عديدة مختلفة، كنتيجة طبيعية لتطور هذه الأنشطة والخدمات، وهو ما ينعكس بالضرورة على خصائص المحاسبة الحكومية والتي تميزها عن غيرها من فروع المحاسبة الأخرى. وحتى هي نفسها مرت بمراحل تطور من حيث أن إعداد حساباتها هو بهدف إدارة الأموال بطريقة صارمة من خلال قانونية مدفوعاتها والحفاظ على الأصول المالية التي يتم جمعها، وتطورت المحاسبة الحكومية إلى مرحلة أصبحت فيها العمليات التي تجري في سنة مالية تقدم للجهة التشريعية للإحاطة والاطلاع، وبمرور السنين أصبحت تقدم لها لدراستها بدقة ثم إجازتها. وتتمثل أهم الخصائص التي تميز المحاسبة الحكومية عن أفرع المحاسبة الأخرى في الآتي:

1-6-1 مفهوم الوحدة المحاسبية:

تهتم المحاسبة بصفة عامة بوحدة محاسبية معينة، وقد تتخذ الوحدة المحاسبية شكل مشروع فردي أو شركات أشخاص أو أموال، كما قد تكون قسماً من أقسام المنشأة وجميعها تتشابه من حيث قيامها بنشاط اقتصادي يترتب عليه معاملات مالية مع أنها قد تختلف من نوع النشاط الذي تمارسه، ويترتب على هذا الاختلاف الذي تمارسه الوحدة المحاسبية في اختلاف نوع البيانات المحاسبية التي تعبر عن ذلك النشاط. وتوجد ثلاث نظريات محاسبية تفسر طبيعة مفهوم الوحدة المحاسبية والتي سوف يتم تناولها في الفصل الثاني.

وبالإضافة لما سبق فإن التركيز على المال العام وعلى الرقابة عند تنفيذ الموازنة العامة يؤديا إلى أن تتماثل المحاسبة الحكومية إلى حد كبير مع تدفق الأموال أو تحليل رأس المال أكثر من تماثلها في الوحدات الهادفة إلى تحقيق الربح والتي يتم فيها قياس الربح كهدف أساسي.

وتعتبر عملية اعتماد الموازنة العامة هي النقطة الأساسية في المحاسبة الحكومية حيث يتم التحاسب عن الموارد القابلة للإنفاق في الوحدات الإدارية الحكومية وتوزيعها وفقاً للقيود والتعليمات المالية المعتمدة بالموازنة العامة للدولة.

1-6-2 عدم التفرقة بين النفقات الرأسمالية والإيرادية:

في المحاسبة الحكومية لا يتم التفريق بين النفقات الرأسمالية والإيرادية وإن كانت هذه النفقات تظهر في الموازنة العامة على شكل نفقات جارية وأخرى رأسمالية، وحيث أن جميع النفقات بغض النظر عن نوعيتها تقفل في نهاية السنة المالية في الحساب الختامي باعتبارها من تكلفة النفقات العامة التي تمت خلال السنة المالية.

ويرجع عدم التفرقة بين النفقات الإيرادية والرأسمالية في المحاسبة الحكومية للأسباب التالية:

أ- إن مبدأ سنوية الإنفاق الذي تأخذ به المحاسبة الحكومية يعتبر أن ما تم إنفاقه ودفعه فعلاً خلال السنة المالية هو المصروف الذي يخصها، بصرف النظر عن هدف الإنفاق أو النتائج المترتبة عليه، فالعبرة بزمن الصرف لا بنوعية المصروف.

ب- النشاط الحكومي لا يتطلب تجميع رأس مال مستثمر في نشاط الوحدة المحاسبية الحكومية، لكون الموارد الحكومية متجددة سنوياً، وبالإضافة إلى ذلك فإن النفقات الجارية في مجال الخدمات لا تعتبر نفقات إيرادية لأنها لا تسهم في تحقيق الإيرادات.

جـ- إن الأخذ بمبدأ عمومية الإيرادات والنفقات يتطلب عدم الربط أو وجود علاقة سببية بين الإيرادات والنفقات، لذلك لا يتم في المحاسبة الحكومية مقابلة الإيرادات بالنفقات بصرف النظر عن مصدر الإيرادات أو الهدف من الإنفاق.

3-6-1 الاستهلاك:

يعتبر الاستهلاك في المحاسبة المالية في الوحدات الهادفة إلى تحقيق الربح أحد عناصر المصروفات التي يجب أن تتحملها الفترة المحاسبية خلال السنة قبل تحديد الربح الصافي لتلك الفترة، وذلك باعتبار أن استهلاك الأصل الثابت قد ساهم في جلب وتحقيق الإيراد الذي حققته الوحدة الاقتصادية، وحيث أن الأصول الثابتة تستخدم في تحقيق الإيرادات لفترة طويلة، فقد جرى العرف المحاسبي على أن تتحمل كل فترة محاسبية فقط بقيمة النقص التدريجي في قيمة الأصل نتيجة استخدامه في الإنتاج والذي يتولد عنه إيرادات، وفضلاً عن ذلك فإن إغفال الاستهلاك قد يؤدي إلى إظهار أرباح غير حقيقية للوحدة الاقتصادية.

أما في المحاسبة الحكومية لا يؤخذ حساب الاستهلاك في الحسبان بالرغم من أنه مصروف طالما أنه لا يحتاج إلى اعتماد للإنفاق عليه خلال الفترة المالية، وحيث يعتبر الأصل الثابت نفقة أي استخدام الموارد الجارية في الفترة التي تحدث فيها نظراً لأنها تخفض من صافي قيمة الأموال في ذلك الوقت.

وتأسيساً على ما سبق، فإنه يتم فرض الرقابة على الأصول الحكومية عن طريق إتباع نظام العهد التي تسلم لأحد الموظفين ويصبح مسؤولاً عنها حتى تصل إلى مرحلة عدم صلاحية الاستخدام، فضلاً عن ذلك فإن الأصول الرأسمالية الحكومية لا تمسك لها قيود في مجموعة الدفاتر المحاسبية الحكومية بل تسجل في السجلات الإحصائية بعد شرائها وتحميل كامل ثمنها على السنة المالية التي تم الشراء فيها.

1-6-4 تكوين المخصصات واحتياطيات:

في الوحدات الاقتصادية يتم تكون المخصصات بهدف مقابلة خسائر أو نفقات وأعباء لمقابلة أي نقص في قيمة أي أصل من الأصول أو بهدف مقابلة أي التزام أو خسائر يمكن التعرف عليها ولكن لا يمكن تحديد قيمتها، أما تكوين الاحتياطيات في تلك الوحدات يهدف إلى قيامها بحجز مبالغ من الأرباح قبل توزيعها لأغراض معينة وذلك وفقاً لمبدأ الحيطة والحذر.

أما في المحاسبة الحكومية فلا تحتاج الوحدات الإدارية الحكومية إلى اقتطاع مبالغ من الإيرادات لمواجهة خسائر محتملة وذلك بسبب أنها لا تهدف للربح، كما لا تحتاج الوحدات الحكومية إلى حجز احتياطيات نظراً لأنها أولاً لا تحقق أرباحاً وثانياً: لا تدبر أموال توسعاتها أو أموال تغطية خسائرها بنفسها وإنما تحصل على احتياجاتها من الإيرادات التي تفرضها الدولة.

1-6-5 التسويات الجردية:

يتم استخدام أساس الاستحقاق في الوحدات الاقتصادية ويترتب على هذا الأساس ضرورة إجراء التسويات الجردية في نهاية الفترة المالية المحاسبية وذلك لتسويات الإيرادات والنفقات التي تخص الفترات السابقة أو اللاحقة، وهو ما يساعد على مقارنة إيرادات الفترة مع نفقاتها.

أما في المحاسبة الحكومية فيتم استخدام الأساس النقدي على أساس إثبات الإيرادات في السجلات المحاسبية عن قبض الأموال، وكذلك إثبات النفقات في السجلات المحاسبية عند دفعها بغض النظر عن الفترة المحاسبية التي تخصها سواء كانت تتعلق بفترة سابقة لهذه الفترة أو لاحقة لها، وهو الأمر الذي يساعد في سرعة تصوير الحساب الختامي والقوائم المالية الأخرى للوحدات الإدارية الحكومية وذلك لعدم حاجته إلى تسويات جردية لإظهار الإيرادات غير المحصلة أو الالتزامات المطلوبة.

كما يتمثل هدف الجرد في الوحدات الإدارية الحكومية في التحقق من سلامة الموجودات، حيث أن قاعدة سنوية المصروفات وإحلال الأصول الثابتة عن طريق رصد المخصصات لذلك في الموازنة وليس عن طريق مجمع الاستهلاكات تؤدي إلى عدم الحاجة لإجراء تسويات جردية في نهاية السنة المالية.

1-6-6 التقارير والقوائم المالية:

يتضمن نظام المحاسبة التجارية إعداد تقارير النتيجة والتي تتمثل في حسابات التشغيل والمتاجرة والأرباح والخسائر بالإضافة إلى الميزانية العمومية لتبيان نتائج أعمالها ومركزها المالي في تاريخ محدد.

أما بالنسبة للمحاسبة الحكومية فإن اختلاف طبيعة النشاط ومفهوم الوحدة المحاسبية، وأيضاً اختلاف الأهداف التي تسعى إلى تحقيقها وأسلوب تمويلها، تؤدي بالضرورة إلى التركيز على متابعة تنفيذ الموازنة العامة، للتحقق من مدى التزام وإذعان الوحدات الحكومية للقواعد القانونية والتعليمات المالية، وبالتالي فإن هذه التقارير تختلف عن أنواع التقارير التي تعد في المحاسبة التجارية.

ويمكن تلخيص الخصائص المميزة للمحاسبة في الوحدات الإدارية الحكومية والوحدات الاقتصادية كما هو موضح في الجدول التالي:

بيـــان	الوحدات الحكومية	الوحدات الاقتصادية
1- مفهوم الوحدة المحاسبية	هي مجموعة من الأموال المخصصة	هي نشاط اقتصادي جماعي
2-التفرقة بين النفقات الرأسمالية والإيرادية	لا	نعم
3-حساب الاستهلاك	لا	نعم
4-تكوين المخصصات	لا	نعم
5-تكوين الاحتياطيات	لا	نعم
6-التسوية الجردية	لا	نعم
7-الأساس المحاسبي	النقدي	الاستحقاق
8-التقارير والقوائم المالية	1-الحساب الختامي للدولة 2-قائمة المركز النقدي	1-حساب التشغيل 2-حساب المتاجرة 3-حساب الأرباح والخسائر 4-قائمة المركز المالي

7-1 معايير المحاسبة الحكومية:

كما سبق الإشارة فإن المحاسبة الحكومية ترتبط ارتباطاً وثيقاً بالتشريعات والقوانين التي تحدد تعريفها وأهدافها ونطاق تطبيقها بما في ذلك المستندات والدفاتر والسجلات والتقارير والقوائم المالية، وكذلك الدورات المستندية المحاسبية، والتي يلزم تطبيقها كما ورد بالقانون، ومع ذلك فإن المنظمات المهنية أصدرت مجموعة من المعايير التي تهدف إلى تطوير أداء المحاسبة الحكومية، وفيما يلي ملخصاً لبعض هذه المعايير.

1-7-1 معايير إعداد التقارير المالية:

ينبغي أن تفصح التقارير المالية التي تعدها الوحدات الإدارية الحكومية عن هدفين:

أ- أن نتائج عمليات الوحدة الحكومية تم عرضها بطريقة عادلة وإفصاح كامل عن المركز المالي ونتائج العمليات وفقاً للمبادئ المحاسبية المتعارف عليها.

ب- أن يتم التحديد الواضح عن مدى التزام الوحدات الإدارية الحكومية بالقوانين واللوائح والتعليمات المالية.

2-7-1 معايير نظم محاسبة الأموال:

يتعين ضرورة أن تصمم النظم المحاسبية الحكومية لخدمة مفهوم الأموال المخصصة كوحدة محاسبية، ويعرف المال المخصص بأنه مال يهدف إلى تحقيق غرض معين، ويقع على النظام المحاسبي إظهار موقف الإنفاق من المال المخصص وإظهار مدى تحقق هذا المال للهدف المحدد له.

وتصنف الأموال المخصصة إلى عدة أنواع:

1-3-7-1 أموال مخصصة عامة:

وهي التي تتوافر من الإيرادات السيادية وتخصص لتحقيق الأهداف العامة للوحدات الإدارية الحكومية مثل مخصصات الدفاع والأمن والعدل.

2-3-7-1 أموال مخصصة من إيرادات محددة:

وهي التي يحصل عليها من إيرادات معينة ومخصصة قانوناً للإنفاق منه على أغراض محددة مثل صندوق دعم الأنشطة الطلابية.

1-7-3-3 أموال المشروعات الاستثمارية:

وهي الأموال التي تخصص عن الموارد المالية والتي ينشأ عن إنفاقها إنشاءات جديدة مثل الطرق والكباري.

1-7-3-4 أموال خدمة الدين العام:

تخصص هذه الأموال التي يتم تجميعها عن طريق الموارد بغرض سداد أقساط القروض طويلة الأجل وفوائدها المستحقة.

1-7-3-5 أموال التحسينات الخاصة:

وهي الأموال التي تنفق بغرض تحقيق تحسينات عامة في أماكن معينة مقابل فرض رسوم إضافية في هذه الأماكن مثل رسوم تحسين الموانئ.

1-7-3-6 أموال المرافق العامة:

وهي أموال تخصص لمرافق عامة تقدم سلعاً أو خدمات للجمهور بطريقة مماثلة لقطاع الأعمال، ومن ثم ينبغي الحفاظ على هذه الأموال عن طريق بيع الخدمة بمقابل يغطي تكلفتها، ويمكن وصف هذه الأموال أو المخصصات بأنها غير قابلة للإنفاق وإنما تستخدم في تنفيذ أعمال الوحدة الحكومية وتسترد من بيع السلع والخدمات.

1-7-3-7 أموال الخدمة الداخلية:

وهي أموال تخصص لتمويل السلع أو الخدمات تقدمها وحدة حكومية مكونة إلى وحدة حكومية أخرى مقابل استرداد التكلفة، وعلى ذلك فهي أموال غير قابلة للإنفاق.

1-7-3-8 أموال مقدمة من الغير للوحدات الحكومية:

وهي أموال يخصصها ويقدمها الغير للوحدات الإدارية الحكومية على سبيل الأمانة أو الوكالة وتنقسم إلى أموال قابلة للإنفاق وأخرى غير قابلة للأنفاق، ومن أمثلتها أيضاً أموال المعاشات.

1-7-4 معيار التحفظ:

ينبغي على الوحدات الإدارية الحكومية إنشاء عدد ملائم أو التحفظ بعدد مناسب من الأموال، وبحيث يوفر قدراً ملائماً من الرقابة والتي يستلزمها القانون والإدارة المالية، كما يجب أن يكون عدد الأموال غير مبالغاً فيه وأن يكون في حده الأدنى الذي يسمح به القانون والتعليمات التفسيرية المالية وبما يتسق مع المتطلبات العملية، فضلاً فإن الإسراف في عدد الأموال يؤدي إلى عدم المرونة وبالتالي تقل كفاءة الإدارة المالية.

1-7-5 معايير المحاسبة عن الأصول الثابتة والالتزامات طويلة الأجل:

تعالج الأصول الثابتة على أنها نفقات عند شرائها وإيرادات عند بيع نفايتها في الوحدات الإدارية الحكومية والتي تخصص لها إعتمادات قابلة للإنفاق، ويرجع ذلك إلى أن تدبير احتياجات الوحدة الحكومية من الأموال لتغطية النفقات الرأسمالية يتم خلال الإيرادات السيادية التي تحصلها الأجهزة الحكومية، كما تثبت هذه الأصول في حسابات نظامية تمثل إشارة على وجود هذه الأصول.

أما فيما يتعلق بالالتزامات طويلة الأجل فتعالج على أنها إيرادات عند الحصول عليها، وتعالج كنفقات عند سدادها، ويرجع ذلك إلى أن هذه الوحدات الحكومية تسدد قروضها وفوائدها المستحقة من خلال الإيرادات السيادية للدولة، فضلاً عن استخدام هذه القروض في تقديم خدمات دون مقابل أو بمقابل رمزي ليس له علاقة بالتكلفة.

1-7-6 معيار تقويم الأصول الثابتة:

ينبغي تقويم الأصول الثابتة في الوحدات الحكومية بالتكلفة وإذا كانت هناك صعوبة في تحديدها فإنها تقدر بتكلفة المثل، أما بخصوص الصول الثابتة التي تقدم للوحدات الحكومية في شكل هبة أو منحة فإنها تقوم على أساس القيمة العادلة في السوق وقت الحصول عليها.

1-7-7 استهلاك الأصول الثابتة:

تتم المحاسبة عن استهلاك الأصول الثابتة وفقاً لما يلي:

أ- لا يسجل حساب الاستهلاك ضمن حسابات النفقات في الوحدات الحكومية التي تخصص لها اعتمادات قابلة للإنفاق نظراً لاستخدام هذه الوحدات للأساس النقدي في قياس النفقات، غير أنه يمكن تسجيل أقساط الاستهلاك ضمن نظام محاسبة التكاليف إذا كانت الوحدة الحكومية تمسك حسابات للتكاليف.

ب- بالنسبة للأصول الثابتة المتعلقة بأموال الملكية فإنها تحسب أقساط استهلاك ضمن تكلفة الخدمة أو السلعة المقدمة، وبما يحافظ على رأس المال.

1-7-8 استخدام أساس القياس الملائم:

ينبغي أن تستخدم الوحدات الحكومية الأساس النقدي المعدل إذا كانت مخصصات هذه الوحدات قابلة للإنفاق حيث يطبق الأساس النقدي في قياس الإيرادات والنفقات ما عدا تلك التي يترتب عليها التزام تجاه الغير ولم تدفع بعد مثل فوائد الدين أو مرتبات العاملين، بالإضافة إلى المنفذ من عقود التوريد وعقود المقاولات.

أما الوحدات الحكومية التي تخصص لها أموال غير قابلة للإنفاق فتطبق أساس الاستحقاق عند قياس النفقات.

1-7-9 استخدام نظام الموازنة في الرقابة وإعداد التقارير المالية:

ينبغي أن تعد كل وحدة حكومية ما يلي:

أ- موازنة سنوية مبوبة وفقاً لما تحدده القوانين والتعليمات واللوائح المالية.

ب- نظاماً محاسبياً متوافقاً مع تبويب الموازنة وبحيث يسهل الرقابة على تنفيذ ما ورد بالموازنة.

جـ- تقارير مالية مقارنة بين ما ورد بالموازنة وما حدث فعلاً وبين العام الحالي والأعوام السابقة.

1-7-10 تبويب حسابات التحويلات والإيرادات والنفقات:

يجب إتباع ما يلي:

أ- تبويب التحويلات الداخلية بين الأموال، والمتحصلات من الالتزامات طويلة الأجل بطريقة مستقلة عن الإيرادات والنفقات.

ب- تبويب إيرادات المال الحكومي وفقاً لنوع المال ومصادر الإيرادات وتبويب النفقات وفقاً لنوعها وللوحدة التنظيمية المخصصة لها وأيضاً وفقاً للوظيفة التي تؤديها.

جـ- تبويب إيرادات ونفقات الوحدات الحكومية التي تخصص لها أموال غير قابلة للإنفاق فإنها تتبع نفس التبويب المتبع في قطاع الأعمال.

1-7-11 عمومية التبويب والمصطلحات:

ينبغي استخدام أسلوب التبويب ونفس المصطلحات بطريقة متسقة في كل من الموازنة والحسابات والتقارير المالية وذلك تحقيقاً لرقابة أيسر، فضلاً عن أن هذا التوحيد يسهل من عملية إعداد الموازنة العامة وكذلك الحسابات والتقارير المالية.

1-7-12 التقارير المالية:

ينبغي أن تعد الوحدات الإدارية الحكومية التقارير التالية:

أ- تقارير مالية بينية عن فترات مالية قصيرة شهرية أو ربع سنوية لتلبية احتياجات الرقابة في الوقت المناسب.

ب- تقرير مالي سنوي يغطي كل حسابات الوحدات الإدارية الحكومية ويتضمن جداول تفصيلية وبيانات إحصائية عن أموال الوحدة ونشاطها وأي ملاحظات أو معلومات تفسيرية.

1-8 نطاق تطبيق المحاسبة الحكومية:

تطبق المحاسبة الحكومية في وحدات الخدمات العامة ووحدات الجهاز الإداري للدولة، وهي وحدات تقدم خدماتها للجمهور بدون مقابل أو بمقابل رمزي ليس له علاقة بالتكلفة، كما أنها بصفة عامة تشتمل على الوحدة الإدارية التي تخضع للإشراف الكامل من الجهاز الحكومي من حيث تدبير الأموال وتحديد طرق إنفاقها.

وعلى هذا فقد حددت المادة الأولى من قانون المحاسبة الحكومية في مصر رقم 127 لسنة 1981 من اللائحة التنفيذية من القانون الوحدات التي يطبق فيها نظام المحاسبة الحكومية على النحو التالي:

1-8-1 وحدات الجهاز الإداري للدولة ممثلة في الوزارات الحكومية والمصالح التابعة لها.

2-8-1 وحدات الإدارة الحكومية المحلية وتشمل المحافظات والمراكز والمدن والأحياء والقرى ومديريات الخدمات التي تشملها موازناتها.

3-8-1 الهيئات العامة ذات الطابع الخدمي وكافة الأجهزة التي تشملها الموازنة العامة للدولة.

4-8-1 الصناديق والحسابات الخاصة ذات الطابع الخدمي التي يتم إنشاؤها بمقتضى قوانين أو قرارات جمهورية.

وفي المملكة الأردنية الهاشمية وفقاً لنص المادة (3/أ) يطبق النظام المالي رقم (3) لسنة 1994 على أي دائرة أو مؤسسة تدخل موازنتها ضمن الموازنة العامة للحكومة وعلى أي دائرة أو مؤسسة ذات استقلال إداري ومالي وليس لها نظام مالي خاص بها، كما تطبق أحكام هذا النظام على وزارة الأوقاف والشؤون والمقدسات باعتبارها مؤسسة ذات استقلال مالي وإداري.

9-1 أوجه الشبه والاختلاف بين المحاسبة الحكومية والمحاسبة المالية:

بعد أن تعرضنا لطبيعة وخصائص النشاط الحكومي في متن هذا الفصل وظهور الاختلافات الجوهرية بين وحدات الجهاز الإداري الحكومي ومنظمات الأعمال سواء من ناحية طبيعتها وأهدافها، فضلاً عن ارتباط النشاط الحكومي وتأثره بالتشريعات والقوانين والتعليمات المالية والتي قادت إلى اختلاف لمفهوم معنى الوحدة المحاسبية التي تتبناها كلاً من المحاسبة الحكومية والمحاسبة المالية، الأمر الذي أدى إلى ظهور نقاط اختلاف بين فرعي المحاسبة الحكومية والمحاسبة المالية.

ورغم ظهور هذه الاختلافات فهناك نقاط كثيرة مشتركة بينهما لكونهما فرعان من فروع علم المحاسبة يتفقان في كثير من المبادئ والإجراءات، وكذلك يتفقان في أهم وظيفة لعلم المحاسبة وهي أنهما نظاماً متكاملاً لتقديم البيانات والمعلومات اللازمة والضرورية للمستخدمين لها.

وفيما يلي أوجه الشبه والاختلاف بينهما:

1-9-1 أوجه الشبه:

1- أن كليهما يتبع في تسجيل أوجه نشاطه طريقة القيد المزدوج.

2- أن الفترة المحاسبية إثنى عشر شهراً أي استقلال السنوات المالية بحيث يتم إظهار نتائج الأعمال لكل سنة على حدة، وذلك بتحميلها بما يخصها من نفقات وإيرادات

3- أن النقود هي وحدة القياس حيث يعتمد كلا النوعين من المحاسبة على استخدام وحدة النقود كوسيلة عامة لإثبات قيمة الصفقات المالية مع ثبات وحدة النقود بغض النظر عن قدرتها الشرائية.

4- يعتمد كلا النوعين من المحاسبة على فرضية الاستمرار حيث أن طبيعة النشاط الحكومي نشاط مستمر نتيجة لاستمرار حاجة المجتمع إلى خدمات الحكومة سواء في الأمن والدفاع والعدالة وشأنها من ذلك شأن أي منشأة تجارية هادفة للربح.

5- أن كليهما يتفقان من حيث الهدف وهو قياس وتوصيل معلومات مفيدة وذات معنى لفئات المستخدمين في شكل قوائم وتقارير دورية وختامية.

6- أن النظام المحاسبي في كليهما واحد، والذي يتكون من مجموعة من المستندات ومجموعة من الدفاتر والسجلات وإن اختلف الشكل والمسميات، كما أن الدورة المحاسبية متشابهة إلى حد كبير فيهما.

2-9-1 أوجه الاختلاف:

تتلخص أوجه الاختلاف بين كل من المحاسبة الحكومية والمحاسبة المالية في الآتي:

1- تعتمد المحاسبة الحكومية على نظرية الأموال المخصصة، بينما تعتمد المحاسبة المالية على أساس نظرية الشخصية المعنوية.

2- تهدف المحاسبة الحكومية إلى فرض رقابة مالية وقانونية على إيرادات الدولة ومصروفاتها وذلك في حدود الاعتمادات المخصصة لها وفقاً للموازنة العامة للدولة، أما المحاسبة المالية فتهدف إلى تحقيق فائض يوزع على المساهمين فيها إلى جانب احتجاز جزء منه ليحافظ على رأس المال المستثمر، وهو ما ينعكس على النظام المحاسبي في كل منهما.

3- الموازنة العامة للدولة تمثل الركيزة الأساسية للنظام المحاسبي الحكومي، حيث يتم إعدادها بتقدير النفقات ثم تدبير الموارد اللازمة لتغطيتها وذلك لأنه لا توجد علاقة سببية بين النفقات والإيرادات، فإيرادات الدولة مصدرها القوانين والنفقات أساسها الخدمات التي تلتزم الحكومة بتأديتها.

وبالتالي فإن العلاقة بين الإيرادات الحكومية ونفقاتها تقتصر على الناحية التمويلية فقط، أي أن الإيرادات هي مصدر النفقات وليس العكس.

وفي المحاسبة المالية تقتصر إعداد الموازنة بتقدير الموارد المتوقع الحصول عليها ثم تحديد النفقات اللازمة لتحقيق هذه الموارد ويرجع ذلك إلى وجود علاقة سببية بين كل من الإيرادات والنفقات، كما تقتصر وظيفة الموازنة في المحاسبة المالية على الاستخدام الداخلي في مجال التخطيط والرقابة واتخاذ القرارات.

4- تعتبر التشريعات والنظم والتعليمات المالية المصدر الرئيسي لأسس وإجراءات وقواعد المحاسبة الحكومية، بالإضافة إلى ما تصدره الجمعيات والهيئات

العلمية والمهنية المهتمة بالمحاسبة الحكومية، بينما تعتمد المحاسبة المالية على ما تصدره المجامع العلمية والمهنية من معايير وتوصيات وذلك لصياغة المبادئ والمعايير واجبة التنفيذ في المحاسبة المالية.

5- في العديد من القواعد والأسس والمبادئ العلمية يوجد اختلافات عند تطبيقها ومنها:

أ- في المحاسبة الحكومية يطبق مبدأ عمومية الإيرادات والنفقات بينما لا تطبقه المحاسبة المالية نظراً لاستقلال الوحدة الاقتصادية.

ب- فيما يتعلق بقياس النتائج لا تفرق المحاسبة الحكومية بين الإيرادات الرأسمالية والجارية، بينما في المحاسبة المالية تتم التفرقة بين الإيرادات الرأسمالية والجارية، كما لا يتم التمييز بين النفقات الإيرادية والرأسمالية في المحاسبة الحكومية بعكس الحال في المحاسبة المالية.

جـ- الاستهلاك لا يتم حساب الاستهلاك على الأصول الثابتة في المحاسبة الحكومية وذلك بسبب أن الهدف ليس قياس الربح أو الخسارة وحيث أن المحاسبة الحكومية لا تظهر حسابات خاصة بالأصول الثابتة وذلك باعتبارها نفقات تخص السنة المالية بعكس المحاسبة المالية حيث يتم توزيع تكلفة الأصل على عمره الإنتاجي للوصول إلى صافي الربح الحقيقي (العادل).

د- في المحاسبة الحكومية لا يهتم بتكوين المخصصات والاحتياطيات اللازمة لمقابلة الخسائر المحتملة أو المتوقعة وذلك بسبب أن الحكومة تواجه تلك الخسائر عند حدوثها، أما في المحاسبة المالية فإن الوحدة الاقتصادية تهدف إلى المحافظة على رأس المال لذلك يتعين عليها ضرورة تكوين المخصصات والاحتياطيات وفقاً لقاعدة الحيطة والحذر.

6- في المحاسبة الحكومية يتبع الأساس النقدي والأساس النقدي المعدل في بعض الحالات، أما في المحاسبة المالية فيتم استخدام أساس الاستحقاق دون النظر إلى واقعة التحصيل أو الصرف، حيث يتبع ذلك إجراء تسويات جردية في نهاية العام يقصد بها تحديد ما يخص الفترة من مصروفات وإيرادات وبالتالي ما يخصها من نتائج.

7- لم تلق المحاسبة الحكومية نفس الاهتمام الذي لاقته المحاسبة المالية. حيث أن الاهتمام بوضع سياسات محاسبية للمحاسبة الحكومية بدء به منذ عهد قريب من خلال بعض المنظمات الدولية المهتمة بالمحاسبة الحكومية، ومن هذه المنظمات ما يوضحه الجدول التالي:

تاريخ التأسيس	المنظمة	المصطلح الدولي
1934	اللجنة القومية لمحاسبة المحليات	NCMA
1970	مجلس معايير محاسبة التكاليف	CASB
1972	مكتب المحاسب العام	CTAQ
1984	مجلس معايير المحاسبة الحكومية	GASB
1986	اللجنة القومية للمحاسبة الحكومية	NCGA

وقد أسهم المجمع الأمريكي للمحاسبين ومجلس معايير المحاسبة المالية الأمريكي في صياغة العديد من السياسات المحاسبية في الوحدات الحكومية المحلية من خلال إصدار العديد من المعايير الأمريكية خصوصاً دليل المحاسبين والمراجعين الذي أصدره المعهد الأمريكي للمحاسبين والمدققين في الوحدات الحكومية وبيان مفاهيم رقم 4 الصادر عن مجلس معايير المحاسبة المالية

الأمريكي رقم (1) والذي يتمثل في أهداف التقارير المالية في المنظمات غير الهادفة للربح.

10-1 المنهج والأسس والنظريات المحاسبية:

1-10-1 المنهج المحاسبي الحكومي:

يقصد بالمنهج المحاسبي المراحل الرئيسية والمقومات اللازمة لمعالجتها وقياسها للعمليات المالية بقصد التعرف على نتائجها.

ويتضمن المنهج المحاسبي الحكومي ثلاثة مراحل كالتالي:

1-1-10-1 مرحلة التجميع:

ويتم ذلك بتسجيل العمليات المالية المختلفة التي قامت بها الوحدة الإدارية الحكومية من واقع المستندات المؤيدة لها وتبعاً لتسلسلها التاريخي وذلك باستخدام دفتر اليومية الذي تمسكها تلك الوحدة الإدارية الحكومية.

2-1-10-1 مرحلة التبويب:

ويتم ذلك بإعادة تسجيل العمليات المالية السابقة مصنفة في مجموعات متسقة مع بعضها البعض وتجمع كل منها ذات الطبيعة الواحدة وتجمل اسماً واحداً من الحسابات المستخدمة في المحاسبة الحكومية، كما أن لهذا الغرض تستخدم المحاسبة الحكومية العديد من دفاتر الأستاذ المساعدة سواء دفاتر (فرعية) أو دفاتر (إجمالية) وعلى هذا فإن مرحلة التبويب تعتبر مرحلة هامة من مراحل المنهج المحاسبي حيث أنها تمهد الطريق لمرحلة التلخيص وعرض النتائج.

3-1-10-1 مرحلة التلخيص وعرض النتائج:

يقصد بهذه المرحلة وضع الأرقام الممثلة لأوجه الأنشطة والبرامج التي تقوم بها الوحدات الإدارية الحكومية في شكل تقارير وقوائم مالية مؤقتة أو تقارير

وقوائم مالية سنوية وذلك عن المركز المالي ونتائج العمليات المالية وذلك بهدف الإفصاح الصادق عنهما.

2-10-1 أسس القياس في المحاسبة الحكومية:

ترتكز الأنظمة المحاسبية بصفة عامة على أسس محاسبية معينة لإثبات العمليات المالية الخاصة بالإيرادات والنفقات بهدف استخلاص قياس النتائج المتعلقة بالفترة المحاسبية وعرضها بطريقة مناسبة وواضحة.

ويرى أحد الكتاب: ((أن هذه الأسس ليست هدفاً بحد ذاتها، لذا فإن الدفاع عن أس أساس بأنه أكثر دقة من أساس آخر وأنه أفضل من غيره من الأسس، يجب أن يتم ضمن المعايير التالية:

أ- أن نقطة البداية في استخدام أي من الأسس المحاسبية هي تحديد من هم مستخدمو التقارير المالية، ومن ثم اختيار الأسس المحاسبي الذي يخدم مصالح كل منهم أكثر من غيره.

ب- إن استخدام أي من الأسس المحاسبية يعتمد على مدى إمكانية تطبيقه بشكل كامل وصحيح، وضمن الإمكانيات البشرية والمادية المتاحة مع الأخذ بعين الاعتبار قاعدة التكلفة مقابل (المنفعة).

جـ- وأخيراً فإن استخدام أي من الأسس المحاسبية يعتمد على قدرة هذا الأساس في توفير الحماية والرقابة الشاملة على الأموال بقصد الحفاظ على الموجودات)).

ونظراً لاختلاف طبيعة الإيرادات والنفقات الخاصة بالوحدات الإدارية الحكومية فإن قياس النتائج لتلك الوحدات ليس بغرض قياس الربح أو الخسارة، وإنما بغرض متابعة تحصيل موارد الدولة والرقابة على أوجه

استخدامها وفقاً للبنود المخصصة لها، ومن ثم بيان العجز أو الفائض في قائمة الحساب الختامي للدولة.

وعلى هذا يمكن استعراض أسس القياس المحاسبي التي تم استخدامها في المحاسبة الحكومية:

أولاً: الأساس النقدي

يقوم هذا الأساس على اعتبار أن إثبات النفقات في السجلات المحاسبية عند دفعها فعلاً وإثبات ما يحصل من إيرادات وقبضت فعلاً، وبعبارة أخرى تعد واقعة الدفع (الصرف)، أو التحصيل النقدي أساس القياس والتسجيل المحاسبي للإيرادات والنفقات، وذلك بصرف النظر سواء كانت هذه الإيرادات والنفقات تخص فترات مالية سابقة لهذه الفترة أو لاحقة لها.

أ- مميزات الأساس النقدي:

1- سهولة التطبيق.

2- الابتعاد عن عنصر التقدير الشخصي، ومن ثم موضوعيته في قياس النتائج.

3- السرعة في إعداد الحساب الختامي والقوائم الأخرى وذلك لعدم الحاجة إلى إجراء تسويات جردية.

4- يوفر هذا الأساس الرقابة الفعالة على حركة السيولة النقدية، وهو ما يساعد في عملية التخطيط المالي.

ب- عيوب الأساس النقدي:

1- لا يظهر حقوق الحكومة في الإيرادات المستحقة أو حقوق الغير في النفقات المستحقة وبالتالي عدم إظهار المركز المالي بشكل عادل وسليم.

2- لا يفرق هذا الأساس بين النفقات الرأسمالية والنفقات الإيرادية.

3- صعوبة إجراء المقارنة بين الوحدات الإدارية الحكومية المختلفة أو بين الوحدة نفسها من سنة لأخرى وهو ما ينعكس على عمليات التخطيط الكلي.

4- الخروج على مبدأ استقلال السنوات المالية وذلك عند إجراء القياس المحاسبي حيث أن النفقات التي لم يتم إنفاقها خلال السنة المالية تلغى وتعاد إلى خزينة الدولة، وبالتالي يتم تحميل السنة المالية بكافة النفقات المدفوعة سواء كانت تخص السنة المالية الحالية أو تخص سنوات سابقة.

ثانياً: أساس الاستحقاق

يقضي أساس الاستحقاق بتحميل الحساب الختامي بما يخص الفترة المحاسبية من نفقات أو إيرادات بصرف النظر عن واقعة دفع النفقات أو تحصيل الإيرادات، أي أنه تعد الفترة المحاسبية أو السنة المالية وفقاً لهذا الأساس فترة مستقلة حيث أنها تحمل بما يخصها من نفقات وإيرادات، ويتم استبعاد تلك النفقات والإيرادات التي يتم إنفاقها أو قبضها وتخص فترات سابقة أو لاحقة.

ويتمشى أساس الاستحقاق مع مبدأ مقابلة الإيرادات بالنفقات وفرض استمرار المنشأة، حيث يستلزم إتباع هذا الأساس إجراء تسويات جردية للنفقات والإيرادات لإضافة العناصر المستحقة واستبعاد العناصر المقدمة، وبالإضافة لذلك يستلزم إجراء الجرد الفعلي للمخازن والخزائن والأصول الثابتة والمتداولة الأخرى لتحديد مدى المستنفذ منها خلال السنة المالية.

أ- مميزات أساس الاستحقاق:

1- يعطي إمكانية قياس عادل لإيرادات ومصروفات الفترات المالية المختلفة لكونه يأخذ في الاعتبار المستحقات والالتزامات ويفرق بين الإيرادات

الرأسمالية والإيرادية، وهو ما يسهل عمليات المقارنة بصورة سليمة للفترات المالية المختلفة.

2- يوفر هذا الأساس بيانات كافية وموضوعية لإعداد قائمة المركز المالي بصورة تمكن من الحكم بعدالة على سلامة المركز المالي للوحدة الحكومية.

3- يؤدي إلى القياس العادل لتكلفة الإنتاج، فضلاً على أنه يسهل عملية فرض الرقابة على عناصر التكاليف المختلفة وبالتالي يسهل عملية اتخاذ القرار.

4- يفصل بين العمليات الإيرادية والرأسمالية وهو ما يسهل عملية إعداد التقديرات عن المدة المالية المقبلة.

ب- عيوب أساس الاستحقاق:

1- اعتماد هذا الأساس على عنصر التقدير الشخصي كما في حالة جرد المخازن وتقويمها وجرد الديون المستحقة وبذلك يكون عرضة للتضليل.

2- أن هذا الأساس يحتاج إلى مجموعة كبيرة من الموظفين يتمتعون بكفاءة وخبرة عالية في النواحي المحاسبية، ومن ثم فهو أعلى تكلفة من الأساس النقدي.

3- تأخير إعداد الحساب الختامي للدولة لفترة زمنية بعد انتهاء السنة المالية حتى يتسنى تسوية نتائج عمليات القبض والصرف المرخص بهما بموجب قانون ربط الموازنة.

4- يؤدي هذا الأساس إلى تشويه المركز النقدي وإحداث خلل في الرقابة على السيولة النقدية بسبب اشتمال الحسابات على بيانات محاسبية عن المستقبل وقد لا يتم حدوث إنفاقها أو تحصيلها.

ثالثاً: الأساس النقدي المعدل (أساس الاستحقاق المعدل)

إن استخدام أساس الاستحقاق في احتساب الإيرادات العامة غير عملي حيث تستند هذه الإيرادات إلى التقدير الذاتي مثل الضريبة العامة على الدخل وضريبة المبيعات وغيرها، ولذلك فإن تحديد مجموع الضرائب يتم بشكل أفضل وفقاً لما يتم قبضه فعلياً.

وعلى هذا فإن هذا الأساس يعالج احتساب الإيرادات المقبوضة فعلاً سواء كانت تخص فترة مالية حالية أو سابقة على الأساس النقدي، أما النفقات يتم احتسابها على أساس الاستحقاق أي عند استحقاق النفقة سواء دفعت هذه النفقة أم لم تدفع.

وعلى هذا يقوم الأساس النقدي المعدل على إتباع الأساس النقدي في قياس وتسجيل المعاملات المالية الخاصة بالإيرادات وإتباع أساس الاستحقاق مع النفقات.

وفي جمهورية مصر العربية حيث أن القانون رقم 127 لسنة 1981 ولائحته التنفيذية قرر إتباع الأساس النقدي في قياس وتسجيل بنود الموازنة الجارية إيراداً وإنفاقاً وإتباع أساس الاستحقاق عند التعامل مع حسابات الموازنة الاستثمارية، إلاّ أن الأساس النقدي لا يطبق على كل بنود الموازنة خاصة تلك البنود التي يترتب عليها التزامات تجاه الغير مثل المرتبات وعقود المقاولات حيث يسمح بتعلية المستحقات في نهاية العام على حساب الأمانات وتصرف لمستحقيها على موازنة العام الحالي، رغم أن دفعها سيتم خلال العام القادم.

وفي المملكة الأردنية الهاشمية طبق الأساس النقدي المعدل بصورة جزئية تحت اسم نظام الالتزام اعتباراً من الفترة 1964/63 وحتى السنة المالية 1978 عندما صدر النظام المالي رقم (38) لسنة 1978، ليحل محل النظام المالي رقم (1) لسنة 1951، حيث تبنى هذا النظام استخدام أساس الالتزام لتشغيل البيانات المحاسبية.

حيث هدف هذا النظام إلى حل مشكلة إقفال الدفاتر المحاسبية عند انتهاء السنة المالية لكي يتم إعداد الحسابات الختامية وذلك عن طريق الخروج على الأساس النقدي في احتساب النفقات للوحدة الحكومية، وعلى ألاّ يتم إلغاء المخصصات المالية التي لم يتم إنفاقها خلال السنة المالية والتي سبق تحديدها خلال السنة، ومن ثم فإنه يسمح بتدوير المبالغ المستحقة للغير والملتزم بها عند انتهاء السنة المالية إلى السنة المالية التالية، ويتم ذلك عن طريق توسيط حساب خاص يتعلق بها يسمى حساب الالتزامات السابقة وإدراجها كمخصص جديد يضاف إلى المخصصات ذات العلاقة في موازنة العام المقبل ويتم الصرف من هذا الحساب في السنة التالية، الأمر الذي يؤدي إلى إقفال الدفاتر والحسابات الختامية.

3-10-1 النظريات المحاسبية:

تفسر النظرية المحاسبية دراسة طبيعة الوحدة المحاسبية وذلك باعتبار أن هذه الوحدة تمثل الكيان الاقتصادي الذي تجري العمليات المحاسبية والتي يمكن تحديدها وتتبعها، وينطبق هذا المفهوم على الوحدات الهادفة إلى الربح أو التي لا تهدف إلى الربح وأياً كان شكلها القانوني، وعلى ذلك فقد تتعدد أشكال الوحدة المحاسبية فقد تكون قسماً من أقسام المنشأة وقد تكون مبلغاً من المال لغرض محدد مثل المنشآت الفردية وشركات الأشخاص والأموال، وجميعها يتشابه في القيام بنشاط اقتصادي والذي يترتب عليه معاملات مالية ورغم أنها قد تختلف في نوع النشاط الذي تمارسه أو في طبيعة التدفقات النقدية التي تنشأ عن ممارسة هذا النشاط، الأمر الذي يترتب عليه الاختلاف في نوع البيانات المحاسبية التي تعبر عن ذلك النشاط.

ونتيجة للاختلاف في مفهوم الوحدة المحاسبية في كافة القطاعات أدى إلى وجود تباين واضح في أساليب تسجيل العمليات المحاسبية وتبويب الحسابات، وهو

ما أدى بالتبعية إلى اختلاف أسس القياس المستخدمة في تسجيل العمليات المالية ووقت تحققها، ومن ثم فإن هذه الاختلافات أدى بالضرورة إلى اختلاف النظريات المحاسبية والتي ظهرت كنتيجة طبيعية لتطور أنشطة الوحدات المحاسبية وتكييفها القانوني.

وكان لظهور النظريات المحاسبية أهم الأثر في تحديد المبادئ التي فسرت طبيعة النظم المحاسبية والتي مكنت من قياس نتائج الأنشطة للوحدات المحاسبية حيث انصب اهتمامها على دراسة الأسس والمفاهيم الأساسية الخاصة بطبيعة حقوق (أصول) والتزامات (خصوم) هذه الوحدات المحاسبية.

وظهرت ثلاث نظريات تعتبر امتداداً منطقياً لبعضها البعض لتفسير الأساس العلمي للنظم المحاسبية المختلفة وقد زامن ظهور كل منها التطورات التي حصلت على التكييف القانوني لطبيعة الوحدة المحاسبية نتيجة لتطور المشاريع الاقتصادية وأسس تمويلها وإدارتها.

1-10-3-1 نظرية الملكية المشتركة:

ظهرت هذه النظرية عندما كان النشاط الاقتصادي مقتصراً على المشروعات الفردية وشركات الأشخاص حيث تدار هذه المشروعات بواسطة ملاكها، وفي ضوء ذلك يعمل النظام المحاسبي على إظهار أثر العمليات المالية التي تجريها المنشأة على حقوق ملكية أصحابها، أي أنه يتبع بصفة أساسية التغيرات التي تطرأ على حقوق ملكية أصحابها، وبحيث يصبح مفهوم الأصول أنها ممتلكات لأصحاب المشروع أما الخصوم فهي التزامات عليهم وتصبح الإيرادات زيادة في حقوقهم والمصروفات نقصاً من هذه الحقوق.

وعلى هذا فإن معادلة الميزانية حسب مفهوم هذه النظرية هي على النحو التالي:

صافي حقوق الملكية (الصافية) = إجمالي الموجودات - إجمالي المطلوبات

أو

رأس المال = الأصول - الخصوم

وفي ظل هذه النظرية تكون نتيجة الأعمال للمشروعات عن فترة معينة متمثلة في الفرق بين حقوق أصحاب المشروع في نهاية الفترة وحقوقهم في بداية الفترة، وللتوصل إلى الربح أو الخسارة تستخدم المعادلة التالية:

النتيجة عن فترة معينة (الربح أو الخسارة) = حقوق أصحاب المشروع في نهاية الفترة المالية - حقوق أصحاب المشروع في بداية الفترة المالية

كما تفسر هذه النظرية أن عمل المحاسبة في المنشآت الفردية وشركات الأشخاص حيث أن السمة الأساسية اندماج الملكية مع الإدارة، ومن ثم فإن المحاسبة تعمل لخدمة الملاك حيث ينصب اهتمامها على قياس الموجودات والمطلوبات ولأنهما الوسيلتين المناسبتين لقياس التغير في الثروة الشخصية لأصحاب المشروع، فضلاً على أن رأس المال يعتبر العنصر الهام والأساسي في حقوق الملكية وأن الحفاظ عليه وتنميته هو محور الاهتمام الأساس لهذه النظرية.

1-10-3-2 نظرية الشخصية المعنوية:

نظراً للتقدم الصناعي وظهور الشركات الضخمة وتعدد أشكالها وأنواعها في بداية القرن العشرين، الأمر الذي ترتب عليه احتياج هذه الشركات والمشروعات إلى رؤوس أموال ضخمة وكفاءات إدارية متخصصة لإدارتها، حيث ظهرت الشركات المساهمة كشكل قانوني جديد تعتمد في تمويلها على عدد من المساهمين على شكل حصص صغيرة يتم بيعها لهم بالإضافة إلى المقرضين في شكل سندات وبحيث تعددت أشكال رؤوس الأموال وعلى أن تقوم بإدارتها إدارة فنية متخصصة.

وعلى هذا فقد أصبحت لهذه المشاريع ذمة مالية منفصلة عن ذمة المساهمين والمقرضين، الأمر الذي أدى إلى ضرورة قيام المحاسبة بتوفير بيانات ليس فقط لخدمة الإدارة والملاك والمساهمين والمقرضين، وإنما لخدمة طوائف أخرى عديدة، منها نقابات العمال والجهات الحكومية والراغبين في الاستثمار وغيرها، وحيث تبنت المحاسبة وجهة نظر المنشأة باعتبارها شخصية معنوية مستقلة عن جميع الفئات ذات المصلحة، ومن ثم فقد اعترف القانون أيضاً لهذه الشركات بهذه الشخصية المعنوية.

ووفقاً لمفهوم هذه النظرية والذي تعتبر المنشأة وحدة محاسبية لها شخصية معنوية مستقلة وذمة مالية منفصلة، وهو ما أدى إلى تغير في بعض المفاهيم المحاسبية وتغير أيضاً الحسابات الخاصة بأعمال المشروع، والتي أصبحت تعد من وجهة نظر المشروع حيث أصبحت الأصول تعبر عن مجموعة الموارد الاقتصادية المملوكة للمنشأة أما الخصوم فهي الالتزامات التي على المنشأة، وتعبر الإيرادات عن المقابل الذي تحصل عليه المنشأة نتيجة تقديم السلع والخدمات، أما النفقات فهي تمثل تكلفة الحصول على الإيرادات.

كما يعبر رأس مال المشروع عن حقوق المساهمين والتي يمكن اعتبارها التزاماً على المنشأة بالإضافة إلى الدائنين ويعتبر كلا الطرفين مستثمرين في المشروع ويحرصان على نجاحه.

وتصاغ معادلة الميزانية وفقاً لهذه النظرية على النحو التالي:

الأصول = الالتزامات (الخصوم + رأس المال)

أو الموجودات = المطلوبات بما فيها رأس المال

وعلى هذا فقد تطور هدف المحاسبة من التركيز فقد على التغيرات في حقوق الملكية وفقاً لمفهوم الملكية المشتركة إلى التركيز على متابعة الدخل

للمستثمرين أو التغيرات التي تطرأ على استثمارات المنشأة وذلك بغرض تقييم كفاءة أداء المنشأة.

وعلى ضوء هذه النظرية فإن مفهوم صافي الربح أو صافي الخسارة يتم التوصل إليهما عن طريق مقابلة الإيرادات مع النفقات والتي يمكن توضيحها من خلال المعادلة التالية:

صافي الربح أو صافي الخسارة = الإيرادات – النفقات

1-10-3-3 نظرية الأموال المخصصة:

كما سبق الإشارة من خلال التعرض للنظريتين السابقتين أنهما قاما في وضع التفسير العلمي للمحاسبة من خلال تشغيل البيانات المحاسبية للتوصل إلى صافي الربح أو الخسارة أو المحافظة على رأس مال المشروع، أي أنه انصب اهتمامهما على المشروعات التي تسعى إلى تحقيق الربح ولم يتعرضا للوحدات المحاسبية التي لا تسعى إلى تحقيق الربح كالوحدات الإدارية الحكومية، الأمر الذي أدى إلى ظهور نظرية الأموال المخصصة لتفسر الأساس العلمي للمحاسبة للوحدات الإدارية الحكومية والتي لا تهدف إلى تحقيق الربح، حيث أن هذه الوحدات تقسم إلى وحدات غير تحصيلية بمعنى أن هدفها تحصيل الإيرادات الحكومية، وهناك وحدات غير تحصيلية أي تقوم بتقديم الخدمات إلى المواطنين دون أن تتقاضى منهم أموال مقابل هذه الخدمات.

ولقد انصب اهتمام هذه النظرية على الأموال وتدفقاتها طبقاً لمحددات وضوابط معينة وحيث تعتبر الأموال وحدة محاسبية مستقلة، حيث أصبح دور المحاسبة منصباً في إظهار مدى التزام هذه الوحدات الإدارية الحكومية بإنفاق المبالغ المخصصة بها في الغرض المحدد لها، وطبقاً لهذا المفهوم تعرف الوحدة المحاسبية بأنها ((مجموعة الأصول والموارد التي تخصص لتأدية نشاط معين أو تحقيق أهداف محددة، بحيث يكون استخدام تلك الأصول والموارد مقيداً

بالغرض الذي خصصت له، ووفقاً لقواعد أو قيود خاصة مكونة وحدة مالية محاسبية)).

وقد جاءت مفاهيم الأصول التي تستند إليها هذه النظرية على أنها مجموعة الموارد والإمكانات الاقتصادية المتاحة للوحدة ومخصصة لتحقيق أهدافها، أما الخصوم فتتمثل في مجموعة القيود التي تفرض على استخدام هذه الموارد والإمكانات. أما مفهوم الإيرادات لهذه النظرية فهي تتمثل في إجمالي التدفقات النقدية الداخلة إلى الوحدة المحاسبية، والنفقات تتمثل في التدفقات النقدية الخارجة من الوحدة المحاسبية.

وعلى ضوء هذه النظرية فإن النظام المحاسبي يهتم بمفهوم وخصائص وطبيعة النشاط في الوحدات الإدارية الحكومية أي أنه يقوم بإظهار تساوي موارد الوحدة الحكومية مع نفقاتها بهدف عدم تجاوز الوحدة المحاسبية للمبالغ المخصصة بها أو الإنفاق من مخصصات غرض إلى غرض آخر.

واتساقاً على ما سبق فقد حدد أحد الكتّاب أن المفاهيم الأساسية لنظرية الأموال المخصصة في الآتي:

((1- أن أصول الوحدة الإدارية الحكومية هي مجموعة الموارد النقدية وغير النقدية اللازمة لتحقيق أهداف هذه الوحدة.

2- أن خصوم الوحدة الإدارية الحكومية هي مجموعة الالتزامات والقيود على استخدام الوحدة الإدارية الحكومية لأصولها والمتمثلة بأنشطة وخدمات الوحدة لتحقيق أهدافها.

3- أن إيرادات ومصروفات الوحدة الإدارية الحكومية هي تدفقات نقدية من وإلى الوحدة الإدارية الحكومية يتم بيانها في حساب متوازن.

4- أن معادلة الميزانية هي: الأصول النقدية وغير النقدية = أنشطة وخدمات ومشاريع اقتصادية.

5- أن القدرة الإنفاقية للوحدة الإدارية الحكومية تتمثل في مبالغ المخصصات التي تعتمد لها في الموازنة العامة لتأدية الأنشطة المنوطة بها ضمن فترة زمنية محددة)).

هذا وقد قام النظام المحاسبي الحكومي الموحد للدول العربية بتحديد علاقة هذه النظرية بالنظام المحاسبي الحكومي وذلك على أساس أنه تم اعتماد مبدأ المخصصات التي يوضع تحت تصرف الوحدة الحكومية للإنفاق من خلال فترة زمنية ولأداء خدمة عامة، كما اعتبر الموازنة العامة للدولة الأداة والوسيلة الوحيدة لإنفاق المخصصات وتحصيل الإيرادات اللازمة للإنفاق على هذه المخصصات خلال فترة زمنية محددة سنة مالية واحدة، كما أنه ليس للوحدة الإدارية الحق في زيادة مخصصاتها، وأنه يمكن أن توضع هذه المخصصات تحت تصرفها لمدة تزيد عن السنة المالية لتنفيذ واستكمال المشروعات وذلك عن طريق تدوير الأرصدة التي لم يتم إنفاقها خلال السنة المالية الحالية إلى السنة المالية التالية من خلال الموازنة اللاحقة وهذا يعني إقرار مبدأ التخصيص.

4-10-1 عناصر النظام المحاسبي الحكومي:

لقد تطورت أنظمة المحاسبة الحكومية لتعكس طبيعة النظام الاقتصادي والاجتماعي والثقافي والسياسي والنطاق الموسع والطبيعة المتنوعة والمعقدة للمهام التي تقوم بها الحكومات في الآونة الأخيرة، كما كان لأنظمة التخطيط المختلفة وأنواعه انعكاس مباشر على توسع أنظمة المحاسبة الحكومية للتعامل مع الأصول والالتزامات في مجال العمليات المالية للحكومات، وكان على النظام المحاسبي أن يتماشى مع تكاليف الإنتاج وتقييم الاستثمارات ومجموعة الأنشطة المتعلقة بذلك.

ومن هذا المنطلق فكان طبيعياً واستجابة للمتغيرات المعاصرة لزيادة نطاق الأعمال الحكومية فقد اكتسبت الموازنات شهرة ودوراً مستحقاً كأدوات للسياسة المالية وعلى أن يُقوى التخطيط الاقتصادي الكفء دور الدولة حيث أصبحت الموازنات هي الأدوات الرئيسية للتوزيع والاستقرار وذلك في ظل هذه الوظائف والتداخل المتنامي بين الحكومة وجموع المواطنين.

وعلى هذا فإن الموازنات إذا ما قُدر أن يكون لها نجاح كأدوات للسياسة والإدارة الاقتصادية، حيث أن تلك السياسات المالية أصبحت أكثر حرصاً في السعي للاستقرار الاقتصادي، ومن ثم يتعين للنظام المحاسبي أن يلعب دوراً هاماً وكبيراً، حيث أن هذا النظام يشمل مجموعة من الأساليب والطرق والإجراءات والتعليمات المحاسبية تستخدم مجموعة مستندية ودفترية بهدف توفير البيانات عن حماية أصول الحكومة وإظهار مطلوباتها وقياس الإيرادات والنفقات ومحتوياتها وتبليغ هذه المعلومات الخاصة بالإيرادات والنفقات والأصول والالتزامات والفوائد وكل الجوانب الأخرى التي تشكل بصورة مشروعة جزءاً من الإدارة المالية.

وقبل التعرض لعناصر النظام المحاسبي الحكومي يتعين ضرورة تحديد مجموعة من الشروط والمتطلبات الواجب توافرها في هذه العناصر لكي تحقق أهدافها بكفاءة وفعالية وفيما يلي أهم هذه المتطلبات:

أ- أن يكون النظام المحاسبي متطابقاً مع النصوص الدستورية والقانونية والتشريعات الأخرى.

ب- أن ترتبط تصنيفات النظام المحاسبي مع تصنيفات الموازنة العامة ارتباطاً وثيقاً على اعتبار أن وظائف الحسابات والموازنة من العناصر المتكاملة للإدارة المالية العامة.

جـ- يجب أن تنظم الحسابات بطريقة تفصح بوضوح عن الأغراض التي من أجلها حصلت وأنفقت الأموال العامة والمستويات الإدارية المسؤولة عن الجباية والإنفاق على البرامج.

د- أن يكون للنظام المحاسبي القدرة على الإفصاح الكامل عن المركز المالي للدولة.

هـ- أن يكون للنظام المحاسبي القدرة على بيان مدى التزام السلطة التنفيذية بمختلف وحداتها الإدارية بالقوانين والأنظمة.

الفصل

الثاني

الموازنة العامة للدولة

الفصل الثاني

الموازنة العامة للدولة

نشأة الموازنة العامة:

في العصور القديمة لم تكن مالية الدولة منفصلة عن مالية الملك أو الحاكم. فقد كانت تختلط ماليتهما معاً بحيث ينفق الملك أو الحاكم على الدولة كما ينفق على أسرته.

تعتبر فكرة إعداد موازنة لنفقات وإيرادات الدولة عن فترة مقبلة وبالصورة التي هي عليه حالياً فكرة حديثة العهد إذ يرجع تاريخها إلى عام 1628 في إنجلترا عندما أصبح ضرورة اعتماد الإيرادات والمصروفات من السلطة التشريعية (ممثلي الشعب)، والإذن للملك شارل الأول في جباية الضرائب من الشعب لتمويل النفقات العامة في سنة 1789 في فرنسا.

وقد تطورت فكرة الموازنة العامة من خلال تقرير مبدأ وجوب الإذن بجباية الضريبة من السلطة التشريعية (نواب الأمة). وبعد ذلك طالب النواب بضرورة الرقابة على كيفية إنفاق حصيلة الضرائب (المال العام). ومناقشة الفكرة تدريجياً بحيث أصبح من حق نواب الأمة مناقشة كافة الإيرادات والنفقات الخاصة بالدولة، ومن ثم الرقابة المستمرة على المال العام.

1-2 تعريف الموازنة العامة:

الموازنة: عبارة عن خطة مالية معتمدة من قبل السلطة التشريعية.

الموازنة: بيان تقديري لنفقات وإيرادات الدولة عن مدة مستقبلية تقاس عادة بسنة، وتتطلب إجازة من السلطة التشريعية.

الموازنة: أداة رئيسية من أدوات السياسة المالية تعمل على تحقيق الأهداف الاجتماعية والاقتصادية للحكومة.

الموازنة العامة خطة مرسومة للسياسة الانفاقية للحكومة ولذلك فإن لها آثار اقتصادية واجتماعية متنوعة على مستوى الدولة واقتصادها القومي.

الموازنة تمثل خطة تنفيذية قصيرة الأجل تُترجم الخطط الاقتصادية للدولة والأهداف بعيدة المدى إلى برامج سنوية تعمل على تنفيذ الخطة العامة. كما تعمل على التنسيق بين مختلف الأنشطة والفعاليات الاقتصادية وتسهيل الرقابة والإشراف على النشاط الحكومي وتقييمه في سبيل تحقيق الأهداف العامة للتنمية.

1-1-2 عناصر الموازنة العامة للدولة:

1- الموازنة تقدير مفصل لإيرادات الدولة ونفقاتها، أي أنها تبين الأرقام التفصيلية لإيرادات الدولة ونفقاتها المتوقعة ولا تكتفي بطرح الأرقام الإجمالية.

2- الموازنة معتمدة من قبل السلطة التشريعية، وحتى تصبح موازنة لا بد من اقترانها بموافقة السلطة التشريعية، نواب الأمة.

3- أنها تعبير مالي عن أهداف المجتمع الاقتصادية والاجتماعية.

4- خطة مالية تنفيذية لسنة مقبلة تتفق مع الخطط الاقتصادية.

5- الموازنة وسيلة للتنسيق بين أنشطة الدولة المختلفة.

6- الموازنة وسيلة وأداة للرقابة المالية العامة.

الفرق بين الميزانية الخاصة بالمشروع والموازنة العامة للدولة

الميزانية الخاصة بالمشروع	الموازنة العامة
1-عبارة عن وثيقة مالية تعبر عن المركز المالي الحقيقي للمشروع في لحظة معينة.	1-تبين ما تعتزم الحكومة إنفاقه وما تتوقع الحصول عليه من إيرادات في الفترة المقبلة.
2-تعكس حقيقة الوضع المالي (الموقف) في لحظة معينة وفقاً لأسس محاسبية معينة وبالتالي فهي تتناول أمر واقع لا مفر من الاعتراف به ومن ثم لا مبرر لاعتماده ما دام ليس بالإمكان رفضه.	2-تعبير مالي عن برنامج عملي لمرحلة قادمة تمت مناقشته من قبل السلطة التشريعية قبل اعتماده. الموازنة هي الأساس في تطبيق فكرة الميزانية التقديرية في المنشآت الخاصة.
3-الميزانية تهدف إلى تحقيق الربح.	3-الموازنة تهدف لتحقيق أغراض وأهداف اجتماعية واقتصادية تنموية.

2-1-2 موازنة الدولة والحساب الختامي:

الحساب الختامي للدولة عبارة عن كشف مسجل به كافة المبالغ الفعلية للنفقات التي أنفقتها الحكومة خلال السنة المعنية وكافة المبالغ التي قامت بتحصيلها خلال نفس السنة، ويُتبع في التسجيل نفس التبويبات والتقسيمات في موازنة الدولة.

الحساب الختامي للدولة لسنة معينة يتشابه مع موازنة الدولة لنفس السنة في مل شيء ما عدا الأرقام الواردة فيها. حيث تكون أرقام الموازنة تقديرية وأرقام الحسابات الختامية فعلية.

لكل موازنة حساب ختامي. ويختلف الحساب الختامي للدولة عن الحسابات الختامية للمشروع التي يتم إعداد حسابات التشغيل والمتاجرة والأرباح والخسائر وميزانية المشروع.

الحساب الختامي للموازنة أداة لمراجعة ما قامت به السلطة التنفيذية وما تعهدت به السلطة التشريعية وهو وسيلة لمتابعة تنفيذ ما اعتمدته السلطة التشريعية من برامج وسياسات.

3-1-2 الحساب الختامي للموازنة:

وسيلة لتحسين طرق التقدير والتنبؤ وتقليل الخطأ في إعداد موازنة الدولة وتلافي الأخطار مستقبلاً.

أداة للرقابة وتقييم الأداء والوقوف على درجة الكفاءة والإنتاجية في القطاع الحكومي، خاصة فيما يتعلق بالمال العام.

4-1-2 كيفية تقدير أرقام الموازنة العامة:

أ- القواعد العامة في التقدير:

1- اعتماد أرقام الحساب الختامي الأخير أساساً للتقدير، بمعنى الاعتماد في التقدير على الأرقام الفعلية للإيرادات والنفقات كأساس لتقديرها في الموازنة، فكلما قربت السنة التي تعتمد عليها كأساس للتقدير كلما قل الخطأ في التقدير.

وقد تكون المشكلة في هذا المجال أن الحساب الختامي في بعض الدول يأخذ فترة طويلة حتى يتم إجازته، خاصة إذا كانت الدولة لا تستخدم الأساس النقدي في حساباتها وإنما تستخدم أساس الاستحقاق، وفي هذه الحالة قد تلجأ الدولة إلى أرقام إعادة التقدير للسنة السابقة كأساس لتقدير إيراداتها ونفقاتها للسنة المقبلة.

2- ضرورة اقتراب وقت التقدير من وقت التنفيذ وهذا يعني أن تكون التقديرات مبنية على الظروف القائمة وقت التنفيذ. أي لا تكون هناك فترة طويلة بين تقدير الإيرادات والنفقات ووقت تنفيذها.

3- ضرورة توخي الدقة في التقدير وذلك بالرقابة الفعالة.

ب- طرق التقدير:

فيما يتعلق بتقدير النفقات العامة فإن هناك بعض الأرقام الخاصة بالنفقات تكون ثابتة لذلك تنقل كما هي للسنة المقبلة. أما النفقات الأخرى المتغيرة فيمكن ترك تقديرها للأشخاص القائمين على تحضير الموازنة.

أما فيما يختص بتقدير الإيرادات فيمكن إتباع العديد من الطرق في تقدير الإيرادات العامة للدولة، ومنها:

1- أن يُترك للقائمين على الموازنة حرية تقدير الإيرادات العامة للدولة. ومن الضروري أن يؤخذ بنظر الاعتبار حجم الإيرادات المحصلة في السنة السابقة.

2- اعتماد الأرقام الفعلية الخاصة بالسنة الأخيرة كأساس لتقدير الإيرادات في الموازنة الجديدة حيث تُنقل كما هي إلاّ إذا كان هناك ما يدعو إلى تغيير ذلك.

3- اعتماد نسبة زيادة محددة على أرقام الإيرادات الفعلية للسنة الأخيرة.

2-2 القواعد العامة في إعداد الموازنة:

تقضي القواعد العامة لعلم المالية بضرورة تقيد الدولة بعدد من القواعد الأساسية عند تحضيرها للموازنة العامة، وتتضمن هذه القواعد ما يلي:

1-2-2 قاعدة الوحدة:

تقضي هذه القاعدة بضرورة وضع موازنة واحدة تُدرج فيها جميع نفقات الدولة ووسائل تمويلها. وهذا يعني أن يكون للدولة الواحدة موازنة عامة واحدة وذلك لتبسيط معرفة الخطة المالية للدولة بمجرد النظر إليها.

تعدد الموازنات يعرقل من عملية عرض عناصر الموازنة بصورة واضحة.

وتأتي أهمية وحدة الموازنة من ضرورة إيضاح الحالة المالية للدولة، وهذا بدوره يحقق فائدتين أساسيتين:

أ- إيضاح إساءة استخدام الأموال، فاستخدام موازنات متعددة تخفي عملية سوء استخدام الأموال العامة وتبذيرها.

ب- تمكين السلطة النيابية من مباشرة سلطانها الكامل على الرقابة المالية العامة. فعرض موازنة عامة شاملة على السلطة النيابية يمكنها من إجراء مفاضلة بين كافة وجوه الإنفاق بحيث تقر ما تراه مناسباً وتستبعد ما لا يرى ضرورة له.

2-2-2 قاعدة عمومية الموازنة العامة:

وتقوم قاعدة عمومية الموازنة على أساس عدم إتباع طريقة الموازنة الصافية. وهذا يستلزم إدراج جميع النفقات والإيرادات دون إجراء المقاصة بينهما. أي عدم إتباع طريقة الناتج الصافي التي لا يسجل فيها إلاّ فائض الإيراد على النفقة بالنسبة للوزارة.

طريقة الموازنة الصافية تقوم على أساس إجراء مقاصة بين الإيرادات وبين المصروفات التي أنفقت في سبيل الحصول عليها، كما تجري مقاصة بين النفقات وبين الإيرادات التي ترتبت عليها.

وهذا يقود إلى إدراج فائض الإيرادات في باب الإيرادات في الموازنة العامة وفائض المصروفات في باب المصروفات في الموازنة. أما الطريقة الإجمالية فتبنى على أساس إدراج كافة النفقات والإيرادات دون إجراء أية مقاصة.

ويؤخذ على قاعدة الموازنة الصافية أنها تضعف الرقابة البرلمانية على نفقات وإيرادات الدولة لأن ذلك يؤدي إلى إخفاء بعض النفقات أو عدم الاقتصاد فيها اعتماداً على أنه لا يظهر في الموازنة إلاّ النتيجة الصافية.

2-2-3 قاعدة عدم التخصيص:

تقضي هذه القاعدة أن لا يتم تحديد إيرادات معينة في الموازنة لأوجه إنفاق محددة، بل تُجمع كافة الإيرادات في جانب واحد ويقابلها في الجانب الآخر قائمة بالنفقات تدرج فيها كافة المصروفات المتعلقة بالسنة المالية.

فتخصيص إيرادات معينة لجهة معينة يؤدي إنا إلى زيادة الأموال المتوفرة لديها وقد يزيد على احتياجاتها مما يؤدي إلى الإسراف والتبذير، بما يؤدي إلى قصور الأموال لديها مما يعرقل أدائها لعملها على الوجه المطلوب، لذلك فإن قاعدة عدم التخصيص تساعد على الحصول على أكبر فائدة ممكنة من استخدام الموارد المالية المتوفرة للدولة وذلك لمواجهة احتياجاتها طبقاً لأهمية أوجه الإنفاق في سلم الأولويات.

2-2-4 قاعدة السنوية:

يقصد بقاعدة السنوية أن تكون المدة التي تغطيها الموازنة سنة واحدة، مع عدم اشتراط اتفاقها مع السنة الميلادية وإنما تحدد السنة تبعاً لظروف كل دولة على حدة.

ومن الملاحظ بأن تاريخ بداية السنة المالية يختلف من دولة إلى أخرى تبعاً لنظامها الإداري والتشريعي.

ففي حين تبدأ السنة المالية في معظم دول العالم مع بداية السنة الميلادية أي اليوم الأول من شهر كانون الثاني وتنتهي مع نهاية شهر كانون الأول إلاّ أن ذلك لا ينطبق على كافة الدول.

أمثلة عن بداية السنة المالية لبعض الدول:

الولايات المتحدة الأمريكية تبدأ السنة المالية في اليوم الأول من شهر تشرين أول.

كندا، وتبدأ السنة المالية في اليوم الأول من شهر نيسان.

الكويت والسويد، تبدأ السنة المالية في اليوم الأول من شهر تموز.

تركيا، وتبدأ السنة المالية في اليوم الأول من شهر آذار.

أسباب اختيار السنة كفترة زمنية قياسية للموازنة العامة:

1- صعوبة تقدير وتنبؤ إيرادات الدولة ونفقاتها إذا كانت لفترة طويلة. أي أكثر من سنة واحدة.

2- أن إطالة فترة الموازنة إلى أكثر من سنة يقود إلى ضعف الرقابة عليها.

3- ضرورة احتواء الفترة الزمنية القياسية إلى كافة المواسم والمحاصيل. والسنة هي الفترة الزمنية التي تُوفر هذا الشرط، فإذا كانت الفترة الزمنية أقل من سنة فإنها لن تشمل كافة المواسم والمحاصيل، وهذا يضعف من إمكانية مقارنة الموازنة الحالية بالموازنات السابقة كما أن إطالة فترة الموازنة إلى أكثر من سنة تقود إلى نفس النتيجة.

5-2-2 قاعدة التوازن:

يقصد بتوازن الموازنة العامة أن لا تزيد الإيرادات عن النفقات أو العكس. وهذا يعني أن الموازنة تعتبر متوازنة إذا تعادلت الإيرادات مع النفقات. وتعتبر الموازنة في حالة عجز إذا زادت النفقات عن الإيرادات مما يضطر الدولة إلى تمويل ذلك العجز إما عن طريق الاقتراض العام الداخلي أو الخارجي أو استخدام الاحتياطات، أو أية أساليب أخرى لتمويل العجز في الموازنة.

لقد أكد أصحاب المذهب الحر على أهمية توازن الموازنة بحيث لا تزيد نفقات الدولة عن إيراداتها من الضرائب واستغلال ممتلكات الدولة. وانطلقت هذه الأفكار من طبيعة دور الدولة الحيادي الذي حُدد لها وفق أفكار المدرسة الاقتصادية التقليدية.

وهذا الرأي يتعارض مع الآراء الاقتصادية الحديثة، حيث أصبحت الدولة من خلال استخدامها للموازنة كأداة من أدوات السياسة المالية لتحقيق أهداف اقتصادية واجتماعية. ففي حالة الركود الاقتصادي تلجأ الدولة إلى الإنفاق بالعجز (العجز المقصود) وذلك في محاولة لمعالجة تلك الحالة. والواقع أن الدولة قد تستحدث العجز للقضاء على الأزمات والبطالة ولتحقيق معدلات نمو عالية.

3-2 دورة الموازنة العامة:

أصبحت الموازنة المرآة التي تعكس أهداف الحكومة وبرامجها الاقتصادية والاجتماعية. السلطة التشريعية مسؤولة عن التحقق من سلامة الوسائل التي تختارها الحكومة لتحقيق أهداف المجتمع وواقعية تنفيذها وتأسيسها.

تطلق لفظة دورة الموازنة العامة على المراحل الزمنية المتعاقبة والمتداخلة التي تمر بها موازنة الدولة تحقيقاً لهذه المسؤوليات المشتركة بين السلطات التنفيذية والتشريعية.

1-3-2 مراحل دورة الموازنة العامة:

تمر الموازنة العامة للدولة بأربعة مراحل، وهي على النحو التالي:

1- مرحلة التحضير والإعداد.

2- مرحلة الاعتماد.

3- مرحلة التنفيذ.

4- مرحلة المراجعة والرقابة.

1-1-3-2 مرحلة التحضير والإعداد:

من المتفق عليه أن تقوم السلطة التنفيذية بتحضير الموازنة وإعدادها، ويرجع ذلك إلى العديد من المبررات:

1- تقع مسؤولية تحقيق أهداف المجتمع الاقتصادية والاجتماعية على السلطة التنفيذية، وللحكومة أن تضع من البرامج والسياسات ما تراه كفيلاً بتحقيق الأهداف المرجوة، ولها أن تطلب ما تراه ضرورياً لتنفيذ برامجها وسياساتها والقيام بوظائفها.

2- للحكومة أجهزة وإمكانات فنية وإدارية قادرة على تحديد مقدرة القطاعات والفئات على تحمل الأعباء المالية الأمر الذي يمكنها من اختيار مصادر الإيراد.

3- السلطة التنفيذية أقدر على معرفة حاجات المجتمع، لذلك تتولى الحكومة مهام تحضير الموازنة وتبدأ هذه المرحلة عادة على مستوى أصغر الوحدات الحكومية. حيث تتولى كل مؤسسة أو هيئة أو وزارة إعداد تقديراتها لما يلزم من نفقات وما تتوقع أن تحصل عليه من إيرادات خلال السنة المالية المطلوب إعداد موازناتها.

في مرحلة التحضير والإعداد للموازنة تسترشد الحكومة بمجموعة من المبادئ العامة وعدد من الأساليب الفنية والخبراء والمستشارين.

2-3-1-2 مرحلة الاعتماد:

يبدأ المجلس النيابي بمناقشة المصروفات المقترحة في مشروع الموازنة ثم اعتمادها قبل النظر في جانب الإيرادات حتى يمكن تقدير هذه المصروفات على أساس حاجات المجتمع العامة ودون التقيد بقرار محدودية الإيرادات.

بعد ذلك تركز المناقشة حول مقترحات الإيرادات المختلفة لإجراء المفاضلات بين البدائل لتمويل تلك النفقات. وتعتبر موافقة البرلمان على الموازنة إجازة ينبغي الحصول عليها قبل البدء في تنفيذ الموازنة، أي قبل بداية السنة المالية.

لذلك تنص الدساتير على ضرورة تقديم مشروع الموازنة قبل بداية السنة المالية بفترة تتراوح بين شهرين أو ثلاثة شهور على الأقل للسلطة التشريعية.

2-3-1-3 مرحلة التنفيذ:

يقصد بتنفيذ الموازنة إجراء تحصيل الإيرادات ودفع النفقات التي أُدرجت في هذه الموازنة بعد اعتمادها من قبل السلطات المختصة. إن أخطاء الإيرادات قد تعوض بعضها البعض، بحيث يزيد الإيراد في بعض البنود كما كان مقدراً ويقل في البعض الآخر، أما بالنسبة للنفقات فأخطاء التقدير لا تعوض إلاّ في حدود ضيقة، وهذا يختلف من دولة لأخرى وحسب الضرورة.

والواقع أنه لعامل المرونة الذي ينبغي أن تتسم به الموازنة العامة أثره على التنفيذ، وهي ضرورة لضمان نجاح مرحلة التنفيذ.

2-3-1-4 مرحلة الرقابة والمراجعة:

تتحقق الرقابة المالية للسلطة التشريعية عن طريق قيامها بمناقشة مشروع الموازنة العامة قبل اعتماده، وذلك للتأكد من استخدام الأموال العامة في الصالح العام.

وتتواصل عملية الرقابة عند تنفيذ الموازنة وذلك للتأكد من أنها لا تنحرف عن السياسة المرسومة، وأن الإعتمادات التي تم إقرارها تستخدم في الأغراض التي أدرجت من أجلها.

مرحلة الرقابة تبدأ مع بدء أول مراحل الموازنة العامة (مرحلة الإعداد) وتصاحب مرحلتي الاعتماد والتنفيذ، وتتعاقب بعد ذلك مرحلتي الاعتماد والتنفيذ وتتعاقب بعد ذلك من خلال مرحلة الحساب الختامي.

والرقابة في الأردن تتم من خلال ديوان المحاسبة، حيث أنه:

أ- استناداً لأحكام النظام المالي رقم 3 لعام 1994 يحق لوزير المالية القيام بالرقابة عن طريق وحدات الرقابة في الوزارات التابعة لوزارة المالية.

ب- يقوم ديوان المحاسبة بالتدقيق على أنشطة الوزارات والدوائر عن طريق وحداته المنتشرة في مختلف الدوائر والوزارات، يقدم الديوان تقريراً سنوياً لمجلس الأمة أو حينما يطلب منه.

4-2 الأسس العامة لتبويب الموازنة:

يعتبر التبويب أحد المراحل الهامة في المحاسبة إذ يتم فيها فرز البيانات المتعلقة بحساب معين أو بمنشأة معينة على حدة، ثم تجميع الحسابات المتشابهة أو المتجانسة في طبيعتها وتأثيرها على المركز المالي في مجموعات رئيسية وفرعية.

ويشترط في التبويب بصفة عامة ما يلي:

* أن يكون ملائماً لطبيعة النشاط.

* أن يكون محققاً لأغراض الرقابة.

* أن يكون ممهداً لمراحل التخليص وعرض النتائج ودراستها.

وفيما يتعلق بالموازنة العامة للدولة، يمكن القول بأن التبويب يهدف إلى تحقيق أغراض أهمها:

1- توفير البيانات اللازمة لإعداد تقديرات الموازنة، وتيسير تنفيذها.

2- تحقيق الارتباط الكامل بين الاستخدامات المقدرة لكل وحدة وبين البرامج المكلفة بتنقيذها.

3- متابعة الوحدات الإدارية (ذات الإيراد) في تحصيل الموارد وذلك بمقارنة المتحصلات الفعلية لكل نوع من الإيرادات بما هو مقدر لها.

4- فرض رقابة فعالة على النفقات العامة، وذلك بمقارنة الإنفاق الفعلي بالاعتمادات المخصصة لها، وبمقارنة الإنفاق الفعلي بالاعتمادات المخصصة لكل نوع من الاستخدامات.

5- تسهيل إعداد القوائم والحسابات الختامية والمقارنة مع السنوات السابقة.

6- تحليل الآثار الاقتصادية والاجتماعية للموازنة.

وبطبيعة الحال لا يمكن لتبويب معين أن يحقق هذه الأهداف جميعاً. ولكن قد يتمكن التبويب الواحد من أن يخدم أكثر من غرض، كما أنه من الجائز استخدام أكثر من أساس واحد للتبويب من أجل تحقيق المزيد من الأغراض.

ونتناول فيما يلي بعض أسس التبويب مع توضيح الأغراض التي يخدمها:

2-4-1 أسس تبويب الاستخدامات:

تخضع استخدامات الموازنة في تبويبها لأسس متعددة بهدف كل منها إلى توفير قدر معين من البيانات اللازمة لإعداد الموازنة ومراقبة تنفيذها. وأهم هذه الأسس هي:

2-4-1-1 التبويب الإداري:

ويقصد به التبويب على أساس هيكل التنظيم الإداري، فتبويب الاستخدامات إلى: أقسام، وزارات، دوائر حكومية. وكل قسم إلى فروع محافظات، مجالس محلية. وكل فرع إلى فصول: يختص كل منها بواحدة من الإدارات التي تتبع الفرع.

ويتميز هذا التبويب بما يلي:

1- تسهيل إعداد تقديرات الاستخدامات لكل وحدة تنظيمية.

2- إمكان تحديد مسؤولية الوحدة عن التنفيذ، إذ تشترك كل وحدة في إعداد التقديرات الخاصة بها.

3- إمكان تتبع التغيرات التي تطرأ على استخدامات كل وحدة تنظيمية خلال عدة سنوات وذلك في ضوء التوسع في الخدمات التي تؤديها.

2-4-1-2 التبويب الموضوعي:

ويقصد به التبويب تبعاً لموضوع النفقة أو الغرض منها في الوحدة التنظيمية. ويهدف هذا التبويب إلى حصر المصروفات ذات الطبيعة الواحدة في مجموعات متجانسة وفرعية. وطبقاً لهذا التبويب تنقسم الاستخدامات في الموازنة العامة للدولة إلى أبواب، وكل باب إلى مجموعات وكل مجموعة إلى عدد من البنود.

ويتميز هذا التبويب بالبساطة والسهولة ويحقق الأغراض التالية:

1- تسهيل إعداد الموازنة وتيسير تنفيذها طبقاً لنظام موحد لتبويب الحسابات تلتزم به كافة الوحدات التنظيمية.

2- إمكانية تتبع ودراسة التغيرات التي تطرأ على كل نوع من أنواع المصروفات التي تشملها الموازنة خلال عدة سنوات مالية.

3- إحكام الرقابة على توجيه الاعتمادات إلى الأغراض التي خصصت من أجلها والتقيد بأنواع المصروفات الواردة بالموازنة، وذلك بمقارنة الإنفاق الفعلي بما هو مقدر لكل نوع من أنواع المصروفات خلال فترات السنة بما يساعد على تلافي تجاوز الاعتمادات المخصصة ما أمكن أو العمل على طلب اعتمادات في حالة الضرورة.

3-4-1-2 التبويب الوظيفي:

ويقصد به التبويب تبعاً للوظائف العامة (تعليم .. صحة .. أمن ..) ويتميز بما يلي:

1- إمكان إيضاح تكاليف الخدمات العامة المختلفة.

2- إمكان إيضاح تطور الإنفاق الحكومي على الوظائف المختلفة.

3- ضآلة النفقات ذات الصفة العامة التي لا يمكن نسبتها إلى غرض معين.

ولكن يعاب على هذا النوع من التبويب ما يلي:

1- ضعف الرقابة نتيجة لتوزيع نفقات الخدمة الواحدة بين وحدات مختلفة.

2- بذل مجهودات ضخمة لتجميع البنود لإمكان تحديد تكاليف الخدمات العامة.

2-4-1-4 التبويب الاقتصادي:

ويقصد به التبويب تبعاً للطبيعة الاقتصادية للنفقة وتنقسم الاستخدامات وفقاً لهذا التبويب إلى:

* مصروفات جارية.

* مصروفات رأسمالية.

ويتميز هذا النوع من التبويب بما يلي:

1- توفير بيانات وأرقام إحصائية عن طبيعة النفقات وما تحقق من إنجازات.

2- مساندة أجهزة التخطيط في رسم سياسة اقتصادية سليمة على المستوى القومي.

2-4-2 أسس تبويب الموارد:

يتبع في الموارد تقسيمها إلى أبواب يتضمن كل منها مصدراً رئيسياً من مصادر الإيرادات، ويقسم كل باب إلى مجموعة من البنود وأنواعها، كما تتخذ طبيعة الإيراد أساساً للتبويب.

ويتميز هذا التبويب بما يلي:

1- إمكان دراسة التقديرات المرسومة لكل نوع من الموارد تبعاً لطبيعتها ومصادر الحصول عليها.

2- متابعة كفاءة أجهزة التحصيل في تحقيق الموارد المقدرة.

3- تتبع آثار التغيرات التي تطرأ على كل نوع من الموارد ومصادرها وعلى المستوى العام للأسعار وعلى حجم الدخول المختلفة.

الموازنة العامة في الأردن

مقدمة:

تعتبر الموازنة العامة من إحدى الأدوات الرئيسية التي تستعملها الحكومة لتحقيق الأهداف الاقتصادية والمالية والاجتماعية، ومن خلال تعريف الموازنة نستطيع القول بأنها بيان تفصيلي لنفقات وإيرادات الحكومة تعكس سياسة الحكومة لسنة مقبلة لكافة النشاطات العامة سواء كانت اقتصادية أو مالية أو اجتماعية أو سياسية.

ولقد كان تطور مفهوم الموازنة مع تطور دور الحكومة في الحياة العامة إذ تدرجت النظرة إلى الموازنة من اعتبارها وسيلة بيد السلطة التشريعية لمراقبة كفاءة السلطة التنفيذية من خلال ضبط وتنظيم الإنفاق العام والتأكد بأن التنفيذ يتم حسب الأنظمة والقوانين المالية، إلى اعتبارها وسيلة لتقييم كفاءة الحكومة في تنفيذ البرامج والمشاريع الحكومية بحيث تحقق الحكومة أهدافها المقررة بأقل التكاليف، وأخيراً أصبحت الموازنة في الوقت الحاضر أداة من أدوات التخطيط نظراً للاهتمام المتزايد في التحليل الاقتصادي بشكل عام وفي تحليل الإيرادات والنفقات بشكل خاص.

تطور الموازنة في الأردن:

كانت مسؤولية الموازنة العامة في الأردن قبل صدور قانون تنظيم الموازنة العامة رقم (39) لسنة 1962م تقع على عاتق وزير المالية وكان يتولى عملياً وكيل وزارة المالية يساعده في ذلك عدداً من الموظفين يقتصر عملهم على الأعمال الكتابية العادية، إذ لم يتوفر في وزارة المالية آنذاك موظفين اختصاصيين مؤهلين لإعداد الموازنة وتنسيق حساباتها في الوزارات المعنية بصورة مستمرة وصحيحة، ولم تكن الخبرة في إعداد الموازنة تتعدى شخص وكيل الوزارة نفسه

ولا يخفى أن مثل هذا الوضع أي عدم وجود جهاز مختص للإشراف على جميع شؤون الموازنة خاصة في مجال تحليل ودراسة الأعمال ومدى تحقق الأهداف المتوخاة منها يؤدي إلى نتائج غير مرضية وسطحية.

وفي ضوء ذلك الوضع حددت اللجنة الملكية التي شكلت سنة 1960م لدراسة الأنظمة والقوانين المالية أبرز المشاكل في نطاق الإجراءات الخاصة بالموازنة العامة والحسابات المتعلقة بها وهي:

1- تأخير قطع الحسابات تأخير لا مبرر له.

2- تقدير فصول الموازنة تقديراً لا ينطبق على الواقع إلى مدى بعيد.

3- تصنيف الإيرادات والنفقات تصنيفاً غير دقيق بصورة غير مباشرة.

4- النظرة التقليدية لإجراءات الموازنة بصورة عامة.

وحتى تأخذ الموازنة المكانة اللائقة بها كأساس في وضع القرارات المالية تقرر إنشاء دائرة قوية للموازنة بأسرع وقت ممكن.

تُلحق هذه الدائرة برئاسة الوزراء، وسبب هذا أن رئيس الوزراء هو الرجل التنفيذي للحكومة وأن على دائرة الموازنة أن تتلقى التوجيهات بشأن السياسة المالية للحكومة من رئيس الوزراء. وفي سنة 1962م شكلت لجنة مالية تمخضت أعمالها عن وضع مشروع قانون تنظيم الموازنة رقم (39) لسنة 1962م أسست دائرة الموازنة العامة حيث ربطت إدارياً بوزير المالية.

الصلاحيات والأعمال التي تقوم بها دائرة الموازنة العامة:

1- إعداد الموازنة العامة السنوية للمملكة الأردنية الهاشمية.

2- اقتراح رصد المخصصات اللازمة لتنفيذ السياسة العامة التي يرسمها مجلس الوزراء.

3- تنقيح طلبات المخصصات المالية التي تتقدم بها كافة الوزارات والدوائر الحكومية بالتخفيض أو الزيادة أو الجمع أو المقابلة أو المراجعة.

4- تمحيص كافة البرامج والأعمال والمشاريع التي تُطلب لها مخصصات بهدف التأكد من جدواها وعلاقة بعضها ببعض.

5- التأكد من مطابقة طلبات المخصصات للسياسة المالية والاقتصادية والقرارات الأخرى التي يتخذها مجلس الوزراء.

6- التأكد من حذف الازدواجيات غير الضرورية في البرامج والتمويل.

7- طلب المعلومات اللازمة من كافة دوائر الحكومة فيما يتعلق بكافة البرامج والأعمال والمشاريع وتمويلها.

8- الاطلاع على كافة الوثائق والمخابرات والقيود المالية لأية دائرة من دوائر الحكومة.

9- تحقيق وتحليل الأعمال الإدارية والبرامج لكافة دوائر الحكومة وإعداد ما يلزم لتطويرها وتحسينها بالتعاون مع ديوان الموظفين.

10- إعداد بيان مفصل بالعمليات الضرورية لإقرار الموازنة على أن يحدد لكل من هذه العمليات وقت معين تتم فيه بحيث تنجز الموافقة النهائية على الموازنة العامة قبل اليوم الأول من شهر كانون الثاني من كل سنة ميلادية.

وقد تضمن القانون تشكيل المجلس الاستشاري للموازنة الذي يضم كل من:

1- وزير المالية.

2- وزير الصناعة والتجارة.

3- محافظ البنك المركزي.

4- وزير التخطيط.

5- رئيس ديوان المحاسبة.

6- مدير دائرة الموازنة العامة.

ويقوم هذا المجلس بدراسة تقرير الموازنة بناءً على تقرير ترفعه لجنة من الدوائر المعنية بشؤون المالية والتخطيط لدراسة الأوضاع المالية والاقتصادية والتقارير ووضع السياسة المالية العامة وأبعاد الموازنة العامة للسنة المقبلة.

إعداد الموازنة العامة في الأردن:

في ضوء توصيات المجلس الاستشاري للموازنة العامة وبناءً على التقرير المقدم يقوم مجلس الوزراء بالمصادقة على السياسة المالية وأبعاد الموازنة العامة للسنة المالية المقبلة، وبناءً على ذلك تقوم دائرة الموازنة العامة بإعداد الترتيبات الخاصة لإعداد الموازنة العامة، آخذة بعين الاعتبار الأوضاع المالية والنقدية والاقتصادية السائدة بحيث تعطى الأولوية الكبرى لرصد المخصصات للوزارات والدوائر الحكومية لمشاريع التنمية الواردة في خطة التنمية وبذلك تكون الموازنة العامة إحدى الأدوات الرئيسية في تنفيذ أهداف خطة التنمية.

تبدأ عملية إعداد الموازنة العامة للدولة في بداية شهر تموز من كل سنة بصدور بيان رسمي من رئيس الوزراء باعتبار أن مجلس الوزراء هو المكلف برسم السياسة المالية بشكل عام وسياسة الموازنة بشكل خاص، ويتضمن ذلك البلاغ الأسس والتعليمات التي يجب إتباعها من قبل الوزارات والدوائر والمؤسسات الحكومية عند إعدادها لمشروع موازناتها للسنة المالية المقبلة، وفيما يلي تفصيلات للخطوات والتعليمات التي يتضمنها بلاغ رئيس الوزراء:

أولاً: خطوات إعداد الموازنة العامة ومواعيدها في الأردن

الخطوات الإجرائية	المواعيد الرسمية
1- تقييم الوضع الاقتصادي والمالي وتقديم التوصيات بشأن السياسة الاقتصادية والمالية إلى رئاسة الوزراء.	1 تموز - 21 تموز
2- إعداد مشاريع الموازنة الرأسمالية والجارية للسنة المقبلة مع جداول تشكيلات الموظفين وتقديمها إلى دائرة الموازنة العامة مع إرسال نسخة من مشاريع الموازنة الرأسمالية إلى المجلس القومي للتخطيط.	1 تموز - 15 آب
3- تقديم مشروع قانون الموازنة العامة إلى مجلس الوزراء.	16 تشرين الثاني

ثانياً: كيفية إعداد الموازنة العامة في الأردن

لقد جاء في نشرة التعليمات لإعداد الموازنة العامة الصادرة عن دائرة الموازنة العامة أن الخطوة الأساسية لتنظيم الموازنة العامة للدولة تنطلق من المبدأ القائل بأن الموازنة هي انعكاس لسياسة الحكومة المالية في سنة مقبلة. ومعنى ذلك أن أرقام الموازنة إنما هي تعبير عن رغبة السلطة التنفيذية في تقديم الخدمات للمواطنين وتنفيذ المشاريع الإنمائية التي تهدف إلى تشغيل الأيدي العاملة وزيادة الدخل القومي وبذلك تكون الخطوات الأولى في تنظيم الموازنة هي:

1- وضع السياسة العامة من قبل مجلس الوزراء لما يجب أن تشتمل عليه الموازنة العامة.

2- الطلب إلى الوزارات والدوائر المختلفة تنظيم مشاريع ميزانياتها ضمن الخطة المشار إليها، وتتطلب هذه المرحلة أن تقوم الوزارات والدوائر بإعداد برامج

العمل أو المشاريع التي تنوي تنفيذها وتقدير تكاليف هذه البرامج أو المشاريع وذلك بالاستناد إلى دراسة علمية موضوعية وعلى ضوء الإمكانيات العامة.

3- تقديم مشاريع الميزانيات إلى دائرة الموازنة العامة لمراجعتها وتدقيقها.

4- مناقشة مشاريع الميزانيات المقدمة من قبل الوزارات والدوائر المختلفة مع دائرة الموازنة العامة.

5- بعد الانتهاء من مناقشة مشاريع الميزانيات وحذف الازدواج الذي يمكن أن يرد في المشاريع المختلفة وتقرير المخصصات في ضوء إجمالي الواردات المقدرة تقوم دائرة الموازنة بطبع مشاريع الميزانيات على النماذج المقررة وتقدمها إلى مجلس الوزراء للنظر فيها.

6- بعد إقرار مشروع الموازنة العامة من قبل مجلس الوزراء تعرض على مجلس الأمة لدراستها وإقرارها. وتنص الفقرة (4) من المادة (12) من الدستور أنه يجوز لمجلس الأمة عند مناقشة مشروع قانون الموازنة العامة أو القوانين المؤقتة المتعلقة بها أن يُنقص من النفقات في الفصول بحسب ما يراه موافقاً للمصلحة العامة، وليس له أن يزيد في تلك النفقات لا بطريقة التعديل ولا بطريقة الاقتراح المقدمة على حدة، على أنه يجوز بعد انتهاء المناقشة أن يقترح وضع قوانين لإحداث نفقات جديدة.

7- يصادق مجلس الأمة على الواردات والنفقات المقدرة للموازنة العامة لتلك السنة المالية بقانون.

8- لا يجوز إدخال أية تعديلات على قانون الموازنة بعد مروره بجميع المراحل الثانوية إلاّ بقانون.

ثالثاً: مراحل إقرار الموازنة العامة في الأردن

تأخذ مرحلة إقرار الموازنة العامة ثلاث خطوات:

1- إقرارها من قبل مجلس الوزراء.

2- إقرارها من قبل مجلس الأمة.

3- التصديق عليها من قبل جلالة الملك.

أما الخطوة الأولى وتتضمن مناقشتها من قبل مجلس الوزراء بعد أن تكون قد استكملت معالمها الأولية وفق السياسة العامة المقررة. وبعد إقرارها من قبل مجلس الوزراء تحال إلى مجلس الأمة قبل ابتداء السنة المالية بشهر واحد على الأقل، وذلك لدراستها ومناقشتها وإقرارها مع بداية السنة المالية الجديدة.

رابعاً: تصنيف الموازنة في الأردن

حيث أن الموازنة العامة هي انعكاس للسياسة العامة للدولة فإن تصنيف الموازنة يحدد ويسهل تنفيذ أهداف تلك السياسة. وعندما كانت الموازنة العامة تهدف إلى مراقبة سير السلطة التنفيذية من قبل السلطة التشريعية كان تصنيف الموازنة يتم حسب مواد الإنفاق كالرواتب والعلاوات، وأجور السفر وذلك لتسهيل عملية المراقبة والتأكد من أن الإنفاق يتم في الاتجاه الصحيح. وعندما أصبحت الموازنة تهدف إلى تحقيق الكفاءة والوصول إلى معطيات معينة ومحددة تستطيع تقسيمها وحصرها، تطور تصنيف الموازنة ليتم على أساس الإنجاز، أي ما أنجز فعلاً من برامج ومشاريع محددة. فمثلاً ما هي المسافة التي تم تعبيدها، وما هي الكمية المشتراة من المعدات والآلات، وما هو عدد المدارس الذي تم بناؤه.

وأخيراً تطور تصنيف الموازنة ليلائم الوظيفة الجديدة للموازنة العامة كأداة لتنفيذ خطط التنمية، حيث أصبح تصنيف الموازنة يتم على أساس البرامج والمشاريع ويركز على إعطاء صورة واضحة لتحقيق الأهداف العامة.

إن تصنيف الموازنة العامة في الأردن لا يتبع أسلوباً معيناً واحداً وإنما يجمع نماذج متعددة تناسب ظروفه ومعطياته الاقتصادية والمالية من جهة وتوفر القدرات الفنية والمعلومات المتقدمة من جهة أخرى.

كانت الموازنة سابقاً تُعد بأسلوب تقليدي، أي يتم التصنيف على أساس مواد الإنفاق. وذلك بترقيم مواد الإنفاق في الفصل الواحد بالتسلسل، بحيث تدرج الوظائف ومخصصاتها والنفقات الأخرى دون استخدام ترقيم موحد لمواد الإنفاق في جميع الفصول وكانت هذه النفقات تسمى بالنفقات العادية. كما أنها كانت تعد على أساس تحقيق التوازن بين الإيرادات والنفقات. وكانت النفقات الرأسمالية تسمى آنذاك بالنفقات فوق العادة، وتدرج مباشرة بعد النفقات العادية. ونتيجة لتوصيات اللجنة الملكية والتي نتج عنها إنشاء دائرة الموازنة العامة فقد اتبعت الدائرة تصنيفاً جديداً للموازنة ابتداء من سنة 1964/1963 وفقاً للأسس التالية:

1- فصل الإنفاق المتكرر عن الإنفاق الرأسمالي.

2- تقسيم الإنفاق المتكرر إلى مجموعات موحدة ومتجانسة في جميع الوحدات الإدارية.

3- إعداد الموازنة المتكررة والرأسمالية على أساس البرامج والمشاريع.

4- إعداد جداول تشكيلات الوظائف بصورة مستقلة عن قانون الموازنة العامة وإصداره بنظام بدلاً من تضمينه قانون الموازنة وفقاً لأحكام التشريع.

وفيما يلي تفصيلاً شاملاً لتصنيف النفقات:

ينقسم الإنفاق في الموازنة العامة إلى قسمين رئيسيين هما:

1- النفقات الجارية.

2- النفقات الرأسمالية.

1- تصنيف النفقات الجارية

تمثل النفقات الجارية تلك النفقات الضرورية لتسيير الجهاز الحكومي وتمكينه من أداء الخدمات وتنفيذ المشاريع وتشتمل هذه النفقات على المجموعة (100) الرواتب والأجور والعلاوات، والمجموعة (200) وتشمل النفقات التشغيلية، والمجموعة (300) وتشمل النفقات التحويلية، والمجموعة (400) وتشمل النفقات الأخرى (غير العادية).

أ- المجموعة (100) الرواتب والأجور والعلاوات وتشتمل على المواد التالية:

* الموظفون المصنفون.

* الموظفون غير المصنفين.

* الموظفون بعقود.

* أجور العمال.

* علاوة غلاء المعيشة الشخصية.

* علاوة غلاء المعيشة العائلية.

* العلاوة الأساسية.

* العلاوة الفنية.

* علاوة الاختصاص.

* علاوة العمل الإضافي.

* العلاوة الإضافية.

* علاوة التنقل.

* بدل تنقلات.

* علاوة ميدان.

* علاوات أخرى.

* مكافآت الموظفين.

* علاوة سفر (مياومات) في المهمات الرسمية.

ب- المجموعة (200) النفقات التشغيلية (سلع وخدمات) وتشتمل على المواد التالية:

* الإيجارات.

* الهاتف التلكس والبرق والبريد (خدمات الاتصالات).

* الماء.

* الكهرباء.

* المحروقات.

* صيانة الأجهزة والآلات ولوازمها.

* صيانة السيارات والآليات ولوازمها.

* صيانة وإصلاح الأبنية ولوازمها.

* قرطاسية، مطبوعات ولوازم مكتبية.

* مواد وخامات (ألبسة، أدوية، أفلام، أشرطة، ...الخ).

* التنظيفات ولوازمها.

* التأمين.

* نفقات أخرى.

جـ- المجموعة (300) النفقات التحويلية، وتشتمل على:

* التقاعد والتعويضات.

* الضمان الاجتماعي.

* البعثات العلمية.

* المساهمات.

* الإعلانات.

* مكافآت لغير الموظفين.

* الفوائد.

* مردود من إيرادات السنوات السابقة.

* نفقات أخرى.

د- المجموعة (400) النفقات الأخرى (غير العادية) وتشتمل عل:

* الأثاث.

* أجهزة وآلات ومعدات.

2- تصنيف النفقات الرأسمالية

ويقصد بها تلك النفقات التي تؤدي إلى زيادة رأس المال القومي والتي تؤثر في تحريك النشاطات الاقتصادية، ولغايات قانون الموازنة العامة فقد قسمت النفقات الرأسمالية إلى مجموعتين رئيسيتين هي:

أ- النفقات الرأسمالية الممولة من الإيرادات: وتمثل هذه النفقات الجزء الأكبر من النفقات الرأسمالية في الأردن، حيث يتم تمويلها من وفر الموازنة الجارية

والإيرادات الرأسمالية الأخرى. وتتكون النفقات الرأسمالية الممولة من الإيرادات من المواد التالية:

* رواتب: رواتب العاملين في المشروع.

* أجور: أجور العمال بالمياومة العاملين في المشروع.

* لوازم: وتشمل المحروقات والمواد الغذائية ولوازم قطع الغيار.

* دراسات وأبحاث: وتشمل الأبحاث العلمية والدراسات الاقتصادية المتعلقة بالمشروع.

* مركبات ومعدات وآلات وأجهزة: وتشمل السيارات والمولدات والأجهزة اللازمة للمشروع.

* أراضي وأبنية: استملاك أراضي لغايات تنفيذ المشاريع.

* أشغال وإنشاءات: وتشمل إقامة وإنشاء الأبنية اللازمة لتنفيذ المشروع.

* قروض ومساهمات: أية قروض تُمنح للمؤسسات العامة والخاصة لغايات تنفيذ المشاريع المساهمة في الشركات.

* نفقات أخرى: أية نفقات غير واردة في المواد السابقة مثل الإصلاحات والإضافات والإيجارات.

ب- النفقات الرأسمالية الممولة من القروض والمنح الفنية: وتشمل النفقات المخصصة للمشاريع الرأسمالية التي يكون تمويلها من مصادر القروض والمنح والإعانات الاقتصادية التي يتلقاها الأردن.

3- تصنيف الإيرادات العامة

تقسم الإيرادات العامة في قانون الموازنة إلى ثلاثة أقسام رئيسية هي:

1- إيرادات محلية:

وتشتمل على الإيرادات من مختلف المصادر المحلية، حيث تقسم إلى قسمين رئيسيين هما:

أ- الإيرادات الضريبية: ويقصد بها المبالغ التي تفرضها الدولة وتجبيها من المكلفين بصورة جبرية ونهائية في سبيل تغطية النفقات العامة. وتتمثل الإيرادات الضريبية بالضرائب المفروضة على الدخل والأرباح والضرائب الجمركية، بما فيها ضرائب الإنتاج المحلي وكذاك مجموعة من الضرائب الأخرى كضريبة المغادرين وضريبة تذاكر السفر والجو وضريبة مبيعات الفنادق والمطاعم وضريبة بيع العقار.

ب- الإيرادات غير الضريبية: وتتكون هذه الإيرادات من الرسوم والرخص وإيرادات البرق والبريد والهاتف والفوائد والأرباح.

2- الإيرادات من أقساط القروض المستردة:

وتمثل الإيرادات التي تحصلها الحكومة من أقساط القروض التي كانت قد منحتها للمؤسسات والهيئات المحلية.

3- الإيرادات الخارجية:

وتشتمل على المساعدات المالية والإعانات التي يتلقاها الأردن من مختلف المصادر بما في ذلك المساعدات الفنية لتمويل المشاريع الإنمائية التي تتم داخل الأردن.

4- تصنيف موازنة التمويل:

وتبين هذه الموازنة طريقة تمويل عجز الموازنة، حيث تشمل في جانب النفقات تسديدات أقساط القروض الداخلية والخارجية، أما في جانب الإيرادات فتشتمل على ما يلي:

أ- القروض الداخلية: وتمثل حصيلة سندات التنمية وسندات الخزينة وأذونات الخزينة التي تصدر عن البنك المركزي الأردني بموجب أحكام قانون الدين العام الداخلي لمواجهة متطلبات الخزينة وتنفيذ مشاريع التنمية وأية قروض داخلية أخرى.

ب- القروض الخارجية: وتشمل القروض الخارجية اللازمة لتغطية جزء من النفقات الرأسمالية من المؤسسات الدولية المانحة.

خامساً: مرحلة تنفيذ الموازنة في الأردن

تبدأ مرحلة تنفيذ الموازنة العامة بصدور الأمر المالي العام من قبل دولة رئيس الوزراء الذي يخول بموجبه رؤساء الدوائر (المسؤولين عن الإنفاق والذين يتم حصرهم بقرار من وزير المالية) صلاحية الإنفاق من المبالغ الواردة فيه من أصل المخصصات المرصودة في الموازنة العامة.

وفي حالة تأخر صدور قانون الموازنة العامة عن الوقت المحدد لذلك وهو بداية السنة المالية التي تبدأ في الأول من كانون الثاني من كل عام، فإنه عملاً بأحكام المادة (13) من الدستور يجري إصدار أمر مالي عام يعادل 12/1 من مجموع المخصصات المرصودة في موازنة السنة السابقة وبتنسيب من دائرة الموازنة العامة. كذلك يصدر أمر مالي خاص للنفقات الإنمائية والنفقات التي لم ترد في الأمر المالي العام أو التي خصصت بموجب ملاحق لقانون الموازنة العامة، وتقوم الدوائر المعنية في هذه الحالة بتنظيم طلبات الأوامر المالية الخاصة وتقديمها إلى دائرة الموازنة العامة حيث يتم تدقيقها وتسجيلها ثم ترفع إلى رئاسة الوزراء لإصدارها.

إن صدور الأوامر المالية السالفة الذكر يخول المسؤولين عن الإنفاق صلاحية الإنفاق فقد دون المباشرة الفعلية للإنفاق، إذ أن مباشرة الصرف الفعلي تتطلب إصدار حوالات مالية تعدها الوزارات والدوائر وتصادق عليها دائرة الموازنة العامة.

2-5 المشاكل التي تواجه إعداد الموازنات العامة في الدول النامية:

أولاً: ندرة الموارد المالية المتمثل في تدني مستوى الحياة وانتشار الجهل والفقر والمرض وضعف البنية الاقتصادية، وتدني مستوى الإنتاج القومي وانعدام الصناعات الحديثة، حيث أن قائمة الدول الصناعية تخلو منها أي دولة نامية، وكذلك استخدام الوسائل البديلة في الإنتاج، حيث أن اقتصادياتها اقتصاديات أحادية الجانب.

إضافة للاعتماد على القروض الخارجية، وكذلك العجز المزمن في الميزان التجاري باستمرار، حيث أن الواردات أكثر من الصادرات. وكذلك التضخم في الجهاز الحكومي (بطالة مقنعة) وضعف الأجهزة الإدارية.

ثم يأتي ضعف المؤسسات التشريعية والسياسية والذي يؤدي إلى الرشوة والمحسوبية والتهرب من دفع الضرائب المستحقة وغيرها من أشكال الفساد الإداري، وهذا يؤدي إلى عدم استقرار في الموازنة العامة.

ثانياً: تعدد وتنوع الأجهزة التي تتولى إعداد المشروع النهائي للموازنة العامة، مما ينعكس سلبياً على إعداد موازنة واقعية تقدر فيها الإيرادات والنفقات بشكل منطقي وسليم مما يساعد على اتخاذ قرارات صحيحة واقعية تسهم في التنمية بشكل أفضل وسليم.

ثالثاً: فقدان المعلومات والبيانات المبوبة والمنظمة مما يؤدي إلى عجز المشرفين على إعداد الموازنات العامة الصحيحة حيث يلاحظ أن المعلومات والبيانات المتداولة ليست بذات فائدة تذكر، وكذلك البيانات الخاصة بالعمالة والأسعار، وحجم التجارة الخارجية، وزيادة السكان، والهجرة الخارجية والداخلية، كلها بيانات قاصرة لأنها غير دقيقة وغير مكتملة، مما يؤدي إلى اضطراب الموازنة العامة.

رابعاً: افتقاد معظم الدول النامية إلى جهاز ضريبي كفؤ قادر على القيام بتحصيل الضرائب بالنسب والمقادير الحقيقية أو تنمية موارد جديدة قادرة على تغطية الاحتياجات المتزايدة، عدا عن تفشي الرشوة والفساد الإداري بين العاملين في هذه الأجهزة.

خامساً: التغيرات المستمرة في الأنظمة السياسية والاجتماعية والاقتصادية، وكثرة الحروب الأهلية والنزاعات العرقية والاضطرابات الاقتصادية والعمالية، هذا الوضع يجعل من عمليات التخطيط والبرمجة والموازنة عمليات صعبة أو أهداف بعيدة المنال.

وكذلك ارتباط الكثير من هذه المجتمعات بالأوضاع السياسية والاقتصادية العالمية والتي تتميز بالتغير السريع مما ينعكس مباشرة على أسعار المواد المستوردة، وفوائد القروض الخارجية وأحجام المساعدات.

كل هذه التحديات يصعب رصدها ومعرفة حقيقتها بصورة دقيقة تجعل من عمليات التخطيط الواعية أو من صياغة الموازنة العامة بصورة دقيقة وواقعية أمر شبه مستحيل.

سادساً: التزايد المستمر في الإنفاق الاستهلاكي، فزيادة حجم الإنفاق الاستهلاكي الحكومي ينعكس سلبياً على المشاريع التنموية. وكذلك استحواذ الحاجات والسلع الضرورية على الجزء الأكبر من إيرادات الدول النامية، حيث أن معظم الدول النامية تنفق لتوفير السلع الضرورية مثل: الخبز والكساء والدواء، ويتم إنفاق بقية الموارد على التعليم ورواتب المعلمين.

سابعاً: اتساع واجبات الدولة الحديثة، لقد أدى التمازج الحضاري وانتشار الأفكار الحديثة حول الديموقراطية والحرية والاشتراكية وضرورة تحقيق الرفاهية والعدل بين المواطنين إلى انتقال كثير من الأفكار حول أنماط

السلوك من مأكل ومشرب وملبس مما أدى بشعوب العالم النامي إلى أن تتطلع إلى ممارسة الحياة المترفة التي تتمتع بها شعوب العالم الصناعي مما جعل الحكومات في دول العالم الثالث بحاجة إلى مبالغ كبيرة تحصل عليها على شكل قروض بفوائد عالية مما يترتب عليها أعباء مالية ضخمة ويؤدي ذلك إلى حصول الخلل في توازن البناء العام للموازنة العامة.

ثامناً: عدم كفاءة أجهزة الرقابة، الاختلاف في أقسام الرقابة يؤدي إلى التداخل في عملية الرقابة وتنوعها واختلاف نشاطات الأجهزة من دول لأخرى، ويعود ذلك إلى ازدواج أعمال المؤسسات الرقابية، فكثيراً ما تقوم أكثر من مؤسسة رقابية بمهام وأعمال الوزارات التنفيذية، الأمر الذي يؤدي إلى التأخير في إنجاز الأعمال ويجعل التقيد بالأنظمة واللوائح هدفاً أساسياً بدلاً من أن يكون وسيلة لتسهيل التنفيذ وتحقيق النتائج المرغوبة، علاوة على ذلك فإن بعض التقسيمات لا تتطرق إلى الرقابة الداخلية للوزارات والمؤسسات التنفيذية، وذلك لأن مفهوم الرقابة في هذه الدول أن تكون خارجية من مؤسسات متخصصة حتى تضمن سير الأعمال وتنفيذ المهمات بدقة بعيداً عن التحير والمصلحة الشخصية.

وتمارس الرقابة بواسطة ديوان المحاسبة ووزارة المالية وديوان الرقابة والتفتيش بينما تفتقر هذه البلدان إلى الرقابة الداخلية والتي تساهم في إنجاز الأعمال بفاعلية، وأن بعض أجهزة الموازنة تمارس الرقابة لغايات الرقابة بدلاً من أن تساهم في تحسين الأداء، والتطوير نحو الأفضل.

الفصل الثالث

الرقابة المالية العامة

الفصل الثالث

الرقابة المالية العامة

3-1 نشأة الرقابة المالية العامة:

أجمع علماء الاقتصاد والمالية العامة وتبعهم علماء الإدارة على أن أي نظام إداري أو مالي لا تتوفر فيه رقابة صحيحة فعالة ومنظمة يعتبر نظاماً ناقصاً يفتقر إلى المقومات المتكاملة.

ويرى الكثير منهم أن الرقابة بشكل أو بآخر أمر طبيعي في أي مجتمع، لأنها تمثل الضوابط لكل تصرف يتعدى أثره إلى الغير. وأن ما مر بالمجتمعات من تطورات وكوارث مختلفة عبر مراحل التاريخ نتيجة لتجاوز الحاكم أو المسؤول لسلطاته أو تجاوز المحكوم لحقوقه، نتج عن كل هذا مبدأ الفصل بين السلطات من سلطة تشريعية، وأخرى تنفيذية، وثالثة قضائية. وتبعاً لذلك وجدت مع هذا التنظيم مختلف أنواع الرقابة باعتبارها تربط وتنسق ممارسات تنفيذ هذه السلطات لاختصاصاتها وأن تكون غابات لتحقيق التكامل والعدالة والمساواة والرخاء في إطار المجتمع الواحد.

والرقابة المالية كغيرها نوع من أنواع الرقابة لها دورها الرئيسي في تنظيم المجتمعات والمؤسسات، فقد عرفها المصريون القدماء والإغريق والرومان.

لقد مارس العرب هذه الرقابة منذ النشأة الأولى للحضارة الإسلامية، وفي كتب تاريخنا الإسلامي سجل حافل بالرقابة التي اتخذت أنماطاً متنوعة، تراوحت بين رقابة مالية قبل الصرف أو بعده، وقد كان يقوم بها الرئيس الأعلى أو مجلس الشورى أو القضاة والمحتسبون.

وعرفت الرقابة المالية في أوروبا منذ نشوء مجتمعاتها وتنازع سلطاتها التشريعية والتنفيذية، وبرزت هذه الرقابة في سنة 1256 التي تمثلت في سلطة الرقابة غرفة محاسبة باريس التي أنشأها الملك سانت لويس لتتولى فحص الحسابات وإصدار الأحكام التي كانت لها أحياناً صيغة جزائية.

ثم تطور هذا النوع من الرقابة على أثر الثورة الفرنسية عام 1789 ليصبح حقاً مكتسباً لممثلي الشعب لمناقشة النفقات العامة حتى قبل ظهور مفهوم الموازنة وحساباتها الختامية وأسلوب تنظيمها ومناقشتها من قبل السلطة التشريعية. ونتيجة للتطورات السياسية والاقتصادية والاجتماعية في العالم وتطور مفهوم الرقابة وسلطاتها واختصاصاتها، وخاصة بعد زيادة الوعي الجماهيري وظهور الدول الحديثة التي رأت أن الحل السليم والأرجح لحل المشكلات الاجتماعية والاقتصادية المتعاقبة وتحقيق مصالح الجماهير وسد حاجاتهم في أسرع وقت وعلى أحسن وجه، يتطلب الاعتماد على التخطيط الاقتصادي واستغلال الموارد وترشيد الإنفاق، مما يتطلب إحكام ضوابط هذا الاستغلال وتوزيعه في مجالاته الملائمة لتحقيق التنمية القومية وتوفير الرخاء لمجتمعاتها.

2-3 أهمية الرقابة المالية العامة:

الواقع أن الرقابة المالية العامة والتي هي موضوعنا الرئيسي تعتبر جزءاً أساسياً من الإدارة المالية، والتي تتضمن مجموعة من السياسات والإجراءات المحاسبية والتدقيقية في مجالي الأداء والعلاقات المالية من خلال نظام متكامل للمعلومات المالية والسلوكية التي من شأنها المحافظة على الأداء وتطويره.

وتهدف الإجراءات والوسائل والقرارات الإدارية المتعلقة بالرقابة إلى التأكد من أن النتائج الفعلية تتماشى وتنسجم مع النتائج المرغوبة والمخطط لها، وأن

فعالية الرقابة تكمن في التحديد الدقيق للنتائج المرغوبة وتوجيه مختلف الجهود والإمكانات نحو إنجازها.

والرقابة المالية العامة، هي العملية التي تستطيع الإدارة بواسطتها اكتشاف أية انحرافات عن الخطط الموضوعة تمهيداً لتحديد المسؤولية واتخاذ الإجراءات الضرورية لتصحيحها وتجنب الأخطاء مستقبلاً.

تؤدي الرقابة المالية دوراً هاماً في تحقيق أهداف الإدارة العليا بما تقدمه من خدمات ومعلومات وذلك على النحو التالي:

1- هي أحد أركان الإدارة المالية والتي تقوم على عملية متابعة تنفيذ الخطط وقياس وتحليل وتقييم الوقائع والنتائج الفعلية بالمقارنة مع الخطط وما تتضمنه من أهداف وسياسات وإجراءات وبرامج وغيرها.

2- وتتعدى عملية الرقابة مجرد الكشف عن الانحرافات والمشكلات العملية لتشمل جوانب تتعلق بتقييم الآثار والنتائج وتطوير الأداء الفردي والتنظيمي بشكل يكفل حسن سير الأعمال بكفاية وفعالية.

3- تهدف الرقابة إلى التأكد من أن تنفيذ الموازنة العامة يسير وفقاً للإجازة التي منحها البرلمان للسلطة التنفيذية وأجهزتها بغية المحافظة على الأموال العامة وكفاءة وفعالية استعمالها بما يحقق المصلحة العامة وحماية هذه الأموال من كل تبذير أو سوء استعمال سواء في مجال الإنفاق أو الإيرادات العامة.

4- تعتبر الرقابة المالية من أهم المرتكزات والأهداف التي تنطلق منها الموازنات العامة وخصوصاً موازنة البنود التي تتصف بعدم المرونة وعدم إمكانية التغيير في البنود والمخصصات المالية لغير الأوجه المحددة في الموازنة التي يقرها البرلمان.

5- الرقابة تضمن استقامة ونزاهة الموظفين والعاملين والتأكد من أدائهم لمهامهم وواجباتهم بكل أمانة واستقامة، مصداقاً لقوله تعالى: ((إن الـلـه يأمركم أن تؤدوا الأمانات إلى أهلها))، وقوله تعالى: ((إن خير من استأجرت القوي الأمين)).

6- الرقابة المالية صمام أمان للإدارة العليا حيث أن الرقابة تطفل وتضمن استمرارية العمل بصورة جيدة حسب الخطة المرسومة.

7- الرقابة المالية من أهم الوسائل التي تُلزم جميع الموظفين والعاملين باختلاف مواقعهم الإدارية على احترام وتطبيق القوانين والأنظمة والتعليمات كاملة حسب القانون والدستور.

8- الرقابة المالية إحدى الأدوات الهامة لاكتشاف أصحاب القدرات المميزة والمتفوقين في مهامهم وذلك من خلال الرقابة ومتابعة التقارير التي تقدم للإدارة العليا، وهذا من أجل تعزيز الأداء وتحفيز المبدعين ومكافأتهم وتنمية وتطوير الأداء.

3-3 الأهداف والأغراض الرئيسية للرقابة المالية:

1- أهداف سياسية:

تتمثل في التأكد من احترام رغبة البرلمان وعدم تجاوز الأولويات والمخصصات التي يُصدرها لتنفيذ المشاريع والخدمات العامة، حيث أن رغبة البرلمان هي تعبير عن الرغبة الشعبية التي يتولى البرلمان تمثيلها وبالتالي فإن احترام رغبة البرلمان هو مظهر من مظاهر احترام الإرادة العامة للشعب.

2- أهداف اقتصادية:

تتمثل في كفاية استخدام الأموال العامة والتأكد من استثمارها في أفضل الأوجه التي تحقق النفع العام وعدم الإسراف في صرفها وإنفاقها ومنع صرفها على غير الأوجه المشروعة والتي تشبع مصلحة عامة محددة.

كذلك المحافظة على الأموال العامة من التلاعب والسرقة والإهمال أو التقصير في تحصيلها وغير ذلك من أوجه سوء الاستعمال أو عدم حمايتها والمحافظة عليها من كل ضياع بأي شكل من الأشكال.

3- أهداف قانونية:

تتمثل في التأكد من مطابقة ومسايرة مختلف التصرفات المالية للقوانين والأنظمة والتعليمات والسياسات والتوجهات والأصول المالية المتبعة.

ويتضمن ذلك مختلف القرارات والأنشطة وحدود المخصصات والصلاحيات المخولة للمسؤولين الماليين والإداريين وغير ذلك من الجوانب المالية سواء فيما يتعلق بالنفقات أو الإيرادات العامة.

وتركز الرقابة القانونية على مبدأ المسؤولية والمحاسبة حرصاً على سلامة التصرفات المالية ومعاقبة المسؤولين عن أية انحرافات أو مخالفات من شأنها الإخلال بحسن سير الأداء المالي عموماً.

4- أهداف اجتماعية:

تتمثل في منع ومحاربة الفساد الإداري والاجتماعي بمختلف صوره وأنواعه مثل الرشوة والسرقة والإهمال أو التقصير في أداء الواجبات وتحمل الواجبات تجاه المجتمع.

هذه الأهداف الرقابية تركز على الجوانب السلوكية للأداء وهي أقوى أنواع الرقابة، ويصعب قياسها وضبطها من خلال الأدوات والأساليب الرقابية الخارجية، وبالتالي فإن الجوانب السلوكية تتحقق من خلال الحافز الداخلي أو الذاتي للعاملين وهو أمر يمكن تعزيزه من خلال نظام الحوافز والاتصال المباشر بين المسؤول وموظفيه.

5- أهداف إدارية وتنظيمية:

وتحتوي مجموعة كبيرة من الأمور التي من شأنها المحافظة على الأموال العامة واستعمالاتها المشروعة بكفاءة ومرونة وفعالية تؤدي إلى إحداث النتائج المتوقعة والمرغوبة.

وتشمل الأهداف الإدارية والتنظيمية الجوانب التالية:

أ- تساعد الرقابة على تحسين عملية التخطيط وزيادة فعاليتها في مواجهة المستقبل بأهدافه وتوقعاته ومشكلاته. كما تكشف الرقابة عن بعض عيوب التخطيط.

ب- الرقابة تساعد على توجيه وتنظيم الجهود لإنجاز الأغراض والأهداف المحددة للمنظمة بفعالية وكفاية. كما تعمل الرقابة على تصحيح الانحرافات البسيطة ومنع تفاقمها واتخاذ الإجراءات التصحيحية قبل استفحال الأمور.

جـ- تساعد الرقابة على اتخاذ القرارات المناسبة من خلال المعلومات الراجعة التي تقدمها لمتخذي القرار، ومن خلال تحديد الانحرافات عن الخطط والمعايير ومواجهة المشكلات التي تنجم عن ذلك.

د- تساعد الرقابة على تقييم الوضع العام للمؤسسة وتحديد مركزها المالي والاقتصادي والإداري، كما تساعد الرقابة على تقييم أداء العاملين لأغراض الحوافز والتدريب والاختيار.

كل هذه الأمور التي تكشف من خلال الرقابة العامة والمالية تُسهم بشكل حيوي وكبير في جهود التطوير الفردي والمؤسسي للأداء الإداري والمالي:

4-3 الأنواع الرئيسية للرقابة:

1- جهة أو سلطة الرقابة:

تتنوع الرقابة وفقاً لسلطة الرقابة حيث توجد الرقابة التشريعية والتنفيذية والقضائية.

السلطة التشريعية لها سلطات مالية واسعة تهدف لتمكين ممثلي الشعب من مراقبة الأداء المالي للحكومة وتوجيه وتصحيح أية انحرافات عن الخطط والأهداف والطموحات الشعبية، وضمان حماية الأموال العامة من الضياع أو سوء الاستعمال.

تعتبر صلاحية السلطة التشريعية في المصادقة على الموازنة العامة (كخطة مالية) من أهم وسائل الرقابة المالية حيث من خلال الموازنة العامة تستطيع السلطة التشريعية:

أ- توجيه الأولويات العامة.

ب- تخصيص المصادر المالية.

جـ- ضبط النفقات والواردات.

د- المشاركة الفعالة في مختلف القرارات المالية الهامة.

هـ- تستطيع عقد التحقيقات والمساءلة والمحاسبة القانونية والإشراف المالي العام من خلال جهاز رقابي متخصص (ديوان المحاسبة) يزودها بتقارير عن الأداء المالي للحكومة.

أما رقابة السلطة التنفيذية فتشمل رقابة الجهات السياسية والإدارية العليا مثل رئيس الدولة ومجلس الوزراء وكبار الإداريين، -وتقوم هذه الجهات برسم السياسة المالية للدولة- وتضع المعايير والخطط والأهداف والتعليمات الأساسية التي يجب إتباعها من كافة أفراد وأجهزة الإدارة المالية العامة وهنا تتأكد الرقابة من خلال السلطة الرئاسية والتسلسل الهرمي للإدارة الحكومية ومن خلال وزارة المالية وأجهزتها المتخصصة.

الرقابة القضائية تحتل مكانة هامة في مجال الرقابة المالية العامة، حيث من خلال سلطتها الواسعة في مجال التأكد من تطبيق القوانين، تستطيع الهيئة القضائية (الإدارية) مراقبة تنفيذ القوانين المالية واتخاذ الإجراءات لتصحيح أية انحرافات عنها.

تتولى المحاكم الإدارية النظر في القضايا والمنازعات والمخالفات الإدارية والمالية التي تكون الدولة أو إحدى مؤسساتها طرفاً فيها.

2- الرقابة من حيث الأثر:

تقسم الرقابة من ناحية الأثر إلى قسمين:

أ- الرقابة الوقائية:

القصد منها تجنب أو منع الانحرافات أو المشكلات قبل حدوثها، أي أنها تركز على جانب المدخلات للتأكد من استخدامها بالشكل الملائم والسليم بحيث توجه لبلوغ الأهداف بفاعلية وكفاية، رقابة أولية أو توجيهية على المدخلات من أجل الحصول على المخرجات الصحيحة.

ب- الرقابة العلاجية:

تركز على اكتشاف الانحرافات والأخطاء والمشكلات واتخاذ الإجراءات التصحيحية لمواجهتها وتجنب حصولها مستقبلاً، وعدم تفاقمها عند اكتشافها.

3- الرقابة من حيث المعيار الزمني:

وبناء عليه توجد ثلاثة أنواع من الرقابة: السابقة، والمستمرة (الآنية)، واللاحقة.

أ- الرقابة السابقة:

تشير إلى اتخاذ كافة الاستعدادات والاحتياطات اللازمة لتجنب الوقوع في المشكلات والسيطرة على المدخلات وتوجيهها لإنجاز الأهداف المرغوبة.

ب- الرقابة الآنية:

هي الرقابة المستمرة في مختلف مراحل الأداء حيث تحاول هذه الرقابة اكتشاف أية انحرافات خلال تنفيذ الأعمال واتخاذ الإجراءات الفورية لمعالجتها وتجنب استفحالها قبل إتمام العمل.

جـ- الرقابة اللاحقة:

وترمي إلى اكتشاف الانحرافات عن الخطط المرسومة وتحديد أسبابها وطرق علاجها ومواجهتها والاستفادة من كل ذلك في التخطيط للمستقبل.

4- الرقابة من حيث الموقع التنظيمي:

تؤسس من قبل الإدارة في داخل أو نفس التنظيم لتحقيق الأهداف الرقابية وممارسة الصلاحيات التي يرسمها القانون، وتنقسم إلى قسمين:

أ- رقابة داخلية تنظيمية:

ويمكن أن توكل إلى وحدة متخصصة ترتبط بالجهات الإدارية العليا (وحدة التدقيق والمراقبة) ويكتفى بممارستها من خلال التسلسل الرئاسي بين المدير والمرؤوسين حيث يسميها البعض بالرقابة الإشرافية، التوجيهية، ومن أهم أنواع الرقابة الداخلية هي الرقابة الشخصية أو الذاتية إلى تلك الرقابة النابعة من داخل الفرد وشخصيته ومعتقداته والتزامه وولائه وإخلاصه وإبداعه، وتسمى كذلك الرقابة السلوكية لقوله تعالى: ((يعلم خائنة الأعين وما تخفي الصدور)).

ب- الرقابة الخارجية:

مجموعة الإجراءات القانونية والإدارية والأجهزة الرقابية المتخصصة التي تؤسس خارج التنظيم المعين بهدف التأكد من كفاءة وفعالية الأداء المالي والإداري للمؤسسات العامة.

تنبثق الرقابة الخارجية من مبدأ التوازن والفصل المرن في السلطات ورقابتها على المصلحة والمسؤولية العامة خصوصاً في مجال الإدارة المالية العامة.

تشمل الرقابة الخارجية الأجهزة التشريعية والقضائية والشعبية (الرأي العام) وديوان المحاسبة بالإضافة إلى البناء الدستوري والقانوني للإدارة العامة كمعيار رقابي عام.

3-5 مميزات الرقابة الفعالة:

إن نجاح نظام الرقابة في تحقيق أهدافه يكمن في مجموعة من الشروط والخصائص والعوامل البيئية والسلوكية والفنية والمادية.

تعتمد فعالية الرقابة على محصلة التفاعل بين هذه الشروط والعوامل من جهة وبين طبيعة النظام الرقابي بحد ذاته.

الخصائص الرئيسية للنظام الرقابي الفعال:

1- استقلالية أجهزة الرقابة المالية عن السلطة التنفيذية.

2- قدرة وكفاءة أجهزة الرقابة من النواحي الفنية والإدارية والسلوكية.

3- الاعتماد على مبدأ الفصل بين الوظائف الإدارية والحسابية في الأجهزة العامة. الصلاحيات الإدارية بالتنسيب بالصرف والأمر والإقرار من جهة وبين الصلاحيات المالية المتمثلة بالعمليات الحسابية التنفيذية ومجموعة الإجراءات المحاسبية من تقدير وقيود وغيرها من الجوانب الفنية من جهة أخرى.

4- استمرارية الرقابة في خط موازي لكافة مراحل الموازنة وعلى شكل متابعة آنية مستمرة لكافة التصرفات المالية وتقييمها باستمرار وتصحيح الانحرافات حال ظهورها وقبل استفحالها ومعالجتها في الوقت المناسب.

5- الاستفادة من الخبرة والتغذية العكسية ونظام المعلومات وسجلات النتائج التاريخية بهدف تطوير تحسين الأداء وتجنب الوقوع في المشاكل أو تكرارها.

6- يجب تطوير مفهوم الرقابة المالية وفقاً لتطور المفاهيم المالية وأدواتها الرئيسية مثل الموازنة العامة حيث تطورت فكرتها من كونها أداة مالية حسابية إلى أداة اقتصادية فاعلة ومؤثرة، وبالتالي يجب أن تنسجم الرقابة المالية مع هذا التطور وتنتقل بتركيزها من مجرد التدقيق الحسابي والشكلي إلى الرقابة على الآثار والنتائج وفعالية وكفاءة استخدام الأموال العامة والمحافظة عليها.

7- تعزيز الثقة المتبادلة والتكامل والتنسيق والتعاون بين أجهزة الرقابة المالية وأجهزة الإدارة المالية من جهة والجهات التنفيذية والإدارية العامة من جهة أخرى.

8- توفر وتنظيم وتحليل المعلومات والبيانات المالية والإحصائية من خلال نظام متكامل للمعلومات وفقاً لأحدث الأساليب الإدارية والفنية.

9- ضرورة انسجام نظام الرقابة مع المناخ التنظيمي وطبيعة المنظمة وأوضاعها المالية والإدارية والتنافسية والبيئية.

10- تنوع أساليب الرقابة واستعمالها بشكل تكاملي ومستمر بحيث تعزز الأساليب المختلفة للرقابة بعضها البعض، وتكشف الثغرات الموجودة في نظام الرقابة نفسه، أو في العمليات الإدارية الأخرى كالتخطيط أو التنظيم أو غيرها.

11- الدقة والوضوح والمرونة في أساليب ومعايير الرقابة وسرعة اكتشاف الانحرافات في أوقاتها ووجود معالجات فورية لها، ويتضمن ذلك صحة المعايير وملاءمتها لقياس الأهداف والنتائج المرغوبة بالإضافة إلى عدالة المعايير وموضوعيتها في الحكم على الأداء الفرعي والتنظيمي.

12- قيام الرقابة على مبدأ المشاركة بين الرؤساء والمرؤوسين في مختلف المسائل مثل التخطيط ووضع الأهداف وتحديدها بدقة واعتماد معايير موضوعية واضحة وإيجاد الظروف الملائمة لإنجاز الأهداف بفعالية وكفاية. المشاركة تدعم الثقة بين الرؤساء والمرؤوسين وتدفع الروح المعنوية وتزيد من احتمالات الرقابة الذاتية للعاملين.

13- تأسيس نظام الرقابة على النظرة الوقائية والتطلع للأمام أو التغذية الأمامية للمعلومات، وتوقع المشكلات قبل حدوثها وتصور الإجراءات التصحيحية والحلول الفورية لأية عقبات تظهر أثناء تنفيذ الأعمال وعدم السماح لها بالتفاقم والتعقيد.

6-3 أجهزة ووسائل الرقابة المالية العامة:

تتعهد أجهزة الرقابة المالية العامة بتعدد الوسائل والأساليب والجهات التي تمارس وظيفة الرقابة المالية بأشكالها المختلفة وأهدافها المتغيرة.

تتولى أجهزة الإدارة المالية العامة في مختلف أصناف الرقابة من خلال مراحل وعمليات وإجراءات النشاط المالي قبل وبعد وأثناء التصرفات المالية الإنفاقية والإيرادية وغيرها.

الأجهزة الرئيسية للرقابة المالية:

1- رقابة الرأي العام: الرقابة الشعبية العامة (مظلة الأجهزة العامة).

2- رقابة السلطة التشريعية.

3- رقابة السلطة التنفيذية: مجلس الوزراء، وزارة المالية، دائرة الموازنة العامة.

4- رقابة السلطة القضائية.

5- رقابة ديوان المحاسبة، الذي يتبع فنياً لمجلس الأمة، ويرفع التقارير له.

الأجهزة الرقابية تؤثر في بعضها البعض ويُفترض تعاونها لضمان حسن استغلال وتوجيه الأموال العامة والمحافظة عليها.

7-3 الرقابة المالية العامة في الأردن:

طبيعة الرقابة في الأردن:

ينبثق نظام الرقابة المالية العامة في الأردن من المعطيات والظروف البيئية والمؤسسية والاقتصادية والاجتماعية المحيطة بالإدارة المالية العامة في الأردن.

كل هذه العوامل تدعو إلى رقابة مالية فعالة خصوصاً في ظل عجز المصادر المحلية وتراكم وزيادة الأعباء العامة على الدولة واقتصادها.

الأردن بلد نامٍ محدود المصادر الاقتصادية والمالية ويعاني من عجز مزمن في الموازنة العامة وميزان المدفوعات والميزان التجاري، كل هذا أدى إلى الاعتماد الكبير على المساعدات الخارجية.

وبالرغم من حيوية الرقابة في الأردن وفعاليتها إلاّ أنها تعاني من بعض المشاكل مثل نقص الكفاءات المؤهلة والمدربة والنقص في المعلومات.

الحقيقة مع تكاثف جهود الإصلاح والتطوير الإداري العام، وتكاثف الأجهزة وزيادة الوعي والقناعات بهذه المجهودات، تطورت أجهزة الإدارة المالية العامة من خلال الاهتمام من قبل السلطات السياسية والإدارية وزيادة الكفاءات البشرية كماً ونوعاً.

باختصار فيما يتعلق بمفهوم الرقابة المالية العامة في الأردن، فإن هذه الرقابة تنطلق من خصوصية المالية العامة الأردنية، وعلى رأسها محدودية المصادر والاعتماد على المساعدات الخارجية بالرغم من تراكم وزيادة الأعباء الحكومية، حيث تحاول أجهزة الرقابة في المالية العامة في الأردن متابعة تنفيذ الخطط والمعايير والقوانين والأنظمة المالية والكشف عن الانحرافات والمشاكل ورفعها بتقارير مفصلة للجهات المعنية العليا لاتخاذ الإجراءات التصحيحية الملائمة. والسنوات الأخيرة شهدت تحسناً ملحوظاً في الأداء المالي والإداري لأجهزة المالية العامة بما في ذلك أجهزة الرقابة المالية العامة في الأردن.

أغراض الرقابة المالية العامة في الأردن:

1- التأكد من حذف وتجنب الازدواجية في البرامج والتمويل عند إعداد الموازنة العامة للدولة.

2- تقييم كافة الأعمال والبرامج والنشاطات التي لها مخصصات بغرض التأكد من جدواها وعلاقتها ببعضها.

3- اتخاذ التدابير المناسبة لمعالجة كافة المشكلات المالية والاقتصادية والإدارية والعمل على تحسين وتطوير أداء الإدارة المالية العامة.

4- مراقبة البنوك والمؤسسات المالية الخاصة والتأكد من مسايرة تصرفاتها المالية والنقدية للقوانين والأنظمة والتعليمات والسياسات العامة.

5- الإشراف على تخصيص الواردات وقبضها وتنظيم الحسابات المتعلقة بها بغرض تحصيل الأموال العامة بكفاءة وفعالية وفي المواعيد المناسبة.

6- التأكد من سلامة الإجراءات المالية في مجال الإنفاق وضمن الأوجه والأولويات المحددة.

7- تدقيق مختلف التصرفات والمعاملات والكشوف والسجلات المالية قبل وأثناء وبعد إتمام هذه المعاملات وتحديد الانحرافات والعمل على تصحيحها أو إعلام الجهات المخولة بذلك.

أغراض الرقابة المالية العامة في الأردن تتركز حول اتخاذ كافة التدابير والإجراءات الإدارية والقانونية لضمان استعمال وتوجيه المصادر المالية المحدودة ضمن إطار السياسة المالية والاقتصادية والعامة وفي حدود المخصصات المرصودة وبإتباع الطرق السليمة والمشروعة والحرص على كفاءة وفعالية الإدارة المالية العامة وتحسين أدائها وفقاً لأحدث الأساليب وأفضل الأوجه في التخطيط والتنفيذ والمتابعة والتقييم.

أنواع الرقابة المالية في الأردن:

تمثل الرقابة التشريعية أحد المرتكزات الدستورية والقانونية للإدارة العامة والمالية في الأردن حيث تمارس السلطة التشريعية دورها وذلك من خلال ديوان المحاسبة.

يقوم ديوان المحاسبة بتدقيقاته استناداً إلى الحسابات والجداول والمستندات المقدمة إليه، وليس الغرض من التدقيق هو اكتشاف الأخطاء الحسابية والتزوير فقط، بل تطول أيضاً الأوراق الثبوتية وتهدف إلى التأكد من قانونية النفقة وصحة معاملتها في جميع مراحلها، والتأكد من أنه تم تحصيل الإيرادات، ولم يتم الدفع من صندوق النفقات إلاّ حسب القانون والمخصصات المعتمدة.

وصف موجز لوظائف ديوان المحاسبة العملية في الأردن:

1- إجازة الصرف المالي للأجهزة الإدارية العامة قبل التنفيذ الفعلي للنشاطات الإنفاقية التي تزيد عن حدود معينة يبينها القانون.

2- التدقيق في القيود والسجلات المالية والدفاتر المحاسبية للتأكد من سلامتها شكلاً وموضوعاً (رقابة لاحقة).

3- المشاركة في جميع لجان العطاءات والمشتريات ولجان استلام أو تسليم اللوازم الحكومية (رقابة مستمرة).

4- الكشف عن أية مخالفات أو أخطاء مالية أو إدارية وتضمينها في تقارير مباشرة إلى مجلس النواب لبحثها واتخاذ الإجراءات القانونية بشأنها (رقابة مستمرة).

صلاحيات ديوان المحاسبة ورقابته المتنوعة (سابقة، مستمرة، لاحقة):

رقابة البرلمان رقابة خارجية ولها جوانب وقائية وأخرى علاجية، كما أنها رقابة رسمية قانونية تشمل المواضيع الإجرائية والشكلية والأشخاص الماليين والإداريين والنتائج والآثار التي تحدثها التصرفات المالية العامة.

وهناك الرقابة التنفيذية بصورها المختلفة التي يمارسها مجلس الوزراء ومختلف المسؤولين في التسلسل الرئاسي الإداري، بالإضافة إلى رقابة وزارة المالية، وخصوصاً دائرة الموازنة العامة.

وللقضاء دوره الرقابي، وكل أنواع الرقابة تظهر في مختلف المراحل التنفيذية (قبل وبعد وأثناء التنفيذ) وتشمل مختلف الموضوعات والأجهزة والأفراد، وفيما يلي دراسة تفصيلية لديوان المحاسبة في الأردن:

إن الرقابة على تنفيذ الموازنة هي من اختصاص السلطة التشريعية أساساً، ولكن صعوبة تدقيق المستندات المالية والحسابية المعقدة من قبل هذه السلطة جعلها تستعين بهيئة ذات اختصاص وتجرد، ومستقلة عن تأثير السلطتين التنفيذية والتشريعية تتولى الرقابة، وتعرض نتائج رقابتها على البرلمان الذي يعود إليه مبدئياً الكلمة الفصل في الموضوع، وتختلف هذه الهيئة من حيث صلاحياتها وتشكيلتها باختلاف الدول.

إن تنظيم ديوان المحاسبة يدل صراحة على طابعه القضائي، فهو يشبه محاكم الاستئناف والتمييز يؤلف مبدئياً من عدة غرف بها رؤساء ومستشارون ويرأس هيئة الديوان رئيس أول، ويمثل الحكومة لديه الادعاء العام، ويلحق بالديوان مراقبون ماليون، يعاونون المستشارين في تدقيق المعاملات.

ويُعرف ديوان المحاسبة بأنه هيئة مهمتها السهر على إدارة الأموال العمومية وذلك بمراقبة استعمال هذه الأموال بالفصل في صحة حساباتها وقانونية معاملاتها وبمحاكمة المسؤولين عن مخالفة القوانين والأنظمة المتعلقة بها.

ويجب أن يتمتع أعضاء ديوان المحاسبة، رئيساً ومستشارين بامتيازات وحصانة هامة تجعلهم في مأمن من كل تأثير وبمعزل عن كل نفوذ خارجي.

ويخضع لرقابة الديوان إدارات الدولة، والبلديات الكبرى، والبلديات التي تُخضعها الدولة لرقابته بمرسوم يتخذ في مجلس الوزراء، والمؤسسات العامة التابعة للدولة أو البلديات، وهيئات الرقابة التي تمثل الدولة في المؤسسات التي تشرف عليها أو في المؤسسات التي تضمن الدولة لها حداً أدنى من الأرباح، والمؤسسات والجمعيات وسائر الهيئات التي للدولة أو للبلديات علاقة مالية بها عن طريق المساهمة أو المساعدة أو التسليف، والتي تُقرر الدولة إخضاعها لهذه الرقابة بمرسوم يُتخذ في مجلس الوزراء. وهكذا تطول رقابة الديوان جميع الأموال العامة أينما وجدت وفي أي يد كانت لكي تفصل في صحة الحسابات المحتسبة قانونياً، وأي شخص يتدخل في قبض الأموال العامة أو دفعها بدون أن تكون له الصفة القانونية.

قانون ديوان المحاسبة الأردني:

مقدمة:

صدر قانون ديوان المحاسبة رقم 28 لسنة 1952 استناداً لأحكام المادة 119 من الدستور الأردني، وقد نص القانون على ما يلي:

1- تشكيل ديوان المحاسبة لمراقبة إيراد الدولة ونفقاتها وطرق صرفها.

2- يقدم ديوان المحاسبة إلى مجلس النواب تقريراً عاماً يتضمن آراءه وملحوظاته وبيان المخالفات المرتكبة والمسؤولية المترتبة عليها وذلك في بدء كل دورة عادية، أو كلما طلب مجلس النواب منه ذلك.

3- ينص القانون على حصانة رئيس ديوان المحاسبة، ويمنح صلاحية وزير في الدولة.

الفصل

الرابع

السياسات المالية والنقدية والاستقرار الاقتصادي

.

الفصل الرابع

السياسات المالية والنقدية والاستقرار الاقتصادي

مقدمة:

التوازن الاقتصادي العام لم يعد هدفاً في حد ذاته، حيث أثبت (كينز) أن الاقتصاد القومي يمكن أن يتوازن عند أي مستوى من مستويات العمالة، وليس عند مستوى العمالة الكاملة كما كان يعتقد الاقتصاديون الكلاسيك، وحديثاً أصبح هدف السياسات الاقتصادية بصفة عامة تحقيق التوازن عند مستوى العمالة الكاملة غير المصحوب بارتفاع المستوى العام للأسعار. وبالطبع فهذا الهدف ليس في إمكان ميكانيكية تشغيل النظام الاقتصادي الحر الوصول إليه تلقائياً دون اللجوء إلى سياسات عمدية منشطة، وهذه السياسات قد تكون سياسات مالية، أو نقدية، أو خليط منهما معاً. وكل سياسة منهما المالية أو النقدية لها أدواتها الخاصة، وبحال تأثيرها، والسياسة المالية بحال تأثيرها هو سوق الإنتاج، وأدواتها الرئيسية هي الإنفاق الحكومي والضرائب، أما السياسة النقدية فمجال تأثيرها هو سوق النقد، وطريق أدواتها الرئيسية هو الإصدار النقدي الذي يؤثر مباشرة في عرض النقود القانونية وسياسة السوق المفتوحة وسياسة سعر الخصم وسياسة الاحتياطي النقدي القانوني وهي السياسات التي تؤثر على عرض النقود المصرفية التي يخلقها الجهاز المصرفي.

غير أن اختيار أساليب السياسات الممكن إتباعها للتأثير في مستوى النشاط الاقتصادي في محاولة تحقيق الاستقرار المنشود، هو أمر مرهون بظروف كثيرة تتحكم في فعالية كل سياسة منها.

1-4 أهداف السياسة المالية:

1- تحقيق الكفاءة الإنتاجية:

السياسة الاقتصادية التي تتبعها الحكومة بجي أن تعمل على استخدام الموارد المتاحة بأفضل طريقة ممكنة، وأن معيار الكفاءة يعني تحقيق أكبر قدر ممكن من الإنتاج، وذلك بالاستغلال الأمثل للعناصر الإنتاجية.

2- تحقيق العمالة الكاملة:

السياسة الحكومية تلعب دوراً فعالاً في تحديد مستوى العمالة، ومستويات الأجور والأسعار، وتحقيق الاستقرار في الاقتصاد الوطني.

3- تحقيق التقدم الاقتصادي:

زيادة متوسط نصيب الفرد من حجم الإنتاج (سلع وخدمات)، يعتبر مقياساً للتقدم الاقتصادي في مستوى معيشة المواطنين وهذا هو هدف النمو الاقتصادي والذي يتوفر من خلال توفر عدة مقومات منها التقدم التكنولوجي وزيادة التراكم الرأسمالي والعمل اللازم لزيادة الموارد المتاحة وتحسينها.

4- تحقيق العدالة في توزيع الدخل:

أي تقليل التفاوت بين مستويات الدخل المختلفة والذي ينتج عن توزيع عوائد ومكافآت عناصر الإنتاج من أبناء المجتمع، بل زيادة الدخول للطبقات الفقيرة، هدف رئيسي للسياسة المالية.

2-4 السياسات المالية وأدواتها:

تهتم السياسة المالية بدراسة الأوجه والمسائل المالية والمتعلقة بالنشاط الحكومي الإنفاقي والإيرادي، وميزانية الدولة وقياسها بعمليات الاقتراض

وكيفية استخدامها لهذه الأنشطة في التأثير على الوضع التوازني على مستوى الاقتصاد القومي.

السياسة المالية ترتبط بالتغير المطلوب في الضرائب والإنفاق الحكومي لغايات تحقيق التوظيف الكامل واستقرار الأسعار. والبعض من العلماء ربط السياسة المالية بتأثير الحكومة على القوة الشرائية العامة واستخدامها للموازنة العامة للدولة لمواجهة التقلبات الاقتصادية المتمثلة في التضخم والكساد.

استخدم (كينز) تعبير السياسة المالية خلال الحرب العالمية الثانية ليعني: ((استخدام الإيرادات والنفقات والدين العام لتحقيق مستويات عالية من الإنتاج الكلي وللحيلولة دون حدوث التضخم الاقتصادي)).

تعريف السياسة المالية: السياسة المالية تعرّف بأنها: ((مجموعة الأهداف والتوجهات والإجراءات والنشاطات التي تتبناها الدولة للتأثير في الاقتصاد القومي والمجتمع بهدف المحافظة على استقراره العام وتنميته ومعالجة مشاكله ومواجهة كافة الظروف المتغيرة)).

ويمكن للحكومة أن تؤثر في المسار الاقتصادي العام عن طريق تغيير حجم إنفاقها، فمثلاً:

أ- في فترة الكساد: حيث يعاني الاقتصاد من الركود والبطالة تتبع الحكومة سياسة مالية توسعية، أي زيادة الإنفاق الحكومي أو تخفيض الضرائب أو الاثنين معاً وذلك لإيجاد العجز في الموازنة.

ب- في فترة التضخم: وغالباً يقترب الاقتصاد من حالة التشغيل الكامل ترتفع أسعار السلع والخدمات، يزداد الطلب الكلي، وهنا تلجأ الحكومة إلى زيادة فرض الضرائب وتخفيض الإنفاق الحكومي، وزيادة معدلات الخصم والفائدة لتقليل عملية التداول وذلك لإيجاد الفائض في الموازنة العامة.

أدوات السياسة المالية:

وهي تلك الأدوات التي تستخدم ذاتياً ولا تتطلب أي سياسة فاعلة أو تدخل من قبل راسمي السياسة المالية للدولة. وبشكل عام هناك خمس أدوات رئيسية وهي على النحو التالي:

1-التغيرات الأوتوماتيكية في حصيلة الضرائب:

إذا كان الاقتصاد يمر في حالة كساد فإن الحاجة تدعو إلى زيادة الإنفاق الكلي، حيث أن جزء من هذه الزيادة يمكن تحقيقه من خلال إجراء بعض التغييرات في حصيلة الضرائب.

أما إذا كان الاقتصاد يمر في حالة تضخم فإن الحاجة تدعو إلى خفض الإنفاق الكلي، والذي بدوره يؤثر على عائدات الحكومة من الضرائب، حيث أن الضرائب تنخفض وقت الكساد وتزداد وقت التضخم.

ولو كان الإنفاق الحكومي ثابت فإن الإيرادات الضريبية تنخفض في وقت الكساد وتزداد وقت التضخم الذي يؤدي إلى فائض في الموازنة، وهو أمر مرغوب في وقت التضخم.

إن تغير الإيرادات الضريبية بشكل آلي يساعد في تقليل الإنفاق الكلي في حالة التضخم وزيادة الإنفاق الكلي في حالة الانكماش، وهذا يحدث دون تدخل من قبل راسمي السياسة المالية.

2-الإعانات الحكومية (الإعانات الاقتصادية):

تقديم بعض الإعانات لبعض القطاعات الاقتصادية كالمزارعين وبعض الصناعات الأساسية (القطاع الخاص) وذلك من أجل دعم دخول الناس والمحافظة على استقرارها حيث أن دعم بعض أسعار المنتجات الزراعية والصناعية يؤدي إلى

زيادة الدخول وقت الكساد، بسبب زيادة الدعم. وانخفاض الدخول أوقات التضخم بسبب انخفاض الدعم.

3-التغير في مستوى الإنفاق:

يميل الأفراد إلى المحافظة على مستوى معيشة معين حتى في فترات الانكماش الاقتصادي، وحتى لو تدنى الدخل الخاضع للإنفاق فإن الأفراد يحاولون المحافظة على أنماط الإنفاق المعتادة، ويتحقق ذلك من خلال الاعتماد على المدخرات الفردية أو حتى من خلال الاقتراض..

وهكذا فإن محاولة الإبقاء على مستويات المعيشة والإنفاق الجارية تقود المستهلكين إلى استهلاك جزء من مدخراتهم خلال فترة الانكماش حيث يتدنى الدخل الشخصي الأمر الذي يؤدي إلى تدني مستوى الإنفاق الكلي، أي ينخفض الإنفاق ولكن بشكل أقل من المتوقع.

وإذا أردنا لهذا العامل الذاتي أن يعمل بشكل معاكس فإنه يجب الافتراض أن الأفراد يزيدون من مدخراتهم بشكل أكبر من المتوقع في فترات التضخم، ولكن عملياً مثل هذا الأمر صعب.

4-سياسة توزيع الأرباح الرأسمالية:

وهي سياسة تهدف لإبقاء مستويات دخول مناسبة، حيث أن الشركات وإدارات الأعمال لا تعمد إلى تغيير سياسات توزيع الأرباح على المساهمين في المدى القصير، فإذا كان الاقتصاد على وشك الدخول في فترة انكماش فإن الشركات لا تعمد إلى تخفيض مستوى الأرباح القابلة للتوزيع على المساهمين.

كما لا تميل إلى زيادة خفض الأرباح في فترة تضخم قصيرة، إن هذه السياسة المتشددة المتعلقة بتوزيع الأرباح الرأسمالية تساعد على الإبقاء على

استقرار مستويات دخول الأفراد في وقت الكساد وتحافظ على الحد من زيادتها وقت التضخم.

5-تعويضات البطالة:

وتشكل التعويضات التي تدفع للعاطفين عن العمل عامل استقرار من شأنه أن يؤثر في مستويات الإنفاق في أوقات التضخم أو الانكماش. ومعلوم أن فترات الانكماش يصاحبها معدلات مرتفعة من البطالة، وكلما زادت البطالة كلما ازدادت التعويضات المدفوعة للعاطلين عن العمل، الأمر الذي يؤدي إلى الحد من تدني الدخل، أي أن الدخل سيقل نتيجة للبطالة ولكنه سينخفض بشكل أقل من المتوقع في حالة غياب هذه التعويضات.

وفي المقابل في فترات التضخم والازدهار عندما تصبح معدلات الاستخدام مرتفعة تصبح الحاجة أقل لدفع التعويضات المذكورة.

1- لا تتطلب أي سياسة فاعلة من قبل الدولة.

2- إن أيا من هذه الأدوات لا يستطيع لا بمفرده ولا مع غيره يمكن أن يمنع حدوث الكساد أو التضخم.

3- إن ما تستطيع فعلة هذه الأدوات تباطؤ- أي تقليل معدل الزيادة أو النقصان في الإنفاق العام والذي يؤدي إلى تقليل حدة التضخم أو الكساد.

أما المنع الحقيقي لحالات التضخم أو الكساد فيمكن أن يتم من خلال الاستخدام الأمثل للسياسات النقدية الواضحة، وتشكل الأدوات الأوتوماتيكية نوعاً كم العازل حيث أنه من خلال تخفيف سرعة التقلبات الدورية فإنها تعطي راسمي السياسات وقتاً إضافياً للوصول إلى قرارات ملائمة وواضحة، تؤدي إلى الاستقرار على مستوى الاقتصاد القومي.

3-4 تطور الفكر الاقتصادي وعلاقته بتطور المحاسبة القومية:

ظهر الاهتمام بكل من الاقتصاد التجميعي والذي يعالج القضايا الاقتصادية من منظور كلي، إذ يتم النظر إلى الاقتصاد القومي لأمة من الأمم باعتباره وحدة واحدة أو نظام كلي متكامل، وكذلك المحاسبة القومية التي تعني بقياس العلاقة الاقتصادية التجميعية التي صاغها وأفرزها علم الاقتصاد التجميعي. وقد ظهر الاهتمام بهما حينما كانت الأيدولوجيات الاقتصادية تتيح للدولة الاهتمام بالنشاط الاقتصادي أو التدخل فيه.

وسنعرض فيما يلي لأهم مراحل هذا الاهتمام وعلى الشكل التالي:

1-مرحلة ما قبل التجاريين:

قبل ظهور أفكار أنصار الحرية الاقتصادية، لم تكن ثمة دواعي تحول بين الدولة وبين التدخل أو حتى المساهمة في النشاط الاقتصادي، ولعل محدودية دور الدولة في هذا الصدد يعود إلى عاملين: الأول: هو الافتقار إلى الأساليب والتقنيات المتطورة لإدارة النشاط الاقتصادي، أما العامل الثاني فهو قصور نظم الاتصال والمعلومات اللازمة لهذا التدخل.

وبالرغم مما تقدم ومن خلال قراءة التاريخ الاقتصادي، أن تلك الفترة شهدت محاولات للقياس الإحصائي لبعض البيانات اللازمة، فعلى سبيل المثال نجد أن البعض من حكام الصين القدماء وكذلك الرومان قد قاموا بإعداد إحصاء للسكان خلال القرن الأول الميلادي، وفي انجلترا أيضاً تم إعداد مجموعة من المعلومات عن الملكيات الخاصة من أراضي وعقارات واستعمالاتها، وإحصاء للسكان في العام 1086م.

2-مرحلة التجاريين خلال القرن السابع عشر:

وقد انطوت أفكار التجاريين على مقولة أن التجارة الخارجية والنقل البحري هما الأنشطة الأكثر إنتاجاً من حيث أنها الأكثر قدرة على زيادة دخل الدولة، ومن هنا قالوا بأهمية دور الدولة في الإشراف على الصادرات والواردات وحركة الذهب الذي هو مقياس الثروة، وكذلك التجارة والإنتاج المحلي. ومن هنا نجد أن هذه الأفكار وضعت اللبنة الأولى للمفاهيم التجميعية أو ما يمكن أن نطلق عليه ((القومية)).

3-تعريف وقياس الدخل القومي:

يرى أغلب الباحثين أن الصيغة التي صارت عليها المحاسبة القومية خلال العقود الأخيرة تعد أثراً لما حدث من تطور في علم الاقتصاد التجميعي، وكذلك المحاسبة القومية في بريطانيا على وجه الخصوص، ولعل أبرز من ساهم في ذلك الاقتصادي الإنجليزي ((بيتي)) ثم تبعه في هذا ((كينج)).

ويعتبر بيتي أول من أسس مفهوم الدخل القومي، حيث عبر عنه بمجموع القيمة السنوية للعمل والغلة السنوية لثروة الأمة، وهو في هذا قد ميز بين عوائد رأس المال أو دخول الملكية مثل: الريع والفائدة والأرباح وبين الدخل من العمل، حيث أن العمل عنده هو المصدر الرئيسي للدخل ومن ثم فإن تحقيق الزيادة في الدخل من العمل يقتضي المزيد من الجهد البشري.

أما كينج، فقد كان أول من استخدم البيانات المستقاة من النظام الضريبي البريطاني في إعداد تقديرات لكل من المجاميع الكلية ومكوناتها من مجاميع جزئية أساس تعريفات محددة واضحة، فتراه يعد تقديرات للدخل والإنفاق القوميين اعتبرت أكثر تقدماً مما قدمه بيتي، ذلك لأنها أخذت في الحسبان الادخار كمتمم حسابي أو عنصر موازنة يعبر عن القدر من الدخل الذي لم يتم إنفاقه.

4-مرحلة الطبيعيين في القرن الثامن عشر:

اتسم تناول جماعة الطبيعيين خلال القرن الثامن عشر في فرنسا لمشكلة المجاميع القومية بأسلوب مميز يقوم على تتبع الإنتاج من مصادره إلى تخصيصاته، وقد كان للطبيعيين مفهومهم الخاص عن الدخل والثروة وأسباب نموها، فهم يرون أن مفهوم الدخل والناتج يتصف بعاملين: أولهما: أنه مفهوم مادي إذ يقتصر فقط على السلع القابلة للاستهلاك، أما العامل الثاني: أنه مفهوماً زراعياً. أما باقي القطاعات فهي عبارة عن أنشطة عقيمة وغير منتجة.

ومن هنا نجد أنه كان لأفكار الطبيعيين من الآثار الإيجابية وكذلك السلبية على مسيرة تطور دراسات الاقتصاد التجميعي وبالتالي على المحاسبة القومية.

أ- الآثار الإيجابية:

انضم الطبيعيين إلى رافضي فكرة التجاريين القائلة بأن التجارة والنقل البحري عما المصدر الوحيد للثروة، وكان لهم طريقتهم في تحليل عملية الإنتاج والقدرة على تحقيق الناتج الصافي حيث اتجه تحليلهم إلى البحث عن مصادر ذلك الإنتاج ومن ثم إلى تحليل طريقة تخصيصه وتوزيعه بين مختلف طبقات المجتمع، ويرجع الفضل في ذلك إلى نموذج الجدول الاقتصادي والذي قدمه أكثر الطبيعيين شهرة وهو (Quesny)، ويعتبر هذا الجدول الأصل التاريخي لجداول المدخلات والمخرجات المعروفة.

ب- الآثار السلبية:

كان لعقيدتهم فيما يخص الأنشطة وتقسيمها إلى أنشطة منتجة وأخرى عقيمة، واعتبار النشاط الزراعي هو المنتج الوحيد، فقد راح أصحاب المدارس التقليدية يعتبرون أن الناتج القومي يتكون فقط من الناتج الزراعي، حتى بعد

تطورت الصناعة فيما بعد، وأصبحت نشاطاً منتجاً، إلاّ أن الأنشطة الأخرى مثل: أنشطة الخدمات بقيت خارج دائرة الناتج القومي.

5-جماعة التقليديين وفكرة الإنتاج المادي:

تشيع الاقتصاديون الإنجليز في إطار المدرسة التقليدية مثل ((آدم سميث، وريكاردو، وميل)) لأفكار الطبيعيين بشأن طبيعة العملية الاقتصادية، فهي عند سميث عبارة عن تداول رأس المال التنظيمي، حيث يدفع المنظم الأجور وكافة نفقات التشغيل ومن خلال العملية الإنتاجية يسترد ما دفعه إضافة إلى فوائضه أو أرباحه التي تضمن استمرار العملية الإنتاجية، وأبقى سميث وميل على فكرة الطبيعيين في التفرقة بين الأنشطة التي تعتبر منتجة وتلك التي لا تعد منتجة أي الأنشطة العقيمة، غير أن نطاق العمل المنتج قد اتسع ليشتمل إضافة إلى العاملين بقطاع الزراعة أولئك المشتغلين في قطاع الصناعة التحويلية وخدمات النقل والتجارة المرتبطة بالإنتاج المادي. وهكذا تحددت المفاهيم التجميعية عند سميث ورفاقه كما يلي:

* مفهوم الناتج القومي: يرتبط فقط بالمنتجات السلعية في قطاعي الزراعة والصناعات التحويلية.

* مفهوم الدخل القومي: يتكون فقط من دخول عوامل الإنتاج التي تحصل عليها لقاء مساهمتها في إنتاج المنتجات السلعية للزراعة والصناعة وما يرتبط بها مباشرة من خدمات نقل وتجارة.

6-مفهوم الناتج المادي الإجمالي عند ماركس:

عند ماركس أن العمل المنتج هو الذي ينتج رأسمال أو بمعنى أخر هو الذي يحقق فائض قيمة، وهو بهذا يخالف أطروحة آدم سميث عن العمل المنتج الذي يتخصص في الإنتاج السلعي، فقياساً على معيار ماركس في تحديد العمل المنتج لا يوجد ما يحول دون تحقيق العمل المشتغل بقطاع الخدمات في ظل النظام

الرأسمالي لفائض قيمة أو لرأسمال شأنه في ذلك شأن العمل في قطاع الإنتاج السلعي وعلى ذلك كانت رؤية الكتاب بأن مفهوم الناتج عند ماركس يتسع ليشمل قطاع الخدمات إضافة إلى قطاع الإنتاج السلعي.

وبرغم ما تقدم فقد فضل ماركس وأتباعه التركيز على الإنتاج الذي يخلق سلعاً مادية دون إنتاج الخدمات ولعل ذلك يرجع إلى صعوبات القياس بغرض تتبع فائض القيمة أو رأس المال الناتج عن العمل في قطاع الخدمات.

هذا ويترتب على تبني مفهوم الناتج المادي الإجمالي أو القيمة المضافة الأولية لقطاعي الإنتاج الزراعي والصناعي كمقياس للناتج القومي ظهور مقداره في صورة تقل كثيراً عن القيمة الحقيقية فيما لو أضيف ناتج قطاع الخدمات وإذا عرفنا أن معدل نمو قطاع الخدمات في الدول المتقدمة يفوق كثيراً معدل نمو قطاعي الزراعية والصناعة لعلمنا أن تبني مفهوم الإنتاج المادي على الصورة المتبعة في دلو المعسكر الشيوعي، إنما يظهر معدلات نمو الناتج والدخل القوميين في صورة غير حقيقية، أي بأقل من المعدل الحقيقي للنمو.

7-المفهوم الشامل للإنتاج ((بداية القرن العشرين)):

فبالرغم من أن الكثير من الاقتصاديين كانوا قد رفضوا بداية فكرة المفهوم المادي الضيق للإنتاج، إلاّ أن المحاولات الجادة لتنفيذ هذا المفهوم وتقديم مفهوم جديد كبديل له ما ظهرت إلاّ في بدايات القرن العشرين عندما بدأت مبادئ مارشال في التبلور.

وقد جاء ذلك كأثر للتطور الاقتصادي الذي أدى إلى اتساع نطاق الأنشطة الخدمية كأحد قطاعات النشاط الاقتصادي من ناحية، ثم بتأثير انتقال الاهتمام في النظرية الاقتصادية وفي شأن تحديد طبيعة العملية الاقتصادية والعلاقة بين العمل المنتج وبين المستهلكين لمنتجات هذا العمل، وقد أفضى هذا الاهتمام إلى استخدام أسلوب تحليل المنفعة في تفسير المنتجات.

وقد أكد مارشال في هذا الصدد على استخدامات الإنتاج والأغراض التي يخصص لها، ومن هنا يجب النظر إلى العملية الإنتاجية من زاوية ما يقدم للاستهلاك وليس من زاوية العلاقة بين العامل ورب العمل، ويؤدي ذلك إلى اتساع مفهوم الناتج القومي ليشمل على كل ما يفيد الإنسان سواء كان في شكل منتجات سلعية أو على هيئة خدمات.

وبالرغم مما تقدم وحتى هذه المرحلة وبالرغم من ظهور المفهوم الشامل للإنتاج على المستوى النظري وبرغم ظهور الحاجة إلى نظام متكامل للمحاسبة القومية فإن البيانات الإحصائية لبناء مثل هذا النظام لم تكن متوافرة.

8-النظرية الحديثة للاقتصاد التجميعي:

يقصد بالنظرية الحديثة للاقتصاد التجميعي، ذلك النسق التحليلي في تفهم الأسباب التي تؤدي إلى حدوث تقلبات في مستوى العمالة، ويؤرخ الاقتصاديون لميلاد النظرية الحديثة للاقتصاد التجميعي بثلاثينات القرن العشرين، وهم يرون أنها جاءت وليدة حدثين وقعا خلال ذلك القرن، هما الكساد العالمي العظيم، والثاني هو ظهور مؤلف ((كينز)) في النظرية العامة للعمالة والفائدة والنقود.

<u>بعض العلاقات الأساسية المستقاة من النظرية الحديثة:</u>

يمكن من خلال النظرية الحديثة الاستدلال على بعض من علاقات هامة تربط بين المتغيرات الاقتصادية الكلية، وذلك على النحو التالي:

أ-العلاقة بين المخرجات الفعلية ومعدل البطالة حيث يكون مستوى المخرجات دالة في مستوى العمالة، وهذه هي دالة الإنتاج.

ب-وجود علاقة عكسية بين مستوى البطالة ومعدل التضخم عندما تحدث التقلبات الاقتصادية كأثر لاختلال جانب الطلب.

جـ-أنه يمكن ضبط المخرجات الفعلية عن طريق التحكم في مستوى الطلب والذي بدوره بتأثر قوياً بكل من التغيرات في السياسات المالية والنقدية وحركة عرض النقود ومشتريات الحكومة ومعدل الضرائب.

الفصل

الخامس

إعداد الموازنة العامة في المملكة الأردنية الهاشمية

الفصل الخامس

إعداد الموازنة العامة

في المملكة الأردنية الهاشمية وتنفيذها

بينّا في فصل سابق أن إعداد الموازنة في المملكة الأردنية الهاشمية يتم وفق الأسلوب التقليدي المعروف باسم موازنة البنود، وبذلك فإن ما يتضمنه هذا الفصل يعكس خصائص ذلك الأسلوب بشكل عام، وفي الوقت نفسه يعكس واقع تطبيقه في الأردن.

1-5 نشأة الموازنة العامة في الأردن وتطورها:

تشير المعلومات المتاحة بأن الأردن عرف الموازنة العامة منذ العام المالي 1925/1924 وذلك أثناء الانتداب البريطاني، وكانت الموازنة حينذاك بسيطة في شكلها وحجمها وتبويبها، ولم تكن شاملة لتغطي كل مرافق الدولة، وكانت بعض الخدمات العامة تمول كلياً أو جزئياً من خارج الموازنة، كما كانت السنة المالية للدولة تبدأ في الأول من شهر نيسان (4/1) وتنتهي في الحادي والثلاثين من شهر آذار (3/31) من السنة التالية، كما كان الجنيه الفلسطيني هو وحدة التداول حتى صدور النقد الأردني في 1950/7/1م.

تكونت الموازنة العامة الأردنية في بداياتها من بابين هما: الإيرادات والنفقات، وانقسمت الإيرادات إلى قسمين هما: الإيرادات المحلية والمعونات، كما انقسمت النفقات إلى قسمين هما فصول النفقات العادية وفصول النفقات فوق العادة.

أما بعد استقلال المملكة عام 1946، وحتى صدور قانون تنظيم الميزانية (الموازنة) العامة عام 1962، فقد استمرت الموازنة الأردنية على نفس الهيكلية والتبويب الذي كان سائداً أثناء الانتداب البريطاني، مع ملاحظة زيادة في حجم الموازنة العامة، كما امتازت هذه الفترة بالتحول عن استخدام الجنيه الفلسطيني كوحدة تداول إلى استخدام الدينار الأردني، مع اعتبار أن الدينار الأردني الواحد يعادل جنيهاً فلسطينياً واحداً، ومن مميزات تلك الفترة أيضاً أن بند القروض ظهر في الموازنة الأردنية لأول مرة في السنة المالية 1951/1950 والذي سمي قرض المليون دينار، كما كان (فصل) النفقة العادية للوحدة الحكومية مختلفاً عن (فصل) النفقة فوق العادة لنفس الدائرة.

أما بخصوص إعداد الموازنة في تلك الفترة فقد كان الارتجال، في الغالب، هو المحور الذي كانت تدور حوله السياسة المالية في المملكة، كما كانت تمتاز بزيادة عدد الموازنات الإضافية (الملحقة) خلال السنة، وكان يتم الإنفاق على وجوه ليس لها مخصصات في الموازنة، أو كان يقع تجاوز في المخصصات فلا يمكن تغطيته إلاّ باستخدام السلف لحين الحصول على مخصصات إضافية، ولم يكن الرقم المخصص لفصل معين ثابتاً بل كان يتغير من عام لآخر.

يمكن القول أنه بصدور (قانون تنظيم الميزانية العامة رقم 39 لسنة 1962) تكون الموازنة العامة الأردنية قد بدأت مرحلة جديدة من المواصفات الهيكلية والإجرائية والعملية، وكما يلي:

أ- تأسيس (دائرة الموازنة العامة)، وإتباعها لوزير المالية، ومنحها صلاحيات واسعة، شملت الآتي، حسب ما ورد في المادة (5) من القانون:

1- إعداد الميزانية (الموازنة) العامة السنوية للمملكة.

2- اقتراح رصد المخصصات اللازمة لتنفيذ السياسة العامة التي يرسمها مجلس الوزراء.

3- تنقيح طلبات التخصيصات المالية التي تتقدم بها دوائر الحكومة كافة بالتخفيض أو الزيادة أو الجمع أو المقابلة أو المراجعة.

4- تمحيص البرامج والأعمال والمشاريع التي تطلب لها مخصصات بغية التأكد من جدواها وعلاقتها بعضها ببعض.

5- التثبت من حذف الازدواجية غير الضرورية في البرامج والتمويل.

6- التثبت من مطابقة طلبات التخصيصات للسياسة الاقتصادية والمالية والقرارات الأخرى التي يتخذها مجلس الوزراء.

7- طلب المعلومات اللازمة من الدوائر الحكومية كافة فيما يتعلق بالبرامج والأعمال والمشاريع وتمويلها.

8- الاطلاع على الوثائق والمخابرات والقيود المالية كافة لأية دائرة من دوائر الحكومة.

9- تدقيق وتحليل الأعمال الإدارية والبرامج لدوائر الحكومة وإعداد ما يلزم لتطويرها وتحسينها بالتعاون مع ديوان الموظفين.

ب- تأسيس مجلس استشاري وظيفته إبداء رأيه في الواردات والنفقات والرسوم والضرائب وبالسياسة العامة للميزانية (المادة 4 من القانون)، ويضم المجلس وزير المالية ووزير الصناعة والتجارة ومحافظ البنك المركزي، ورئيس ديوان المحاسبة، ووزير التخطيط ومدير دائرة الموازنة العامة.

وكان من نتائج إنشاء دائرة الموازنة العامة على الجانب التنظيمي إصدار المفكرة السنوية للموازنة، وتعليمات إعدادها، وتنسيق الإجراءات المطلوبة لذلك لدى الأطراف المعنية، ومتابعة المراحل التي يتطلبها إصدار قانون الموازنة العامة السنوي.

أما بخصوص أهم ما شهدته الموازنة العامة من تطوير منذ إنشاء دائرة الموازنة العامة عام 1962 فيمكن اعتباره إضافات كانت تمليها الحاجة التي تنشأ من واقع التطبيق العملي للموازنة في مراحلها كافة، ومن مظاهر هذا التطور نجد الآتي:

1- تغيير تاريخ بداية ونهاية السنة المالية، لتصبح السنة المالية متفقة مع السنة التقويمية، وذلك من أجل ربط الموازنة العامة ربطاً وثيقاً ببرنامج التنمية الاقتصادية للسنوات السبع، وكان التغيير كما يلي:

البيان	بداية السنة المالية	نهاية السنة المالية	ملاحظات
النظام قبل التغيير	1965/4/1	1966/3/31	آخر سنة مالية متداخلة
سنة التغيير	1966/4/1	1966/12/31	فترة (9) شهور فقط
النظام الحالي	1967/1/1	1967/12/31	ولا زال حتى الآن

2- دمج مخصصات الوحدة الحكومية في (فصل واحد) بغض النظر إن كانت عادية أو فوق العادية، بعد أن كانت تبوب في فصلين.

3- تضمنت الموازنات السنوية ابتداء من السنة المالية 1966 ما سمي (خطاب الموازنة)، الذي يقدمه وزير المالية أمام مجلس الأمة ويحدد فيه أهم المؤشرات والتوجهات التي اتبعت في إعداد الموازنة.

4- إعطاء مسمى (النفقات المتكررة) بدلاً من (النفقات العادية) ومسمى (النفقات الإنمائية) بدلاً من (النفقات فوق العادة) ثم مسمى (النفقات الرأسمالية) بدلاً من (النفقات الإنمائية).

5- ظهور توجه صريح نحو الخروج عن أساس توازن الموازنة وذلك ابتداء من العام 1966.

6- ابتداء من السنة المالية 1967 ظهر تصنيف جديد للنفقات، تم بموجبه تصنيف النفقات في كل فصل (لاحظ أنه يخصص فصل لكل وحدة حكومية تدخل موازنتها ضمن موازنة الدولة) على أساس الخدمات التي تقدمها، فقد قسمت النفقات إلى المجموعات الثمان الآتية: الإدارة العامة، الدفاع والأمن والنظام الداخلي، الشؤون الدولية، الإدارة المالية، التنمية الاقتصادية، الخدمات الاجتماعية، الخدمات الثقافية والإعلامية، وخدمات الاتصال والنقل.

7- أصبح قانون الموازنة العامة يظهر بيانات لأكثر من سنة واحدة، هدفها تسهيل مقارنة الأرقام لكل مادة في الموازنة خلال ثلاث سنوات، وفي صورتها الحالية يظهر في قانون الموازنة الأرقام الفعلية للسنة الماضية، والأرقام المقدرة للسنة الحالية، وأرقام إعادة التقدير للسنة الحالية، والأرقام المقدرة للسنة المالية القادمة. هذا مع العلم بعدم وجود أية قيمة قانونية لهذه الأرقام، باستثناء الرقم الأخير فقط، والذي هو موضوع قانون الموازنة العامة للسنة المالية المقبلة، وتبوب مخصصات الوحدة كفصل مستقل على الشكل الآتي (موازنة 2003):

الفصل: الرقم والعنوان (مثلاً 41: وزارة المالية)					
المادة		فعلي 2001	مقدر 2002	إعادة تقدير 2002	مقدر 2003
رقمها	عنوانها				

8- أضيفت إلى قانون الموازنة جداول لم يطلبها قانون تنظيم الميزانية رقم 39 لسنة 1962، ومنها على سبيل المثال جدول النفقات الرأسمالية للمحافظات والمركز، ولا تعتبر هذه الجداول من صلب القانون، كما لا تتم الرقابة عليها، ولا يوجد ضوابط في القانون من أجل تطبيق ما ورد فيها.

2-5 إعداد الموازنة العامة في المملكة الأردنية الهاشمية:

لعله من المعلوم أن الموازنة العامة في الأردن تصدر بقانون، ويمر إعداد قانون الموازنة العامة في المراحل الآتية، كل سنة:

1-2-5 مرحلة التعليمات:

وتمثل هذه المرحلة وضع الإطار الذي ضمنه تتحدد توجهات السياسات الاقتصادية والاجتماعية والمالية والنقدية للدولة خلال السنة المالية القادمة، وهي انعكاس لحاجات المجتمع ولخطة التنمية النافذة وفي إطار التشريعات القائمة.

تتبلور هذه التوجهات ضمن (بلاغ رسمي) يصدره رئيس الوزراء، يكون عادة في الثلث الأول من شهر حزيران، موجهاً إلى الدوائر والمؤسسات، ويتضمن الأهداف العامة التي تسعى الدولة إلى تحقيقها من خلال الموازنة، والأسس المعتمدة لتحقيقها، إضافة إلى التعليمات المحددة بخصوص تقدير الإيرادات والنفقات، وكذلك تحديد التاريخ الذي يتوجب على تلك الدوائر والمؤسسات قبله تقديم تقديراتها إلى دائرة الموازنة العامة من أجل إكمال المراحل الأخرى في مواعيدها، وقد جرت العادة أن يكون تاريخ 8/1 هو ذلك التاريخ، وهذا يعني أن على الدوائر والمؤسسات أن تقدم تقديراتها للسنة المالية القادمة خلال شهر ونصف تقريباً، وهي فترة نرى أنها غير كافية دائماً لدراسة وإعداد موازنة دقيقة ومتكاملة، إذ قد ينتج عن عدم كفاية الفترة الزمنية أن يكون الاستعجال على

حساب الدقة، أو أن يؤدي تفرغ المعنيين بالموازنة خلال هذه الفترة لإعدادها إلى تعطيل في أعمال الدائرة أو المؤسسة.

تعتبر مرحلة التعليمات بمثابة حجر الأساس بالنسبة للمرحلة التالية، وهي مصدر نجاح الموازنة في تحقيق توجهاتها.

2-2-5 مرحلة وضع التقديرات:

وتمثل هذه المرحلة تطبيقاً للتوجهات والقيود والضوابط التي وردت في البلاغ الرسمي، والأصل أن يكون إعداد تقديرات الموازنة لسنة واحدة، على أنه يجوز أن ينص قانون الموازنة العامة على تخصيص مبالغ معينة أكثر من سنة واحدة؟

تختلف خطوات هذه المرحلة في الدوائر عنها في المؤسسات، وذلك أن موازنة الدوائر تدخل ضمن قانون الموازنة العامة، في حين أن موازنة المؤسسات تكون خارجها.

في الدوائر، تبدأ خطوات هذه المرحلة عند تسلم الدائرة (البلاغ الرسمي)، حيث تعمل مختلف الأطراف فيها على وضع الخطة المالية لها، بما يتفق وتوجهات البلاغ الرسمي، والتي تنعكس في طلب تخصيص للنفقات، وتعتمد الدوائر في تقدير نفقاتها للسنة القادمة على عدة أساليب منها اعتماد نتائج السنوات السابقة كأساس باعتبار أن المستقبل سيكون امتداداً للماضي أو اعتماد متوسط أداء عدة سنوات ماضية، أو الدراسة التفصيلية لكل (بند) في الموازنة.

ومهما كان أسلوب التقدير المتبع فهو يبتعد عن كونه أسلوب علمي، إذ أنه يبقى خاضعاً للرأي الشخصي والتقديري، وليس هناك من وسيلة علمية للتحقق من صحة تلك التقديرات. وتعتمد أساليب التقدير على أدوات حسابية وإحصائية بسيطة.

5-2-3 مرحلة مراجعة التقديرات:

بعد أن تفرغ الدوائر من إعداد تقديراتها لموازنتها القادمة، ترسل تلك التقديرات إلى دائرة الموازنة العامة ضمن المدة المحددة، ثم تقوم دائرة الموازنة العامة بمراجعة وتنقيح طلبات التخصيصات التي تردها من الدوائر، كما تقوم بتدقيق البرامج والتأكد من اتفاقها مع السياسة الاقتصادية والمالية، وقد تقوم بمناقشتها مع المسؤولين في تلك الدوائر.

الأصل أن تستند دائرة الموازنة العامة في عملها على الدستور وعلى قانون تنظيم الميزانية العامة، وعلى الأسس التي تضمنها البلاغ الرسمي، ومن الأولى أيضاً أن تكون التعليمات والتوجهات والأولويات واضحة ومحددة، وخصوصاً تلك التي يتضمنها البلاغ الرسمي، بحيث أن الالتزام بها يوفر وقت وجهد وتكلفة إضافية ويقلل من الأثر الشخصي في تحديد المخصصات المطلوبة والموافق عليها، كما أن عدم وضوح الخطة والتعليمات والتوجهات المالية للسنة القادمة، وكذلك عدم دقتها وبيان أولوياتها تؤدي إلى فقدان التناسق في العمل بين الدائرة ودائرة الموازنة العامة، مما يسبب عدم الاستقرار في وضع الدائرة لخطتها المالية وعدم وضوح المنهج العام للسنة القادمة.

5-2-4 مرحلة المصادقة ثم إقرار القانون:

بعد انتهاء دائرة الموازنة العامة من دراسة طلبات التخصيص، يتم التوصل إلى صورة إجمالية أولية بحجم الإيرادات والنفقات ومقدار العجز أو الفائض المتوقع، ويتم استعراض ذلك من قبل (المجلس الاستشاري للموازنة)، ويتم بعد ذلك التوصل إلى الأرقام شبه النهائية لمشروع قانون الموازنة للعام القادم. وبعدها يرفع المشروع لمجلس الوزراء لدراسته وإجراء أي تعديل قد يراه مناسباً ثم يرفع لمجلس الأمة شريطة أن يكون ذلك قبل

ابتداء السنة المالية بشهر واحد على الأقل للنظر فيه وفق أحكام الدستور، ويقدم مشروع قانون الموازنة العامة مع خطبة (بيان) يقدمها وزير المالية أمام مجلس النواب.

لقد حدد الدستور الأردني صلاحيات مجلس الأمة عند المناقشة في مشروع قانون الموازنة العامة كما يأتي:

أ- يقترع على الموازنة فصلاً (من المعلوم أن الفصل يمثل مخصصات كل دائرة).

ب- لا يجوز نقل أي مبلغ في قسم النفقات من الموازنة العامة من فصل إلى آخر إلاّ بقانون.

جـ- لمجلس الأمة عند المناقشة في مشروع قانون الموازنة العامة أو في القوانين المؤقتة المتعلقة به أن ينقص من النفقات في الفصول بحسب ما يراه موافقاً للمصلحة العامة، وليس له أن يزيد في تلك النفقات لا بطريقة التعديل ولا بطريقة الاقتراح المقدم على حده، على أنه يجوز بعد انتهاء المناقشة أن يقترح وضع قوانين لإحداث نفقات جديدة.

د- لا يقبل أثناء المناقشة في الموازنة العامة أي اقتراح بقدم لإلغاء ضريبة موجودة، أو فرض ضريبة جديدة أو تعديل الضرائب بزيادة أو نقصان يتناول ما أقرته القوانين المالية النافذة المفعول، ولا يقبل أي اقتراح بتعديل النفقات أو الواردات المربوطة بعقود.

ويتم التشريع في مجلس الأمة على النحو التالي:

تقدم الحكومة المشروع الذي تريد إقراره إلى مجلس النواب أولاً، فيعرض على لجنة خاصة من أعضاء المجلس، وتقدم هذه اللجنة تقريراً خاصاً عن المشروع للمجلس، ثم يطرح في مجلس النواب لمناقشته والتصويت أو الاقتراع عليه، فإذا حاز على أغلبية الأصوات يحال على مجلس الأعيان ليمر في نفس الخطوات، فإذا

أقر المشروع من مجلس النواب والأعيان، يرفع للملك للتصديق عليه وإصداره كقانون.

أما إعداد موازنات المؤسسات العامة المستقلة والمصادقة عليها فهو كالآتي: تقسم المؤسسات وفقاً لقوانينها الأساسية فيما يختص بإصدار موازناتها إلى قسمين:

الأول: مؤسسات مستقلة مالياً وإدارياً، ولكن لا تصدر موازناتها إلاّ بعد مصادقة مجلس الوزراء عليها، وبناء على تنسيب من وزير المالية / الموازنة، وبالتالي تتولى دائرة الموازنة العامة تدقيق وتمحيص هذه الموازنات ومتابعتها قبل إقرارها من قبل مجلس الوزراء.

الثاني: مؤسسات مستقلة مالياً وإدارياً ولكن لا تصدق موازناتها من قبل مجلس الوزراء، وإنما تصدر بعد إقرارها من قبل مجلس إدارة تلك المؤسسة، وبالتالي فلا تتم دراستها من قبل دائرة الموازنة العامة، ولا تعرض على مجلس الوزراء.

وأما بالنسبة للمصادقة على موازنات الحكم المحلي، فنجد أن مجلس أمانة عمان يقر موازنة الأمانة، ثم يتم تصديقها من قبل رئيس الوزراء، في حين أن مجلس كل بلدية يقر موازنتها ثم تتم المصادقة عليها من قبل وزير الشؤون البلدية والقروية والبيئة.

نخلص مما ورد بأعلاه بوجود تفاوت في البعد التشريعي الخاص بالمصادقة على موازنات الوحدات الحكومية، حيث أن موازنات الدوائر تصدر بقانون، في حين أن موازنات المؤسسات المستقلة والمحلية لا تصدر بقانون أو نظام وإنما بقرار، مما يشكل عدم انسجام في الضوابط التي تحكم الموازنات في المؤسسات الحكومية.

ويبين الجدول التالي عدداً من المؤسسات التي تخضع موازناتها لمصادقة مجلس الوزراء، وعدداً آخر من المؤسسات التي يصادق على موازناتها من قبل مجالس إداراتها ولا ترفع لمجلس الوزراء:

القسم الثاني مؤسسات لا يصادق مجلس الوزراء على موازناتها	القسم الأول مؤسسات يصادق مجلس الوزراء على موازناتها
الجامعات الرسمية (الحكومية)	سلطة المياه
المؤسسة العامة للضمان الاجتماعي	مؤسسة الموانئ
البنك المركزي الأردني	سكة حديد العقبة
سوق عمان المالي	المؤسسة العامة للإسكان والتطوير الحضري
مؤسسة إدارة وتنمية أموال الأيتام	المؤسسة الأردنية للاستثمار
مؤسسة الاتصالات السلكية واللاسلكية	مؤسسة المناطق الحرة
الملكية الأردنية	مؤسسة النقل العام
صندوق الزكاة	المؤسسة الاستهلاكية المدنية
بنك تنمية المدن والقرى	مؤسسة التدريب المهني
سلطة الكهرباء الأردنية (شركة الكهرباء الوطنية)	وزارة الأوقاف والشؤون والمقدسات الإسلامية
مؤسسة المدن الصناعية	سلطة إقليم العقبة
مؤسسة تنمية الصادرات والمراكز التجارية	صندوق التأمين الصحي
مؤسسة المتقاعدين العسكريين	الخط الحديدي الحجازي الأردني
	صندوق توفير البريد
	مجمع اللغة العربية
	معهد الإدارة العامة
	صندوق قصور الكلى
	وزارة التربية والتعليم / ضريبة المعارف
	صندوق المعونة الوطنية
	مؤسسة تشجيع الاستثمار
	صندوق التنمية والتشغيل
	مؤسسة المواصفات والمقاييس
	المؤسسة العامة لحماية البيئة
	هيئة تنظيم قطاع الاتصالات
	مؤسسة الإذاعة والتلفزيون
	المؤسسة التعاونية الأردنية

3-5 هيكل (مكونات) قانون الموازنة العامة في المملكة الأردنية الهاشمية:

يتكون هيكل الموازنة العامة الأردنية بعد صدوره كقانون، من المكونات الأساسية السنة التالية، مرتبة كما وردت في قانون الموازنة العامة:

5-3-1 خطبة الموازنة:

جرت العادة أن يلقيها وزير المالية أمام مجلس النواب، يوضح فيها الأبعاد والمرتكزات الأساسية الواردة في الموازنة، على أن ما ورد في التشريعات حول إلقاء خطبة الموازنة جاء في المادة (7) من قانون تنظيم الميزانية ونصه: ((يجب أن يتضمن مشروع قانون الميزانية العامة الأمور التالية: أ- كشفاً يحتوي على تقديرات الإيرادات والنفقات لسنة الميزانية المقبلة، ووصفاً موجزاً يشرح برامج الحكومة المقترحة المختلفة لإثباتها في خطبة الميزانية)).

5-3-2 قانون الموازنة العامة شاملاً نص الإرادة الملكية السامية بالموافقة على القانون:

ويتكون القانون من عدد من المواد التي تبين إجمالي الإيرادات والنفقات والعجز وتقديرات مصادر التمويل واستخداماتها، فضلاً عن بيان الضوابط والمحددات والقيود والصلاحيات الواجب على السلطة التنفيذية مراعاتها أثناء تنفيذها للقانون.

5-3-3 الجداول الإجمالية:

ويشتمل القانون على ثمانية جداول إجمالية بيانها كالآتي:

1- الجدول رقم (1) خلاصة الموازنة العامة للسنة المالية، ويتكون هذا الجدول من ثلاثة أجزاء هي:

أ- الموازنة الجارية:

وتتكون من الإيرادات الجارية التي تشمل الإيرادات المحلية والمنح في الجانب الأيمن، والنفقات الجارية في الجانب الأيسر، ويمثل الفرق بين الجانبين وفر الموازنة الجارية، عندما يكون الجانب الأيمن أكبر من الجانب الأيسر. أو عجز الموازنة الجارية عندما يكون الجانب الأيسر أكبر من الجانب الأيمن.

ب- الموازنة الرأسمالية:

وتتكون من وفر أو عجز الموازنة الجارية المنقول من الموازنة الجارية، إضافة إلى الإيرادات الرأسمالية وتشمل أقساط القروض المستردة، والمنح الفنية المخصصة لتمويل مشاريع إنمائية، في الجانب الأيمن، ومن النفقات الرأسمالية في الجانب الأيسر.

ويمثل الفرق بين مجموع الإيرادات (الجارية والرأسمالية) ومجموع النفقات الجارية والرأسمالية وفر أو عجز الموازنة.

ويبين الجدول رقم (2) المكونات الأساسية للجدول رقم (1) كما يرد في قانون الموازنة العامة.

جدول رقم (1) خلاصة الموازنة العامة

الموازنة الجارية

الإيرادات الجارية			**1-النفقات الجارية**
1-الإيرادات المحلية (أ+ب)			
أ-الإيرادات الضريبية	*	*	أ-الجهاز المدني
ب-الإيرادات غير الضريبية	*	*	ب-الجهاز العسكري
2-المنح	*	*	جـ-النفقات الأخرى
مجموع الإيرادات (1+2)	**	**	مجموع النفقات (أ+ب+جـ)
عجز الموازنة الجارية	*	*	(أو) وفر الموازنة الجارية
مجموع الموازنة الجارية	***	***	مجموع الموازنة الجارية
	الموازنة الرأسمالية		
وفر الموازنة الجارية	*	*	(أو) عجز الموازنة الجارية
3-الإيرادات الرأسمالية	*	*	**2-النفقات الرأسمالية**
مجموع الموازنة الرأسمالية	**	**	مجموع الموازنة الرأسمالية
مجموع الإيرادات (1+2+3)	***	***	كجموع النفقات (1+2)
عجز الموازنة	*	*	(أو) وفر الموازنة
إجمالي الموازنة العامة	****	****	إجمالي الموازنة العامة
	موازنة التمويل		
المصادر			**الاستخدامات**
وفر الموازنة	*	*	(أو) عجز الموازنات
أ-القروض الخارجية	*	*	تسديد اقساط القروض
ب-أقساط وفوائد القروض المعاد جدولتها	*		
جـ-القروض الداخلية	*		
المجموع	***	***	المجموع

جـ- موازنة التمويل:

على الرغم من أن هذا الجزء لا يمثل إضافة جديدة على محتويات الموازنة (الإيرادات والنفقات)، إلاّ أنه يشتمل على بيان مصادر التمويل التي ستعتمدها الحكومة لتمويل عجز الموازنة ولتسديد أقساط القروض، الخارجية والداخلية، التي ستستحق خلال السنة، وتلجأ الحكومة عادة إلى القروض الخارجية والداخلية وإلى أقساط القروض المعاد جدولتها في حالة وجودها.

2- الجدول رقم (2): إجمالي الإيرادات المقدرة، ويبين هذا الجدول تفاصيل الإيرادات المقدرة في الموازنة العامة، موزعة حسب الفصول، وفيما يلي نموذج لهذا الجدول كما يظهر في قانون الموازنة العامة، ومبيناً فيه مسميات الفصول في القانون وعددها أحد عشر فصلاً:

نموذج الجدول رقم (2): إجمالي الإيرادات المقدرة

رقم الفصل	عنوان الفصل	الإيرادات المقررة
	الإيرادات المحلية	
	الإيرادات الضريبية	
1	الضرائب على الدخل والأرباح	
2	الضرائب على معاملات التجارة الخارجية	
3	الضرائب على المعاملات المحلية	
	الإيرادات غير الضريبية	
4	الرخص	
5	الرسوم	
6	الإيرادات من المؤسسات	
7	إيرادات بدل الخدمات الحكومية	
8	الإيرادات المختلفة	
9	**المنح المالية**	

10	أقساط القروض المستردة	
11	منح فنية لتمويل مشاريع إنمائية	
	مجموع الإيرادات	

3- الجدول رقم (3) إجمالي النفقات المقدرة: ويبين هذا الجدول النفقات المقدرة مصنفة أو مبوبة حسب الخدمات وحسب الفصول وحسب نوع النفقة ومصدرها، ويبين الجدول التالي النموذج الذي يظهر عليه الجدول في قانون الموازنة.

الخدمات	الفصل		النفقات			مجموع الفصل	مجموع الخدمات
	رقمه	عنوانه	الجارية	الرأسمالية			
				خزينة	قروض ومنح		
المجموع							

يلاحظ أن الجدول يشتمل على فصل خاص لكل دائرة ويظهر فيه النفقات المقدرة لتلك الدائرة (أو لذلك الفصل) مقسمة حسب نوعها: جارية ورأسمالية، وأن النفقات الرأسمالية لكل دائرة تقسم حسب مصدرها (من الخزينة أو من القروض والمنح)، كما يلاحظ أنه يتساوى مجموع الخدمات مع مجموع الفصول، ويتساوى ذلك مع مجموع النفقات الجارية والرأسمالية بمصدريها، كما يلاحظ أن مصدر النفقات الجارية هو الخزينة أما النفقات الرأسمالية فلها مصدران هما الخزينة والقروض والمنح.

4- الجدول رقم (4) موازنة التمويل، يفصل هذا الجدول الجزء الثالث من الجدول رقم (1) وهو موازنة التمويل بحيث يظهر مصادر التمويل واستخداماتها، كما سبق وبينا.

5- الجدول رقم (5) خلاصة الموازنة العامة لآخر ثلاث سنوات: ويظهر فيه مقارنة الموازنة العامة للسنوات الثلاث الأخيرة، بشقيها الإيرادات والنفقات، وكذلك موازنة التمويل، وتشتمل أرقام المقارنة: الفعلي للسنة الماضية، والمقدر للسنة الحالية (وهي السنة التي يتم تنفيذها) وإعادة التقدير للسنة الحالية، ثم المقدر للسنة المقبلة (وهي السنة التي يتم إعداد قانون الموازنة لها)، وفي هذا الجدول تظهر الإيرادات مبوبة (مصنفة) حسب مصدرها، والنفقات حسب نوعها (نفقات الوزارات والدوائر الحكومية، وزارة الدفاع، والنفقات الأخرى على تنوعها)، وعجز الموازنة العامة، إن وجد، ولا يشتمل هذا الجدول على إضافات غير التي وردت في الجداول من (2-4)، إلاّ تلك المتعلقة بأرقام السنوات السابقة.

6- الجدول رقم (6) مقارنة الإيرادات: وهو جدول إحصائي يتم فيه مقارنة الإيرادات الفعلية للسنة الماضية، والمقدرة للسنة الحالية وإعادة التقدير للسنة الحالية، ثم المقدر للسنة المقبلة، وتصنف الإيرادات في الجدول حسب الفصول.

7- الجدول رقم (7) مقارنة النفقات الجارية: وهو جدول إحصائي يتم فيه مقارنة النفقات الجارية، الفعلية للسنة الماضية والمقدرة للسنة الحالية وإعادة التقدير للسنة الحالية، ثم المقدرة للسنة المقبلة، وتصنف النفقات الجارية في الجدول حسب الفصول (الدوائر).

8- الجدول رقم (8) مقارنة النفقات الرأسمالية: وهو جدول إحصائي يتم فيه مقارنة النفقات الرأسمالية، الفعلية للسنة الماضية والمقدرة للسنة الحالية وإعادة التقدير للسنة الحالية، ثم المقدرة للسنة المقبلة، وتصنف النفقات الرأسمالية في الجدول حسب الفصول (الدوائر).

4-3-5 الجداول التفصيلية للإيرادات:

ورد معنا عند استعراض الجدول رقم (1) أن الإيرادات تقسم في الموازنة العامة إلى أحد عشر فصلاً، وفي الجداول التفصيلية للإيرادات فإن هذه الفصول تقسم بدورها إلى مواد، يختلف عددها تبعاً لمضمون الفصل، وتبين الجداول أرقام مقارنة للإيرادات الفعلية للسنة المالية الماضية والمقدرة ثم إعادة التقدير للسنة المالية الحالية وأخيراً المقدر للسنة المالية القادمة، ونلخص فصول ومواد الإيرادات في الجدول التالي مأخوذة عن قانون الموازنة العامة للسنة المالية 2001، علماً بأن أرقام الفصول الخاصة بالإيرادات ليست ثابتة إذ يمكن أن تتغير من سنة لأخرى وفقاً للمستجدات التي نطرأ على الإيرادات.

جدول يبين ملخص الجداول التفصيلية للإيرادات

رقمه	عنوانه	عددها	مختصر عناوينها
1	الضرائب على الدخل والأرباح	5	على الشركات المساهمة، الأفراد، والموظفين، والخدمات الاجتماعية، وضريبة التوزيع
2	الضرائب الجمركية	2	الرسوم الجمركية، والغرامات والمصادر
3	الضريبة العامة على المبيعات	4	على السلع المستوردة والمحلية والخدمات وعلى القطاع التجاري
4	الضرائب على المعاملات الأخرى	8	الضرائب على استهلاك الكهرباء وتذاكر السفر ومعاملات الأراضي وعلى الرخص وعقود التأمين والمغادرة وبيع العقار وغيرها
5	الرخص	4	رخص السير وتسجيل المركبات والسوق وغيرها
6	الرسوم	17	رسوم المحاكم وتسجيل الأراضي والجوازات والطوابع والخدمات القنصلية والامتحانات وتسجيل الشركات والطيران والإقامة والتلفزيون والآثار ....

7	الإيرادات من المؤسسات	5	صافي أرباح وعوائد وفائض من عدد من المؤسسات
8	إيرادات بدل الخدمة الحكومية	11	أثمان مطبوعات وتأجير وبيع عقارات ومياه وطوابع وضريبة المسقفات وغيرها
9	الإيرادات المختلفة	11	فوائد القروض المستردة والمسترد من المصروف في السنين السابقة والغرامات وفائض النفط الخام وإيرادات الغاز وفوائد عائدات التخاصية وغيرها.
10	المنح المالية	3	منح ملتزم بها ومنح منتظرة وغيرها
11	الإيرادات الرأسمالية	2	أقساط القروض المستردة ومنح فنية للمشاريع الإنمائية

5-3-5 الجداول التفصيلية للنفقات:

يتقدم هذه المجموعة ملخصان، أحدهما للنفقات الجارية والآخر للنفقات الرأسمالية، وبعدها يخصص جدول تفصيلي لنفقات كل دائرة، ويبلغ عدد الفصول في قانون الموازنة العامة للسنة المالية 2001 ما مجموعه (55) فصلاً، وفي كل فصل تظهر أرقام مقارنة للنفقات الفعلية للسنة المالية الماضية والمقدرة ثم إعادة التقدير للسنة الحالية وأخيراً المقدر للسنة المالية القادمة، ويخصص لكل دائرة فصل خاص يضم نفقاتها الجارية والرأسمالية، وتنقسم النفقات الجارية للدائرة إلى أربع مجموعات، وكل مجموعة تتكون من عدد من المواد ذات الطبيعة الواحدة، كما أن النفقات الرأسمالية تتكون من مجموعة واحدة، تتكون من عدد من المواد أيضاً، ويبين الجدول التالي ملخصاً بذلك، وأخيراً جرت العادة في السنوات الأخيرة، أن يرفق بقانون الموازنة العامة جدول يبين (خلاصة النفقات الرأسمالية للمحافظات والمركز العام)، علماً بأن الضوابط المالية لم تتطرق لمدى إلزامية هذا الجدول.

جدول يبين ملخص المواد التي يتكون منها فصل النفقات في قانون الموازنة العامة الأردنية

المجموعة		المواد التي تشملها المجموعة	
رقمها	عنوانها	أرقامها	ملخص عناوينها
النفقات الجارية			
100	الرواتب والأجور والعلاوات	116-101	للموظفين المصنفين وغير المصنفين وبعقود وأجور العمال مع جميع العلاوات
200	النفقات التشغيلية (سلع وخدمات)	214-201	الإيجارات والهواتف والماء والكهرباء والمحروقات والصيانة والقرطاسية والألبسة والتنظيف والتأمين والسفر ..
300	النفقات التحويلية	308-301	الضمان الاجتماعي والمساهمات والبعثات والمكافآت والفوائد والتقاعد والتعويضات ....
400	النفقات الأخرى - غير عادية	402-401	الأثاث والأجهزة والآلات والمعدات
النفقات الرأسمالية			
500	النفقات الرأسمالية	512-501	رواتب وأجور ولوازم ومعدات وآلات وأجهزة وأشغال وإنشاءات ومركبات وصيانة وإصلاح المباني والمرافق وتجهيز وتأثيث ونفقات أخرى

6-3-5 موازنة التمويل:

كما سبق وبينا، فإن موازنة التمويل تتكون من جانبين: الأول يبين الاستخدامات والتي هي عجز الموازنة المتوقع وتفاصيل أقساط القروض الخارجية التي سيتم تسديدها، والثاني يبين مصادر التمويل التي ستغطى منها تلك الاستخدامات والتي هي قروض داخلية وخارجية وأقساط القروض المعاد جدولتها، وكما هي الحال في الجداول السابقة، فإن موازنة التمويل تظهر

مقارنة الفعلي للسنة السابقة والمقدر ثم المعاد تقديره للسنة الحالية وبعدها المقدر للسنة القادمة.

4-5 تنفيذ الموازنة العامة في المملكة الأردنية الهاشمية:

بينا سابقاً أن إعداد الموازنة العامة في الملكة الأردنية الهاشمية يتم وفق الأسلوب التقليدي المعروف باسم موازنة البنود، وأن مرحلة إعداد الموازنة تنتهي بإقرارها من قبل الجهة المخولة بذلك، ونبين في هذا الفصل أهم خطوات تنفيذ الموازنة العامة في الأردن مع الإشارة قدر الإمكان إلى تنفيذ موازنات المؤسسات العامة المستقلة.

يقصد بتنفيذ الموازنة، تخويل الدوائر البدء بعملية الإنفاق وتحصيل الإيرادات، وتبدأ هذه المرحلة بعد إصدار قانون الموازنة العامة ولكن ليس قيل تاريخ 1/1 (بداية السنة المالية الجديدة)، وإذا لم يتيسر إقرار قانون الموازنة العامة قبل ابتداء السنة المالية الجديدة يكون الإنفاق بإعتمادات شهرية بنسبة 12:1 لكل شهر من موازنة السنة السابقة، وبناء على أمر مالي يصدره وزير المالية، إلى حين إصدار الموازنة، وبعد ذلك يتم تصحيح الأمر مع ما يتناسب والموازنة الجديدة، هذا بالنسبة للإنفاق، أما بالناسبة للإيرادات فلم تتم الإشارة إليها في التشريعات، ورغم ذلك فلا نعتقد بوجود مانع تشريعي من تحصيلها، وذلك أن كل مادة منها مرتبطة بقانون أو نظام خاص بها ينظم ويحدد قيمتها وإجراءاتها.

يستمر التنفيذ الفعلي للموازنة إلى حين انتهاء السنة المالية حيث يبدأ بعدها التنفيذ الفعلي للموازنة الجديدة ابتداء من 1/1 من السنة التالية:

واهم الخطوات التي تتم أثناء مرحلة التنفيذ هي:

1- إصدار الأمر المالي الخاص:

بعد اكتمال مراحل إعداد الموازنة العامة، يصدر رئيس الوزراء (أمر خاص) يأذن بموجبه بالإنفاق من مخصصات جلالة الملك والأسرة المالكة.

2- إصدار الأمر المالي العام:

يتم الإنفاق من النفقات الجارية بموجب (أمر مالي عام) يصدره وزير المالية، لمرة واحدة في بداية السنة المالية، بقيمة إجمالي المخصصات الجارية المرصودة للدائرة في القانون.

3- إصدار الأمر المالي الخاص:

يتم الإنفاق من المخصصات الرأسمالية بناء على (أمر مالي خاص) يصدره وزير المالية بناء على طلب الدائرة، ولأكثر من مرة خلال العام، يحدد فيه المبلغ المطلوب ورقم واسم المشروع ومادته في الموازنة الرأسمالية.

4- إصدار البلاغ الرسمي عن رئيس الوزراء:

كما يصدر (بلاغ رسمي) عن رئيس الوزراء يتعلق بتنفيذ قانون الموازنة العامة موجهاً إلى الدوائر، ومطالباً فيه التقيد بأحكام القانون، وأوامر المناقلات، وعدم التجاوز في المخصصات، وبالتنسيق مع دائرة الموازنة العامة حول برمجة النفقات الجارية والرأسمالية، وإعداد جدول تدفقات نقديو.

5- إصدار الحوالات المالية الشهرية:

أما مدير عام دائرة الموازنة العامة فيصدر (حوالات مالية شهرية) للنفقات، استناداً إلى الأوامر المالية (العام والخاص)، وتقوم الدوائر بتنظيم هذه الحوالات

ثم تقدمها لمدير دائرة الموازنة العامة، وفي العادة تمثل ما نسبته 1 : 12 من المخصصات، على أنه يجوز أن تزيد النسبة عن ذلك إذا توفرت أسباب لذلك.

تفيد الحوالات المالية في التأكد من عدم تجاوز الصرف لحدود المخصصات المرصودة في الموازنة، كما تفيد في التأكد من عدم الصرف على بنود لم ترد لها مخصصات أو لم ترد في الحوالات المالية.

6- المناقلات بين مواد الموازنة:

قد يحدث أثناء تنفيذ الموازنة أن تزيد النفقات الفعلية لبعض المواد عن تخصيصاتها، ولذلك تقدم الدائرة طلب نقل مخصصات إلى دائرة الموازنة العامة التي تتولى معالجة الموقف وفقاً للتعليمات والضوابط الخاصة بالمناقلات والتي منها:

* إذا أنيط تنفيذ أي عمل وردت مخصصاته في فصل ما بدائرة أخرى، تنقل صلاحيات الإنفاق إلى تلك الدائرة.

* يجوز لرئيس الوزراء في حالات الضرورة إحداث مواد جديدة في أي فصل من فصول النفقات وتأمين المخصصات اللازمة لها من مواد الفصل ذاته.

* لا يجوز نقل المخصصات من فصل إلى آخر إلاّ بقانون.

* يجوز نقل المخصصات من مواد النفقات الجارية إلى مواد النفقات الرأسمالية في الفصل نفسه بقرار من وزير المالية ولا يجوز النقل بالعكس.

* لا يجوز نقل المخصصات من الرواتب والأجور والعلاوات في النفقات الجارية إلى أية مجموعة أخرى وبالعكس.

* لا يجوز النقل إلى المخصصات الواردة تحت المادتين الرواتب والأجور الواردة في النفقات الرأسمالية من المواد الأخرى في هذه النفقات.

* أي نقل باستثناء المنصوص عليه في القانون يتم بموافقة مدير عام دائرة الموازنة العامة، ...الخ.

إن ضوابط المناقلات المذكورة في قانون الموازنة العامة، تجرد المسؤول الأول في الدائرة (وزير، أمين عام، مدير عام، ...) من أية صلاحيات مالية، وتمنح هذه الصلاحية إلى مدير عام دائرة الموازنة العامة، مما قد يكون عائقاً أمام الدائرة في تنفيذ بعض الأمور، ومن ناحية أخرى، فإن حصر الضوابط المالية للحكومة المركزية جميعها في مجلس الوزراء ورئيس الوزراء ووزير المالية ومدير عام دائرة الموازنة العامة، قد يؤدي أيضاً إلى إعاقة أعمال الدائرة في حالة تأخر إصدار الجهة صاحبة الصلاحية القرار المالي المتعلق بها، ومن ناحية ثالثة هناك فرق واسع بين الصلاحيات المالية في الحكومة المركزية وتلك التي في المؤسسات العامة المستقلة، فنجد على سبيل المثال أن الوزير الذي ليس لديه صلاحيات مالية في وزارته، له في الوقت نفسه صلاحيات مالية واسعة عندما يكون (بحكم وظيفته) رئيساً لمجلس إدارة إحدى المؤسسات العامة المستقلة، ومن ناحية أخيرة نقول أن المدير العام في المؤسسة المستقلة، التي لا يصادق مجلس الوزراء على موازنتها، له صلاحيات المناقلة في موازنة المؤسسة، معادلة لصلاحيات المناقلة الممنوحة لوزير المالية ومدير عام دائرة الموازنة العامة، فيما يتعلق بالحكومة المركزية.

7- إصدار ملحق للموازنة:

قد تنشأ أثناء تنفيذ الموازنة ظروف ومستجدات من شأنها حدوث حاجة للأموال تزيد عن المخصصات الواردة في قانون الموازنة العامة، ويستوجب هذا الأمر طلب مخصصات إضافية (ملحق موازنة)، حيث يأخذ الملحق الإضافي نفس خطوات مرحلة إعداد الموازنة ابتداء من تقديم طلب التخصيصات وتقدير الإيرادات حتى مصادقة السلطة التشريعية عليه. ويعتبر ملحق قانون الموازنة جزءاً

من قانون الموازنة العامة للسنة المالية المعنية، أما في المؤسسات العامة المستقلة فإن صلاحية إصدار ملحق الموازنة تعود لنفس الجهة صاحبة صلاحية إصدار الموازنة السنوية المعتادة لها.

8- مسك سجل التأديات والإلتزامات (أو سجل مراقبة الموازنة):

أثناء تنفيذ الموازنة، تمسك كل دائرة سجلاً لمراقبة المخصصات المرصودة لها في القانون، يسمى سجل التأديات والالتزامات، ويتضمن هذا السجل حسابات النفقات والإيرادات مبوبة حسب المواد، ويخصص لكل مادة في السجل صفحة مستقلة، تثبت فيها التخصيصات والمناقلات والملاحق إن وجدت، كما يثبت فيه النفقات المدفوعة والملتزم بها، والرصيد الحر (غير الملتزم به) لكل مادة، ويتم الإثبات فيه من واقع الحوالة المالية الشهرية، ومستند الالتزام ومستند الصرف، ولا يعتبر هذا السجل من مكونات النظام المحاسبي للدائرة الحكومية. والمثال التالي يوضح إجراءات التسجيل في هذا السجل.

مثال:

البيانات المالية الآتية تتعلق بتخصيصات مادة الصيانة العامة في إحدى الدوائر الحكومية:

* بلغت التخصيصات المقدرة للدائرة في قانون الموازنة العامة لإحدى السنوات 480000 دينار، منها 65000 دينار تخصيصات للمادة (صيانة عامة) من مواد النفقات، وقد ورد ذلك في الحوالة للدائرة بتاريخ 1/1 منها.

* بتاريخ 1/25 تم التعاقد مع المورد علي على تنفيذ أمر معين بقيمة 4950 دينار، وصدر به أمر شراء، كما تم تحرير مستند التزام بالقيمة.

* صدر أمر شراء آخر للمورد جمعة كما حرر مستند التزام بتاريخ 2/25 بقيمة 5200 دينار تتعلق بالمادة نفسها.

* صدر أمر شراء وحرر مستند التزام للمورد خليل بتاريخ 4/7 بقيمة 2900 دينار، للمادة نفسها.

* بتاريخ 4/10 أوفى المورد جمعة بالتزامه، وقدم المطالبة بالقيمة المتفق عليها، وقد تم تحرير مستند صرف لصالحه بالمبلغ المتعاقد عليه.

المطلوب: فتح صفحة في سجل التأديات للمادة (صيانة عامة) وترحيل هذه العمليات وبيان إجمالي الالتزام، والالتزامات غير المسددة، والرصيد الحر الذي يمكن التعاقد عليه في الفترة القادمة.

الحل: النموذج الآتي يمثل الأعمدة الرئيسية في سجل التأديات والالتزامات وفيه بيان العمليات المالية:

سجل التأديات والالتزامات

الدائرة: ....

الفصل: ....

رقم المادة وعنوانها: ....   السنة المالية: ....

صيانة عامة

التخصيصات غير الملتزم بها	الالتزامات غير المدفوعة	المدفوعات		الالتزامات		التخصيصات		التفاصيل	رقم المستند	التاريخ
		إجمالي	إفرادي	إجمالي	إفرادي	إجمالي	إفرادي			
65000						65000	65000	الحوالة المالية	--	1/1
60050	4950			4950	4950			التزام علي	--	1/25
54850	10150			10150	5200			التزام جمعة	--	2/25
51950	13050			13050	2900			التزام خليل	--	4/7
51950	7850	5200	5200	13050				صرف جمعة	--	4/10

9- إصدار التقارير والخلاصات الشهرية:

تقوم الدوائر خلال السنة بإصدار التقارير والخلاصات الشهرية، التي تعكس نتائج تنفيذ الموازنة، وغالباً يكون سجل التأديات هو المصدر الأساسي لتلك التقارير.

وبعد انتهاء السنة المالية، تتولى وزارة المالية إصدار الحساب الختامي عن نتائج تنفيذ الموازنة العامة لجميع الدوائر، ويقدم ديوان المحاسبة تقريراً سنوياً عن الحساب الخاص بكل سنة مالية.

10- المتابعة والتقييم:

وتمثل هذه الخطوة قياس مدى تحقيق الأهداف المرسومة، سواء ما يتعلق منها بالإنفاق العام أو تحصيل الإيرادات، وتتم عن طريق الرقابة على مراحل الموازنة كافة، وتأخذ هذه الخطوة أكثر من اتجاه هي:

أ- دائرة الموازنة العامة.

ب- الدائرة نفسها.

جـ- وزارة المالية.

د- ديوان المحاسبة.

الفصل السادس

الأساليب الحديثة لإعداد الموازنة العامة

الفصل السادس

الأساليب الحديثة لإعداد الموازنة العامة

لم يتوقف تطوير الموازنة عند أسلوب موازنة البنود، بل أن الحاجة أملت على الدول تحديث أساليب إعداد الموازنة، ذلك لأن زيادة مجالات الدخل وزيادة حجم وأشكال الإنفاق استوجبت هذا التطوير.

ولعله من المفيد أن نشير أن الأساليب الحديثة التي سنبينها في هذا الفصل ظهرت جميعها في الولايات المتحدة الأمريكية، التي كانت أحوج من غيرها لإيجاد أسلوب موازنة يفي بحاجاتها، وشكلت اللجان ودعمت البحث والتطوير في هذا المجال أكثر من غيرها.

بشكل عام يمكن لنا القول، أنه تم تطوير أسلوب (موازنة البنود) إلى أسلوب آخر سمي أسلوب (موازنة البرامج والأداء)، الذي تم تطويره إلى أسلوب آخر هو أسلوب (موازنة التخطيط والبرمجة)، ثم تم تطوير الأخير أيضاً إلى ما سمي أسلوب (موازنة الأساس الصفري)، أما في الوقت الحالي فإن الولايات المتحدة الأمريكية عادت وطبقت (ولا زالت) أسلوب موازنة البرامج والأداء، بعد أن اختبرت جميع هذه الأساليب على مدى يقارب (40) عاماً.

وفيما يلي أهم ملامح هذه الأساليب:

1-6 أسلوب موازنة البرامج والأداء

Programs and Performance Budgeting

1-1-6 مقدمة:

إن ضعف أسلوب موازنة البنود في تقديم المعلومات المفيدة لمتخذي القرارات، سواء قرار التخصيص أو القرار المتعلق بكفاءة الأداء، أدى إلى تطوير أسلوب جديد سمي (موازنة البرامج والأداء)، وذلك عن طريق مقترحات لجنة سميت (لجنة هوفر الأولى عام 1949) التي أوصت بتجديد الموازنة أو تعديلها عن طريق تصنيف العمليات الحكومية إلى وظائف وأنشطة ومشاريع، وكان التركيز على إعادة هيكلة الموازنة لتكون أساساً لتقويم الإنجازات مع احتفاظها بالتصنيف حسب الغرض من النفقة الذي كان أساس موازنة البنود.

واجه تطبيق مقترحات اللجنة عدة مشاكل، مما أدى إلى تشكيل (لجنة هوفر الثانية عام 1955) لتقييم هذه المشاكل واقتراح علاجها، وقد رسمت هذه اللجنة ملامح موازنة البرامج وموازنة الأداء واعتبرت أنهما يعنيان الشيء نفسه.

رسخ أسلوب موازنة البرامج والأداء مبدأ تصنيف العمليات الحكومية بحيث أن موازنة البرامج هي الوسيلة التخطيطية والتي تمثل النظرة للأمام، وأن موازنة الأداء تمثل سجلاً بالإنجازات السابقة وكنظام للرقابة والإدارة، وتلعب التكاليف دوراً مزدوجاً: فهي أساس لتقويم الأداء وهي في الوقت نفسه أساس لتخصيص الأموال.

6-1-2 متطلبات موازنة البرامج والأداء:

يلخص الشكل رقم (1) التالي متطلبات موازنة البرامج والأداء وبيئتها، وهي كما يأتي:

1- العمليات الحكومية: يتم حصر العمليات الحكومية عن العمليات غير الحكومية.

2- الوظائف: يتم تقسيم العمليات الحكومية التي تم حصرها، في الوظائف، وقد جرت العادة أن تصنف العمليات الحكومية إلى المجموعات الوظيفية الآتية: الخدمات العامة، الدفاع، الخدمات الاجتماعية، الخدمات الاقتصادية، الوظائف الخدمية الأخرى، نفقات غير قابلة للتوزيع (مثل الدين العام).

3- البرامج: وتقسم الوظائف الحكومية إلى عدد من البرامج تعبر عن أهداف الوظائف الحكومية.

4- الأنشطة: ثم يقسم كل برنامج إلى مجموعة أنشطة تكون كفيلة بتحقيق هدف البرنامج.

5- عناصر التكلفة: حتى يتم تقدير نفقات كل نشاط، يجب تحديد عناصر تكلفته، وعناصر تكلفة النشاط هذه توازي عناصر أو بنود موازنة البنود التقليدية.

6- يتم تجميع عناصر التكلفة للنشاط ثم للبرنامج ثم للوظيفة وهكذا لجميع الوظائف فنصل إلى تقديرات الموازنة العامة.

7- ختاماً تتم مقارنة نتائج تنفيذ الموازنة بتقديراتها من خلال الرقابة المالية والرقابة على الأداء فنحصل على مؤشرات أداء تفيد في قرارات التخصيص وقرارات التقييم.

الشكل رقم (1) متطلبات موازنة البرامج والأداء وبيئتها

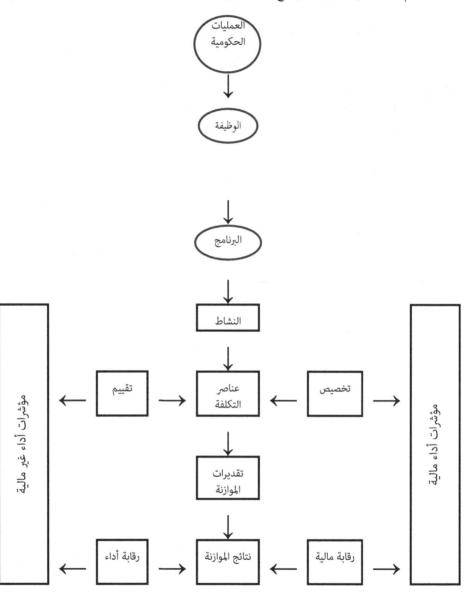

تسعى الحكومة من خلال تطبيق مفهوم موازنة البرامج والأداء إلى إيجاد وسائل علمية تساعدها على ترشيد قرارات التخصيص، وذلك بالمفاضلة بين البرامج المتنافسة وتنسيق البرامج المتكاملة، ثم التأكد من أن تنفيذ الموازنة المبنية على هذه القرارات يتم بالشكل الفعال والكفء واستخدام الموازنة في اتخاذ القرارات.

هناك مرتكزات أساسية يجب أن تتحقق من أجل تطبيق أسلوب موازنة البرامج والأداء وتكون من خلال التركيز على عنصرين أساسيين هما:

1- البرامج: بمعنى ترجمة العمليات الحكومية إلى برامج محددة قابلة للتطبيق.

2- الأداء: أي وضع مقاييس أداء يمكن من خلالها الحكم على سلامة القرارات.

يضاف إلى ذلك أية إجراءات تطويرية مطلوبة على الواقع التنظيمي أو التشريعي أو التخطيطي.

3-1-6 مزايا تطبيق موازنة البرامج والأداء:

من مزايا تطبيق هذا الأسلوب أنه يساعد:

1- إعطاء صورة دقيقة عن حجم الإنفاق الحكومي من خلال تحديد علمي مسبق بكلفة ما سيتم تنفيذه من أعمال.

2- توسيع صلاحيات مديري الدوائر في مجال التخطيط والرقابة الذاتية وبالمقابل تؤدي إلى تحميلهم مسؤولية عدم الكفاءة التي قد تحصل في الأداء.

3- رفع كفاءة أداء أجهزة الرقابة المالية والإدارية من خلال إضافة مؤشرات جديدة للتقويم والرقابة.

4- تنسيق البرامج والأنشطة الحكومية ومنع الازدواج فيها.

5- مرونة توزيع المخصصات على المهام والأنشطة وفقاً لأهميتها النسبية بما يؤدي إلى الاستخدام الأمثل للموارد.

6- رفع كفاءة النظام المحاسبي وزيادة الاعتماد على بيانات تكاليف الأداء الحكومي وزيادة موثوقية التقارير المالية.

7- إيجاد ترابط أفضل بين الخطط قصيرة الأجل والمتوسطة الأجل وطويلة الأجل.

8- إنشاء قاعدة بيانات موثقة وعلمية عن مجالات الأداء الحكومي الحالي والماضي كافة وزيادة الاعتماد على معدلات أداء ومقاييس إنجاز نموذجية للأعمال المشابهة.

9- رفع كفاءة الوحدات الحكومية في إدارة وتنفيذ البرامج والمشروعات الحكومية.

10- إيجاد مبررات منطقية للإنفاق بمستواه وشكله الحالي والمستقبلي.

11- ترجمة سياسة الدولة العامة وأهدافها إلى برامج تعالج المشاكل الأساسية وذلك في صورة واضحة ومبسطة.

4-1-6 هيكل الموازنة:

لا يوجد هيكل محدد للموازنة التي يتم إعدادها وتبويبها وفقاً لأسلوب موازنة البرامج والأداء، وتختلف أسس التبويب وفقاً للسياسة العامة للدولة وتوجهها، ويتطلب هيكل موازنة البرامج والأداء خطة من التبويبات التي تفي باحتياجات متخذي القرارات وتتلاءم مع الأسس النظرية لموازنة البرامج والأداء.

ولهذا فإن أسلوب موازنة البرامج والأداء يتطلب تبويباً أوسع من التبويب الذي على أساسه يتم إعداد موازنة البنود، ففي موازنة البنود

تبوب الموازنة حسب الوحدات التنظيمية (فصل لكل دائرة) ثم تصنف النفقات حسب نوعها والإيرادات حسب مصدرها، أما موازنة البرامج والأداء فتتطلب، إضافة للتبويبات التقليدية، تبويباً حسب الوظيفة الحكومية وحسب البرامج وحسب الأنشطة، ومن هنا نجد أنه يحصل تداخل بين التبويب على وفق البرامج والأداء، والتبويب وفق البنود، وذلك لاحتمال وجود أكثر من وحدة حكومية تتشارك في تنفيذ برنامج محدد.

5-1-6 تقويم تجربة تطبيق موازنة البرامج والأداء:

مما لا شك فيه أن أسلوب موازنة البرامج والأداء يحقق مزايا لا تتحقق عند تطبيق أسلوب موازنة البنود، ولو نظرنا إلى النشاط الحكومي كنظام لوجدنا أن موازنة البنود تهتم بمراقبة المدخلات المالية فقط ولا تهتم بباقي المدخلات المادية والفنية والبشرية، كما لا تهتم بالإجراءات أو المعالجات التي تنفذها الوحدة الحكومية من أجل تحويل تلك المدخلات إلى مخرجات، وكذلك فموازنة البنود لا تهتم بالمخرجات سواء ما تعلق بها بالكم أو بالنوع، أما موازنة البرامج والأداء فتهتم بعناصر المدخلات جميعها وبالمعالجات وبالمخرجات وتربط كل ذلك بالأهداف والسياسات المطلوب تحقيقها، وليس في هذا الكتاب مجال لتوضيح التفاصيل النظرية والتطبيقية لأسلوب موازنة البرامج والأداء، ولعل المجال يكون متاحاً في مؤلف آخر لتفصيل هذا الأمر.

لقد بدأ تطبيق أسلوب موازنة البرامج والأداء في العالم منذ الخمسينات من القرن العشرين، وبالتالي فالعالم حديث العهد به، ولا زالت تجارب تطبيقه في الدول تخضع للنجاح والفشل، ولذلك ظروفه وأسبابه.

لا يوجد أسلوب تطوير أو تحديث نمطي واجب الإتباع للتحول نحو موازنة البرامج والأداء، إذ قد يكون التحول جزئياً أو شاملاً، كما قد يكون على دفعة واحدة أو على دفعات، وقد يكون التحول سريعاً أو بطيئاً، ويعتمد ذلك على اعتبارات تشريعية وتنظيمية وفنية وسياسية وخلافها.

هناك العديد من الصعوبات التي يواجهها تطبيق موازنة البرامج والأداء، لعل منها توفر الرغبة لدى الإدارة السياسية و/أو الإدارة المالية الحكومية العليا والدنيا، ونقص الموظفين المؤهلين وصعوبات تغيير التشريعات المالية ذات العلاقة إن لزم ذلك، وغير ذلك.

إن التغلب على هذه الصعوبات، يبدأ بتوفر التفهم لمزايا تطبيق هذا الأسلوب من قبل متخذي القرار، وذلك أن نقص الموظفين المؤهلين ورغبتهم يمكن التغلب عليها، إذا ما قورنت تلك الصعوبات مع المردود الذي ستجنيه الدولة عند نجاح تطبيق هذا الأسلوب.

2-6 أسلوب موازنة التخطيط والمراجعة

Planning, Programming, Budgeting System

إن المزايا التي حققها أسلوب موازنة البرامج والأداء، إضافة إلى الصعوبات التي واجهت تطبيقه، وكذلك محدودية الإطار الذي يعمل ضمنه، جميعها أدت بالبحث عن مفهوم أكثر شمولية. وكانت وزارة الدفاع الأمريكية قد طبقت مفهوماً أكثر تقدماً من مفهوم البرامج والأداء وذلك ابتداء من العام 1961 وقد حقق المفهوم (الأسلوب) الجديد نجاحاً في تلك الوزارة وهو أمر جعل الحكومة الأمريكية تعمم تطبيقه على المستوى الحكومي المركزي ككل، وذلك في سنة 1965، وقد عرف ذلك الأسلوب باسم (موازنة التخطيط والبرمجة).

1-2-6 مضمون النظام أو الأسلوب:

لقد أخذت أسس هذا الأسلوب من الأنظمة السابقة ولكنه اختلف عنها في أنه قدم مدخلاً نموذجياً لاتخاذ القرارات شاملاً: تحديد الأهداف، صياغة البرامج، فحص واتقاد واختيار البدائل، التحليل على أمد طويل، تطبيق الأساليب الكمية، وتتطلب صياغة هذا النظام ثلاثة مستويات من الإدارة:

1- إدارة السياسة Policy Management:

وتشمل تحديد الاحتياجات، تحليل الخيارات، اختيار البرامج وتوزيع الموارد.

2- إدارة الموارد Resource Management:

وتشمل إنشاء أنظمة مساعدة أساسية Basic Support Systems مثل تحسينات في هيكل الموازنة الأساسي وفي ممارسات الإدارة المالية.

3- إدارة البرامج Program Management:

وتشمل تطبيق السياسات، وما تتطلب من عمليات وإعداد التقارير والتقسيم.

يتكون هذا الأسلوب من ثلاثة مقومات (أبعاد) يجب توفرها وهي:

1- أبعاد هيكلية: متعلقة بتصنيف العمليات الحكومية.

2- أبعاد تحليلية: متعلقة بتطبيق المعايير الكمية لتحديد البرامج الملائمة.

3- أبعاد معلوماتية: متعلقة بتطوير الأنظمة (المعاونة) والتي تساعد في صياغة السياسات وتقسيمها، والجدول رقم (2) في هذا الفصل يقدم عرضاً تخطيطياً للنظام.

الجدول رقم (2) عرض تخطيطي لأبعاد أساس التخطيط والبرمجة والموازنة ومتطلباته

أبعاد هيكلية	أبعاد تحليلية			أبعاد معلوماتية
	التخطيط	البرمجة	الموازنة	
تصنيف الموازنة إلى: -وظائف -برامج -أنشطة -عناصر تكلفة	-صياغة أهداف -تحديد البدائل -تقويم البدائل -اختيار البدائل الأفضل	-تحديد الأفراد والموارد التي تحتاجها تحقيق الأهداف - تحديد تكاليف تلك الموارد -تحديد التقديرات السنوية للتكاليف	-توزيع الموارد على البرامج -إعداد الموازنة على أساس هيكل البرامج التي تفي بالأغراض -صياغة الأهداف التشغيلية	-تقارير تقدم الأداء عند تطبيق الموازنة - التعديل وفقاً لتقدم العمل -التقييم

المصدر:

A. Premchand, Government Budgeting and Expenditure Controls: Theory and Practice, IMF, Second Printing, March 1984, p328.

أما المظاهر التطبيقية أو الإجراءات فتشمل عناصر أساسية هي:

1- هياكل البرامج المطلوبة لكل الأنشطة الحكومية لتخدم اعتبارات البرامج ذات الطبيعة العامة.

2- تعميم يصدر عن دائرة الموازنة يتضمن بيان البرامج التي يتوجب إعطاؤها الأولوية.

3- مذكرة بالبرامج التي قررت الدوائر اختيارها مع بيان مبررات قراراتها تلك.

4- دراسات تحليلية خاصة متضمنة تطبيقات الأساليب الرياضية.

5- خطط مالية تتضمن الإنفاق المطلوب لكل برنامج والأموال الملتزم بها للسنوات الخمس القادمة. وكذلك بيان مجال وكيفية ربط الموازنة السنوية مع الخطط متوسطة المدى.

2-2-6 مفهوم النظام ومزاياه:

من خلال استعراض مضمون النظام يمكن القول أن اصطلاح (نظام أو أسلوب موازنة التخطيط والبرمجة) يعتمد على ترجمة أهداف وسياسات الدولة طويلة ومتوسطة الأمد إلى وظائف وبرامج سنوية واستخدام الأساليب الكمية في المفاضلة بينها وتوزيع مخصصاتها المالية.

على الرغم من أن موازنة البرامج والأداء هي شرط ضروري مسبق لنظام موازنة التخطيط والبرمجة. إلاّ أن أسلوب موازنة التخطيط والبرمجة تمتاز بما يلي:

1- يركز على تحديد الأهداف الرئيسية لسياسة الحكومة.

2- يحاول أن يدمج التخطيط وإعداد الموازنة وبذلك تتم دراسة الأهداف والكلفة والأداء معاً وعلى مدى عدة سنوات.

3- يراعي الأسلوب تحليل وسائل بديلة.

وبذلك فإن إعداد الموازنة يتلافى التركيز على الوحدة الحكومية التي ستحصل على التمويل ويتيح للتخطيط الذي يركز على الأهداف الأساسية لسياسة الحكومة.

يبنى النظام على عدة افتراضات هدفها تخصيص الموارد على أسس رشيدة، فالموازنة (وقف هذا الأسلوب) تعد على قاعدة الفاعلية، وفي كل موقف يتم اختيار البديل الذي من شأنه تخصيص الموارد بطريقة أمثل وبذلك يمكن تلخيص أهداف هذا النظام كما يأتي:

1- يساعد على ترشيد القرارات حول تخصيص الموارد.

2- يهدف إلى تحليل ناتج كل برنامج في ضوء أهدافه.

3- قياس تكلفة البرامج لعدة سنوات قادمة.

4- تحليل البدائل من أجل الوصول إلى أكثر الوسائل كفاءة.

5- تخطيط البرنامج لعدة سنوات وربط الموازنة السنوية بالخطط.

وبالتالي فإن هذا النظام يمتاز بالآتي:

1- أنه يعتمد منهجاً رشيداً في اتخاذ القرارات بالقدر الذي يحويه من التخطيط، وهو يتضمن تخصيص النفقات في الموازنة العامة لمدة طويلة خاصة لتلك البرامج ذات الأهداف المحددة والمصنفة وفقاً للمنتوج.

2- استخدام التوثيق بشكل مكثف ليساعد في تحديد الأهداف والأغراض وتصنيفها في برامج تساعد صانعي القرارات على اتخاذ القرارات الرشيدة، وأهم هذه الوثائق هي خطة البرامج وتقديراتها المالية والمذكرات التفسيرية والدراسات الخاصة.

3- يتسم البرنامج بالمرونة والتتابع Rolling إذ يضاف سنة جديدة بعد انتهاء كل سنة من أجل الحفاظ على طبيعته المستمرة، ويمكن إحداث تغيير في البرامج في أي وقت.

4- ميزة التحليل: وذلك أم وسائل منهج تحليل النظم (تحليل التكلفة/العائد، بحوث العمليات والبرمجة) قد أدخلت من أجل تحسين التخطيط الاستراتيجي من خلال التحليل الكمي الواضح بحيث يتحقق تعظيم الأهداف المنجزة أو تقليل الموارد لأهداف محددة.

5- أنه يمتاز بالتوجه طويل الأمد، فهو يهتم بالتكلفة الإجمالية لكل برنامج بدلاً من التركيز على تكلفة الجزء المتعلقة بالموازنة القادمة ولذلك فآفاقه الزمنية أطول من تلك المستخدمة في النظم الأخرى.

6- يمتاز بالشمولية: ولتحقيقها يمارس النظام إدارة متداخلة بين عدة وحدات إدارية فقد يطلب البرنامج الواحد توزيع مخصصات بين الوحدات الإدارية ذات العلاقة.

3-2-6 عوامل تراجع النظام:

واجه النظام عدداً من الصعوبات التي أدت مجتمعة إلى التراجع عن تطبيقه ومنها:

1- صياغة الأهداف: لم يكن من اليسير على المخططين تحديد أهداف الكثير من البرامج والمشاريع وذلك بسبب عدة اعتبارات، والتي تتضمن عدم تصريح السياسيين بالأهداف المراد تحقيقها من تطبيق برنامج معين، وبالتالي كان الاختيار بين البدائل سياسي أكثر منه فني، وقد كان للأثر السياسي تأثيره على المخططين والاقتصاديين في تحليل البدائل والمفاضلة بينها، يضاف إلى ذلك صعوبات الاتفاق على أهداف محددة ثابتة للحكومة.

2- صعوبة ربط المخرجات Outputs بالأهداف بمقاييس محددة وملموسة، فمثلاً في دوائر الخدمات كالصحة والتعليم فإن العناصر الكمية تساعد جزئياً في بيان علاقة الهدف بالنتيجة (المخرجات).

3- صعوبة تطبيق تحليل الكلفة والمنفعة Cost-benefit Analysis في القطاع الحكومي مقارنة مع القطاع التجاري الذي يستند في التحليل على معدل العائد المتوقع على الاستثمار، والتي تقتضي احتساب تدفق التكاليف والإيرادات واستخدام معدل الخصم والتي سينتج بموجبها القيمة الحالية مقارنة مع الاستثمار. وهو تحليل يكاد يكون مستحيلاً في المؤسسات الحكومية لاختلاف المبادئ والمعطيات ولصعوبة تحديد الإيرادات والمنافع/والتكاليف على شكل نقدية في بعض المجالات التي ليس لها قيم سوقية، وكذلك الحال فإنه يطلب من متخذي القرار تحديد نقطة الفصل

والتي يتحدد عندها معدل العائد المطلوب والمقبول تحقيقه من المشاريع الحكومية وهي تقديرية في مجال النشاط الحكومي.

4- تجاهل النظام المضامين السياسية ومضامين أخرى عند دراسة الجدوى رغم أهمية هذه المضامين، فمثلاً كان تغير الحزب الحاكم في الولايات المتحدة يؤدي إلى تغيير المضامين السياسية والأولويات.

5- إن نجاح النظام في المجال العسكري لا يعني بالضرورة ضمان نجاحه في المجال المدني لاعتبارات عديدة.

6- صعوبات إرسال التعميم المطلوب بتحديد توجهات الموازنة القادمة قبل فترة طويلة من بدء إعداد الموازنة وذلك بسبب إمكانات التحليل غير الملائمة (نقص الكفاءات) لدى الإدارة المعنية.

7- عدم توفر قاعدة بيانات سليمة تحقق ما يحتاجه النظام من عمليات رياضية (كمية) ونقص الكفاءات ذات المقدرة على إجراء التحليلات التي يحتاجها النظام.

8- اعتمد هذا النظام على نموذج (الإنسان الآلة) الذي يصور الفرد مجرداً من العواطف والمصالح الذاتية وتنازع المصالح.

9- صعوبة تحديد هيكل رشيد ومفيد للموازنة، كما أن تصنيفات البرامج وعناصرها لم تكن واضحة، فمثلاً إذا أردنا وضع جميع النشاطات التعليمية في مجموعة للبرامج التعليمية فلا نستطيع في نفس الوقت أن ندخل برامج غداء أطفال المدارس أو النشاطات الرياضية مثلاً في برامج صحية.

10- تمسك السلطة التشريعية (الكونغرس الأمريكي حصراً) بطلب أساسي وهو مراجعة الموازنة وفقاً لأسلوب البنود التفصيلي الأمر الذي يجعل من النموذج الجديد في موضع ثانوي وليس بديلاً للأسلوب التقليدي وقلل

أهميته، كما أن الاحتفاظ بالهيكل (التقليدي والحديث) أدى إلى مزيد من الأعمال المكتبية والتناقض بين القرارات المتعلقة بالبرامج والقرارات المتعلقة بالمدخلات وصعوبة تكيف النظام الجديد مع سنوية الموازنة.

11- في حين أن ميزة الشمولية اعتبرت ميزة للنظام، واعتبرت أيضاً من عوامل تراجع النظام وذلك أنها أدت إلى تركيز السلطة (تشديد المركزية) في يد الإدارة التخطيطية العليا للدولة وتقليل سلطة المستويات الإدارية الدنيا وجردتهم من الحوافز اللازمة لاقتراح بدائل للعمل وأصبحت مهمة الإدارات العليا صنع القرارات بدلاً من استعراض البدائل فقط.

12- متطلبات إعادة التنظيم التي يتطلبها النظام والتي تميل أيضاً نحو المركزية وتعارض ذلك مع مصالح ومكاسب مترسبة من خلال التنظيم الحالي للدوائر والمؤسسات.

خلاصة:

إن استعراض أهداف أسلوب موازنة التخطيط والبرمجة وبالمقابل المعيقات التي واجهها التطبيق توضح صعوبة في تحقيق مثالية تلك الأهداف لاعتبارات متشابكة.

وعلى الرغم من الخبرات والإمكانيات المتوفرة لدولة صناعية متقدمة كالولايات المتحدة (صاحبة فكرة هذا الأسلوب) ومقدرتها الكبيرة على التعامل مع البيانات، فإن التقدم الذي أحرز على صعيد إعداد الموازنة العامة بالتخطيط والبرمجة كان بطيئاً بعد مرور ست سنوات من تطبيقه، الأمر الذي أدى إلى صدور التعليمات بالتوقف عن تقديم البرامج والخطط المالية لعدة سنوات، وكذلك الكف عن إجراء الدراسات التحليلية الخاصة والمذكرات البرامجية متعددة السنوات، وهكذا تم التخلي عن الأسلوب.

3-6 أسلوب موازنة الأساس الصفري

Zero Base Budgeting

1-3-6 المفهوم والمقومات:

كان لنظام موازنة التخطيط والبرمجة ولمدخل الإدارة بالأهداف وللخبرة التي اكتسبها المختصون والمهتمون بالموازنة أثرها على تطوير هذا الأسلوب، وقد كانت بداية استخدام موازنة الأساس الصفري (ZBB) في وزارة الزراعة الأمريكية ثم طبق العمل بها على الحكومة الفدرالية عام 1977.

ففي عام 1962 حددت موازنة الأساس الصفري أن جميع البرامج يتم تقييمها من أساسيها وليس فقط التغييرات التي تحصل فيها، فجميع ما تقوم به الإدارات من برامج سيتم مراجعتها وتقييمها، وأن الأنشطة التي بدأت من عدة سنوات سوف تخضع هي الأخرى لنفس التقييم والمراجعة. كما أنها لو كانت جديدة ولم تبدأ بعد، كما أن الغطاء التشريعي أو القانوني للبرامج لا يحميها من هذه المراجعة، فقد تكون أهداف البرنامج في الوقت الحاضر أقل أهمية من أهدافه عند بدء تطبيقه وبالتالي تنخفض أولوية هذا البرنامج ويتوجب مراجعته وفقاً للظروف الحاضرة. نظرياً نادى هذا الأسلوب بإجراء تحليل جميع التكاليف لجميع البرامج كل سنة، وقد واجه تطبيق هذا الأسلوب عدة انتقادات منها العمل المكتبي الهائل الذي تطلبه هذا الأسلوب، دون أن يؤدي إلى تغيير في حجم أو اتجاه الموازنة، كما أن تطبيقه واجه صعوبات مفاهيمية مع قصوره عن تحديد الأولويات، وبالتالي لم يطبق بشكل كامل كما كان متوقعاً.

أما في بداية السبعينات فقد أدخل هذا الأسلوب في قطاع الأعمال وأجريت عليه بعض التعديلات مما جعل الحكومة الأمريكية تعمم تطبيقه عام 1977، حيث أصبح في صورته الحالية يستند إلى عدد من المقومات هي:

1- وحدة القرار:

وتتحدد على أساس الأنشطة والوظائف والبرامج التي يستند إليها في إنجاز الأهداف وتتميز وحدة القرار بأنها تقع تحت سيطرة مدير واحد يكون مسؤولاً عن نجاحها ويعني ذلك أن مفهوم وحدة القرار يمثل التطبيق العملي لمفهوم محاسبة المسؤولية وخدمة لأغراض موازنة الأساس الصفري يتوجب أن تكون مخرجات وحدة القرار واضحة يمكن قياسها وتكون ناتجة عن الموارد المخصصة للوحدة.

2- رزم القرار:

والرزمة هي المستند أو الوثيقة التي تشخص نشاط معين وتصفه بطريقة تمكن الإدارة من تقييمه وترتيبه مقابل الأنشطة الأخرى المنافسة على الموارد المتوفرة، وتتضمن تحديد وتحليل ووصف كل نشاط مميز سواء كان قائماً أو جديداً ووضعه بشكل رزمة تضم مجموعة من المستويات لأداء النشاط المعني بما في ذلك أهدافه ونتائجه ومقاييس الأداء فيه وطرق الإنجاز البديلة وغيرها.

3- مستويات للجهد والتحويل:

وتعني إعداد بدائل لمستويات الجهد (الأداء) المختلفة الممكنة لإنجاز النشاط، وقد تم التعارف على عدة مستويات للجهد هي مستوى الحد الأدنى ويمثل اقل جهد ممكن ضروري لإنجاز النشاط بأبسط صورة ممكنة، والمستوى الحالي ويعكس مستوى الجهد والتمويل التي تكفل الإنجاز بالصورة الحالية، ومستوى الأداء الأعلى ويعكس الرغبة في تحسين مستوى الإنجاز عن طريق زيادة مستويات الجهد والتمويل. وينسجم مفهوم المستويات مع مفهوم الموازنة المرنة التي تعد وفقاً لمستويات أداء مختلفة، وكذلك يخدم في تحليل الحساسية للتعامل مع متغيرات قد تحصل في المستقبل، ويتطلب إعداد مستويات الجهد والتمويل أن

تبتعد عن التقديرات الشخصية وأن تأخذ بالاعتبار طرق الإنجاز البديلة إن وجدت.

4- المفاضلة بين البدائل:

وفيها يتم ترتيب رزم القرار المقترحة من قبل وحدات القرار تفاضلياً وفقاً لمعايير الكلفة/المنفعة أو أي معيار مناسب آخر ووفقاً لقدرة كل بديل على تحقيق الأهداف المخططة للوحدة.

إن عملية المفاضلة تأتي بعد عملية الترتيب التي تجريها وحدة القرار للأنشطة المقترحة من قبلها وتتولى الإدارة العليا المفاضلة على أساس المعايير المحددة وتوقعات التمويل الممكنة.

5- مراجعة وتقييم البرامج والأنشطة:

ويشمل الأنشطة الجديدة والقائمة فلا تفترض موازنة الأساس الصفري استمرارية الأنشطة القائمة إلا بعد اجتيازها للمراجعة والتقييم جنباً إلى جنب مع الأنشطة الجديدة، ولا تفترض أن النشاطات الحالية يجب أن تستمر. وكنتيجة للمراجعة والتقييم فإنه يتم إعداد الموازنات التفصيلية للوحدة ككل.

2-3-6 أهداف ومزايا موازنة الأساس الصفري:

يساعد هذا النظام على تحديد الأهداف الإدارية بشكل واضح وعلى تحسين عملية اتخاذ القرارات وعلى توزيع الموارد بطريقة أفضل وذلك بتقييم البدائل والمقترحات، وكذلك على الحد من حجم النفقات ومراقبتها والسيطرة عليها. وينفرد استخدام هذا الأساس بالمزايا التالية:

1- التركيز على كيفية تحقيق الأهداف وذلك عن طريق كفاءة وفاعلية نظم التخطيط والرقابة للمشاريع.

2- تعتبر أداة للتحليل الجزئي لترجمة الأهداف إلى خطط تنفيذية حيث تمكن من توزيع الموارد المتاحة طبقاً للأولويات المطلوبة.

3- توفر الوسيلة اللازمة لتقييم آثار مستويات التمويل على البرامج والمشاريع ذات الأثر الفعال، كما يعطي الإدارة صورة تفصيلية عن المشروع مما يحقق الرقابة على المستويات الإدارية الأخرى.

4- تتيح تنمية مهارات وقدرات العاملين في المشاريع والأجهزة الحكومية المختلفة، وذلك من خلال مشاركتهم الفعلية والضرورية في عمليات التخطيط والتقييم وإعداد الموازنة والرقابة عليها، إضافة لذلك فإن موازنة الأساس الصفري تتولى تغطية فجوات موازنة التخطيط والبرمجة، وذلك أن موازنة التخطيط والبرمجة تعتبر أداة للاقتصاد الكلي من أجل اتخاذ القرارات المركزية بالنسبة لمواضيع السياسة الرئيسية وتخصيص الأموال المتاحة، بينما تعتبر موازنة الأساس الصفري أداة للاقتصاد الجزئي لتحويل الأهداف إلى خطة تشغيلية فعالة وموازنة، كما تسمح للمدراء بتقييم أثر مستويات التمويل المختلفة على البرامج وعناصرها حتى يتسنى لهم تخصيص الموارد المحدودة بطريقة أكثر فعالية.

تتشابه موازنة الأساس الصفري مع موازنة التخطيط والبرمجة في أن كل منهما تحتاج إلى الاعتماد على البرامج والمشاريع والأنشطة في التحليل وعلى تحليل الكلفة والفائدة في عملية اتخاذ القرارات وكذلك على استخدام الأساليب الكمية في التحليل مثل استخدام البرمجة الخطية وتحليل الاحتمالات وتحليل الحساسية وغيرها.

أما أوجه الاختلاف بينهما فتتخلص في أن موازنة الأساس الصفري تركز على المدخلات والمخرجات لكل وحدة تنظيمية، وأنها تستلزم تقسيم نشاط كل وحدة تنظيمية إلى مجموعات قائمة وذلك لتسهيل إمكانية ترتيب البرامج

والأنشطة كما أن موازنة الأساس الصفري تستلزم وضع موازنات بديلة لتنفيذ البرامج والمشاريع.

تصنف المشاكل المتوقع أن تنشأ عند تطبيق موازنة الأساس الصفري إلى ثلاث مجموعات هي:

1- المخاوف والمشاكل الإدارية.

2- مشاكل تكوين وإعداد رزم القرارات (مجموعة القرارات).

3- مشاكل عملية ترتيب الأولويات.

إن مشاكل تطبيق هذا الأساس ما هي إلاّ توقعات بسبب عدم البدء الفعلي في تطبيق متطلبات هذا الأساس وبالتالي فقد تكون هذه المشاكل أقل مما هو متوقع عند التطبيق الفعلي للأساس.

خلاصة:

استعرضنا في هذا الفصل الأساليب الحديثة لإعداد الموازنة العامة، ورأينا أن زيادة الاهتمام بالموازنة العامة جاء بسبب زيادة تدخل الدولة في معظم المجالات الاقتصادية والاجتماعية، إضافة إلى أدائها دورها التقليدي كدولة حارسة، وبسبب ضخامة الإنفاق الحكومي ومحدودية الموارد المالية المطلوبة لتغطية طلبات التخصيص. إن محاولات تطوير الموازنة العامة عملية مستمرة، ولم تصل هذه المحاولات حتى الآن إلى وضع نموذجي يفي بكافة متطلبات متخذي القرارات المستندة إلى أرقام الموازنة العامة. لقد سارت هذه المحاولات وفقاً لمبدأ التجربة والخطأ، فقد رأينا كيف يستحدث أسلوب جديد للموازنة لتلافي عيوب الأسلوب الذي قبله، ثم لم يلبث أن يمضي وقت حتى يكتشف عيوب في الأسلوب المطور وهكذا.

برأينا أن بعض الأساليب لم تأخذ نصيبها الكامل من التجربة، فمثلاً أسلوب موازنة البرمجة والتخطيط لم يدم استخدامه أكثر من 6 سنوات حيث تم وقف العمل به والبحث عن أسلوب أكثر فعالية. وبالتالي فقد يكون الحكم على فشل هذا الأسلوب فيه نوع من الاستعجال رغم قوة حجة مؤيدي ومعارضي هذا الأسلوب.

لم تكن تجارب تطوير أو تحديث الأساليب تسير بشكل متوازي في دول العالم. فقد رأينا كيف أن هذه الأساليب تدخل الاستخدام ثم تُنتقد ويتم تطويرها أو إلغاء العمل بموجبها والتحول لغيرها في بعض الدول (مثل الولايات المتحدة)، في حين تبقى دول أخرى محتفظة بأسلوبها التقليدي لتراقب وتستفيد من تجارب غيرها، كما أن الدول التي حاولت تطوير موازنتها العامة لم تبدأ التطوير من حيث انتهى الآخرون، بل كانت تسلك نفس الطريق الذي سلكته الدول التي سبقتها في تلك المحاولات، ولعل لهذا المنهج ما يبرره وهو أنه ليس بالضرورة أن فشل أسلوب معين في دولة كفيل بفشله في دول أخرى، وسبب ذلك اختلاف البيئة المؤثرة على أسلوب إعداد الموازنة بين دول العالم.

إن الدول التي تطبق الأسلوب التقليدي (أسلوب موازنة البنود) على علم بأن هذا الأسلوب ليس مثالياً ولا يخدم في اتخاذ القرارات ولا يحقق الرقابة المطلوبة على الوحدات الحكومية، لذلك اتجهت بعض منها إلى تلمس الأساليب الحديثة لتخطيط الموازنة من أجل الاستفادة من تجارب الدول التي سبقتها في ذلك، وفي نفس الوقت محاولة المواءمة بين تجارب تلك الدول وبيئتها وخصوصيتها التي تؤثر على كافة مراحل الموازنة العامة.

كان التدرج من أسلوب لآخر يعتمد على أكثر من اتجاه، فبعضها استند على دراسات وبحوث علمية وبعضها استفاد من تجارب القطاع الخاص في إعداد الموازنات التقديرية أو تطوير الأساليب الكمية في التحليل، كما تميزت عملية

تطوير الأساليب بتشكيل لجان متخصصة تقترح تطبيق أسلوب معين ثم تشكيل لجان أخرى بعد فترة لتقويم هذا الأسلوب وإبداء الرأي حوله، كما اتخذت عملية تطوير الأساليب منهجاً تجريبياً بحيث كان يراقب مدخل (أسلوب) جديد في قطاع معين أو وكالة معينة فإذا نجح تطبيقه تم تعميمه على الحكومة المركزية.

إن أهم ما في التطوير أن يحظى منذ البداية بالقرار السياسي الأعلى المتضمن تفهم مبررات التغيير والمدى المتوقع تحققه من إحداث التغيير، وذلك أن تفهم الإدارة السياسية العليا في الدولة لمبدأ تطوير أسلوب إعداد الموازنة، يقدم له القوة الدافعة الكفيلة بإسناد هذا التطوير، ولعله من المفيد أيضاً تبيان أن زيادة الحماس نحو تطوير أسلوب معين والمبالغة في تقدير فرص نجاحه كان كفيلاً بفشل ذلك الأسلوب ضمن فترة وجيزة، وبالتالي يكون هذا درساً عند بحث التطوير من أجل عدم المبالغة في توقع نتائج تطبيق الأسلوب المستحدث سواء في نوعية وكمية الفائدة المرجوة من التطوير أو مدتها الزمنية المطلوبة.

وأخيراً فإن مجرد تبني فكرة تطوير أسلوب إعداد الموازنة يعتبر جرأة وخطوة للأمام، لأن التفكير في التغيير يؤشر على مواطن ضعف الأسلوب المطبق ويفتح المجال أمام التفكير في تحسين ذلك الأسلوب، رغم ما قد يواجه ذلك التغيير من صعوبات وتحديات ومشاكل.

الفصل

السابع

النظام المحاسبي الحكومي في ضوء
التشريعات الأردنية

الفصل السابع

النظام المحاسبي الحكومي في ضوء التشريعات الأردنية

مقدمة:

كان لتطور نشاط الإدارة الحكومية وتنوعه عظيم الأثر في تطور النظام المحاسبي الحكومي لتلبية احتياجات الإدارة الحكومية من البيانات والمعلومات المحاسبية وذلك بهدف تقييم أداء هذه الوحدات من جهة ومساعدتها على أداء وظيفة التخطيط والرقابة واتخاذ القرارات من جهة أخرى.

وعرّف أحد الكتّاب أن النظام المحاسبي هو: ((تبويب للحسابات والدفاتر والنماذج والإجراءات والرقابة التي تفرض على تسجيل الأصول والالتزامات والإيرادات والمصروفات ونتيجة العمليات)).

ويتكون النظام المحاسبي الحكومي شأنه كأي نظام محاسبي آخر من المقومات الأساسية التالية:

أ- **مجموعات مستندية:** تحتوي على المستندات التي تعتبر بمثابة الدليل الموضوعي للمعاملات المالية والمحاسبية الخاصة بالوحدة الإدارية الحكومية، ولتنميط العمل بتلك الجهات تم توحيدها بهدف تفعيل الرقابة على عمليات الأجهزة الحكومية.

ب- **مجموعة دفترية:** وتشتمل هذه المجموعة على مجموعة من الدفاتر والسجلات التي تستخدم في إثبات وقيد المعاملات المتعلقة الوحدة الإدارية الحكومية.

جـ- **دليل الحسابات:** يشتمل على أنواع الحسابات المختلفة مبوبة في مجموعات متجانسة لخدمة أهداف محددة مع شرح كافٍ للحسابات ومكوناتها

وأسس ترقيمها، كما يتم تصنيفها وتبويبها وفقاً لتقسيمات الموازنة العامة ودليل حسابات الحكومة.

د- **دورات مستندية ومحاسبية:** توضح خطوات إعداد المستندات والقيد في السجلات وإعداد التقارير.

هـ- **مجموعة من الحسابات والقوائم الدورية والختامية:** للتعرف على ما تم إنجازه وعلى المراكز المالية ونتائج التنفيذ، بالإضافة إلى توفير المعلومات التي تساعد على رسم السياسات واتخاذ القرارات.

ونود الإشارة أن النظام المحاسبي الحكومي يستند إلى مجموعة من القوانين واللوائح والتعليمات والطرق والإجراءات المنظمة لذلك وأن مقومات هذا النظام وأركانه واحدة في كافة المصالح والوزارات الحكومية والتي يتكون منها الجهاز الإداري الحكومي ويرجع ذلك لأن جميع وحدات هذا الجهاز تتشابه من ناحية الهدف والذي يتمثل في تقديم الخدمات العامة لمجموع المواطنين، ولذا نجد أن كافة المستندات والدفاتر والسجلات والحسابات والقوائم والتقارير المستخدمة في جميع الجهاز الإداري الحكومي واحدة لا تختلف من وزارة لأخرى.

وبناء على ما تقدم نعرض في هذا الفصل الموضوعات التالية:

1- المجموعة المستندية في الوحدات الحكومية.

2- المجموعة الدفترية في الوحدات الحكومية.

3- دليل الحسابات.

وتتمثل هذه العناصر الرئيسية في المقومات التي يرتكز عليها النظام المحاسبي الأردني والتي يتطلب تناولها بشيء من التفصيل كالتالي:

1-7 المجموعة المستندية في الوحدات الحكومية:

تعتبر المستندات المصادر الأولية للقيد في مجموعة الدفاتر والسجلات المحاسبية، كما أنها تعد مصدراً هاماً للبيانات والمعلومات وتقوم بدور رقابي على عمليات الوحدة الإدارية الحكومية بما يوضع من شروط وأهمها تعدد المستويات الإدارية للتصديق عليها واعتمادها، فضلاً على أنها تعتبر الدليل الموضوعي الذي تعتمد عليه صحة العمليات المسجلة بهذه الدفاتر والسجلات.

وبصفة عامة يشترط لصحة المستندات الحكومية ما يلي:

1- أن يوضح بها المستحق وسبب أحقيته ونوع المستندات المؤيدة لهذا السبب.

2- أن تحمل توقيعات المستويات الإدارية التي لها صلاحية التوقيع على هذه المستندات.

3- أن يذكر بها المبلغ بالأرقام والحروف.

4- أن تكون خالية من القشط والشطب.

5- أن ترفق بها المستندات المؤيدة لها وأن تكون هذه المستندات غير مختومة بخاتم تم الصرف.

ونظراً لطبيعة وخصائص النشاط الحكومي والأهداف التي تسعى الحكومة لتحقيقها من نظامها المحاسبي فإن المستندات والنماذج يتم تصميمها لكي تتوافق وتتلاءم مع طبيعة هذا النشاط، حيث تقوم وزارة المالية بصفتها المسؤولة عن الإدارة المالية للدولة، بتصميم وطباعة هذه المستندات المستخدمة وأساليب استخدامها وحفظها ويتم ذلك بموجب تعليمات ولوائح مالية تنشرها وتصدرها الوزارة، وذلك وفقاً لمتطلبات الإدارة المالية التي تستدعي تنظيم المستندات المالية المختلفة لإثبات العمليات المحاسبية التي تجريها الوحدات الإدارية الحكومية طبقاً للقوانين والتشريعات واللوائح المالية المعمول بها.

ووفقاً للتعليمات التطبيقية للشؤون المالية رقم (1) لسنة 1998 والصادرة بموجب المادة (88) من النظام المالي الأردني رقم (3) لسنة 1994م.

الفصل الأول مادة (1): يجب على الدائرة تطبيق طريقة القيد المزدوج، في إثبات عملياتها المالية في الدفاتر المتعلقة بقبض إيراداتها ومقبوضاتها الأخرى، وصرف نفقاتها ومدفوعاتها الأخرى.

ويقصد بطريقة (القيد المزدوج) بأن كل عملية مالية تقوم بها الدائرة تتكون من طرفين اثنين متساويين في القيمة أحدهما مدين والآخر دائن.

الفصل الأول مادة (2): يجب على الدائرة استخدام (الأساس النقدي) في قيد إيراداتها المقبوضة ونفقاتها المصروفة، فالإيرادات التي لم تقبض خلال السنة المالية الجارية لا تسجل في الدفاتر المحاسبية، وكذلك فإن النفقات التي لم تصرف خلال السنة المالية الجارية تلغى.

الفصل الأول مادة (3): على الدائرة اعتماد (أسلوب المركزية) في توريد إيراداتها التي تقوم بتحصيلها لحساب الإيرادات العام تمهيداً لتحويلها لحساب الخزينة العام المفتوح لدى البنك المركزي ويحظر عليها استخدام إيراداتها في صرف نفقاتها أو التصرف بها لأي غرض من الأغراض.

وتأسيساً على ما سبق فإنه تستخدم مجموعات المستندات التالية في إثبات العمليات المحاسبية والمالية التي تجريها الدوائر الحكومية ووفقاً لنص المادة (6) من التعليمات التطبيقية للشؤون المالية رقم (1) لسنة 1995.

الفصل الثاني مادة (6): تتولى وزارة المالية تصميم وطباعة مجموعات المستندات والدفاتر والسجلات والوثائق وتوزيعها على الدوائر لمسكها واستخدامها في إثبات العمليات المالية الخاصة بها وهذه المجموعات هي:

أ- مجموعة مستندات القيود الرئيسية:

وهي المستندات التي يتم بواسطتها إثبات العمليات المالية في الدفاتر والسجلات المحاسبية، وتشمل هذه المستندات:

1- مستندات المقبوضات وتشمل:

أ- وصول المقبوضات الرئيسي.

ب- وصول المقبوضات الفرعي.

2- مستندات المدفوعات وتشمل:

أ- مستند صرف النفقات.

ب- مستند صرف الرواتب.

جـ-مستند صرف أجور العمال.

د- مستند صرف المدفوعات الأخرى.

3- مستند القيد.

4- مستند التسوية.

ب- مجموعة الوثائق المعززة لمستندات القيود الرئيسية:

1- أمر القبض (مستند القبض).

2- أمر الدفع.

3- طلب الشراء المحلي.

4- مستند الإدخالات.

5- مستند الإخراجات.

6- مستند الالتزام.

وعلى ضوء ما سبق يمكن أن نوضح أنواع المستندات والنماذج التالية والتي تستخدم في النظام المحاسبي الحكومي الأردني وذلك وفقاً للتصنيف التالي:

1- من حيث مصدر المستندات فهي تصنف إلى:

أ- مستندات داخلية: وهي التي تقوم الدوائر الحكومية بعملية تنظيمها وغالباً ما تكون من نوع المستندات الأساسية.

ب- مستندات خارجية: وهي المستندات التي تقدم من قبل جهات أخرى للمطالبة بدفع قيمة لوازم أو خدمات أو سلع اشترتها الدائرة الحكومية مثل الفواتير والمطالبات.

2- من حيث إجراءات القيد: تصنف المستندات المستخدمة في النظام المحاسبي الحكومي الأردني في مجموعتين رئيسيتين هما:

أ- المستندات الرئيسية: وهي التي تستخدم مباشرة لإجراء القيود في دفاتر اليومية أو السجلات المحاسبية وذلك بعد اعتمادها والتصديق عليها إدارياً ومحاسبياً واستيفاء كافة الأركان القانونية والتشريعية والمالية لقيد العملية المالية وتسجيلها، وهي سند الصرف ومستندات دفع الرواتب والأجور ومستند النفقات الأخرى.

ب- المستندات المعززة: وهي ترتبط مع المستندات الأساسية لتعزيز العملية المالية وأيضاً تعزيز البيانات الواردة فيها مثل الفواتير والمطالبات وقرارات الشراء ...الخ.

3- أما من حيث الغرض، فتصنف المستندات والنماذج إلى:

أ- المجموعة المستندية لعمليات القبض: وهي المستندات المستخدمة في عمليات قبض الإيرادات العامة، أو المبالغ الأخرى كالتأمينات وأهم أنواع المستندات وفقاً للنظام المالي الأردني هي:

1- مستند القبض (أمر القبض) ومستند القيد.

2- وصول المقبوضات.

3- دفتر الصندوق.

4- فيشة الإيداع.

5- دفتر أستاذ الإيرادات المساعد (جدول تصنيف المقبوضات).

6- الخلاصة الحسابية الشهرية.

7- السجلات الأخرى.

وإضافة لهذه المجموعات تستخدم مجموعة كبيرة من السجلات الإحصائية المتعلقة بدافعي الضرائب، كما تستخدم مستند التسوية في تصحيح الأخطاء المحاسبية أو رد الإيرادات المقبوضة بطريق الخطأ أو بدون مبرر قانوني إلى أصحابها وتستخدم المستندات التالية لتعزيز عمليات القبض:

1- مستند القيد: وهو مستند لقيد العمليات المالية غير النقدية، ويتم تنظيمه من نسختين، ويوقع عليه رئيس القسم المختص وعادة يعزز بالوثائق ذات العلاقة بها.

2- مستند القبض (أمر القبض): وهو المستند الذي يتم تنظيمه عند إجراء أية عملية قبض من قبل المراكز المحاسبية الحكومية سواء كانت عمليات القبض تعود لحسابات الموازنة العامة للدولة بأنواعها المختلفة أو للحسابات الوسيطة (السلفيات وقبض الأمانات) ويتضمن مستند القبض أجزاء يبين فيها وظيفة الشخص الذي ينظمه والمعلومات المتعلقة بعملية القبض.

3- **وصول المقبوضات:** وهو مستند يتم تنظيمه من قبل أمين صندوق المقبوضات ويتكون من ثلاث نسخ عند استلام المبلغ الوارد في مستند القبض حيث تسلم النسخة الأولى البيضاء إلى الدافع والثانية الحمراء ترفق مع مستند القبض، أما الثالث فتترك في دفتر الإيصالات، كما يجب أن يتطابق المبلغ الوارد في مستند القبض مع وصول المقبوضات، وتحمل وصول المقبوضات أرقاماً متسلسلة لجميع الدوائر الحكومية، فضلاً على أنه يرحل رقم وصول المقبوضات وتاريخه إلى مستند القبض ودفتر الصندوق، أما بخصوص وصولات المقبوضات الفرعية المستخدمة من قبل المحصلين والجباة فتتكون من نسختين وذات أرقام متسلسلة متميزة عن الإيصالات الرئيسية، كما يتم تفريغها في كشف خاص يسمى (إرسالية الجباة) ويتم قبضها من قبل أمين الصندوق بصورة إجمالية بعد تنظيم مستند قبض ومقابل وصول مقبوضات رئيسي.

ب- المجموعة المستندية المتعلقة بعمليات الإنفاق: وهي المستندات التي تستخدم في عمليات الصرف من مخصصات النفقات العامة، وتتضمن مستندات ونماذج الصرف التالية:

1- الحوالة المالية.

2- مستندات الصرف، وتشمل الأنواع التالية:

أ- مستند صرف النفقات.

ب- مستند صرف الرواتب.

جـ- مستند أجور العمال.

3- مستند صرف النفقات الأخرى.

4- مستند الالتزام.

5- التحويل (الشيك).

ويتم بإيجاز تحليل استخدامات هذه المجموعة المستندية وفقاً لمحتويات مستندات الصرف واستخداماتها:

1- الحوالات المالية: هي نماذج تفصيلية بمخصصات الدائرة الحكومية لمدة شهر أو أكثر وهي غالباً تمثل 12/1 من مخصصات مواد الإنفاق المرصودة لكل فصل (دائرة حكومية)، إذا كانت تصدر شهرياً، إلاّ إذا اقتضت المصلحة العامة إعطاء الدائرة جزء أكبر أو جميع المخصصات المرصودة لغرض الإنفاق، كما تصدر الحوالات المالية من وزير المالية وتهدف أساساً تنظيم عملية التدقيق النقدي بين الإيرادات العامة والنفقات العامة. وعند تسلم الدائرة الحكومية الحوالة المالية يتم قيدها في سجل التأدية والالتزامات التي تمسكه لمراقبة عدم تجاوز المخصصات. والملحق رقم (4) يبين الحوالة المالية.

2- سجل التأدية والالتزامات: يستخدم هذا السجل للتعرف على المخصصات التي جرى اعتمادها للدائرة الحكومية حسب مواد الإنفاق المختلفة ووفقاً لقانون الموازنة العامة للدولة والمبالغ التي تستطيع الدائرة إنفاقها من هذه المخصصات حسب ما هو مرخص به في الحوالات المالية الصادرة للدائرة الحكومية، ويمكن هذا السجل الدوائر الحكومية من متابعة عمليات الصرف والمبالغ الملتزم بها من أصل المخصصات الخاصة بمواد الإنفاق المختلفة، ومن ثم التعرف على الرصيد الموجود والمتوفر لإنفاقه في أي وقت وهو ما يمكن من عدم تجاوز المخصصات المرصودة لها.

3- مجموعة مستندات الصرف، وتشمل الأنواع التالية:

أ- مستندات صرف النفقات: وينظم هذا المستند لدفع النفقات الخاصة بالموازنة العامة للدولة مع الأخذ في الاعتبار أن هذه المستندات لا تضمن

مستندات الصرف الخاصة بصرف الرواتب والأجور والعلاوات المتعلقة بها أو الحسابات الوسيطة، وإنما تتعلق بالنفقات الخاصة بالمجموعات 200-500 المتعلقة بمجموعة النفقات التشغيلية (سلع وخدمات) (200) مجموعة النفقات التحويلية (300) ومجموعة النفقات الأخرى غير العادية (400) مثل الأثاث والأجهزة والآلات والمعدات.

ب- مستند صرف الرواتب: ينظم هذا المستند لصرف رواتب الموظفين ويتضمن مجموعة من الأجزاء لكل منها بياناتها الخاصة عن ما يستحقه الموظف بالإضافة إلى ما يتم اقتطاعه من راتبه للتوصل إلى صافي الراتب الواجب دفعه إلى الموظف كما يمكن إدراج عدد من الموظفين في مستند واحد ويثبت مقابل كل اسم رقم صفحته في سجل الموظفين في كل من دائرته ووزارة المالية ووظيفته ودرجته وأفراد أسرته، ويتم التوقيع على هذا المستند من كاتب المستند ومحاسب التأديات ومدقق الرواتب ثم من قبل المفوض بالإنفاق لإجازة صرفه تمهيداً لدفع قيمته ويحمل هذا المستند رقم الفصل والمادة لكل من الرواتب والعلاوات.

جـ- مستند صرف أجور العمال: ينظم هذا المستند لصرف أجور العمال ويوضح فيه اسم العامل والأيام التي عمل فيها خلال الشهر والأجرة اليومية والمبلغ الإجمالي والاقتطاعات ثم صافي المبلغ المستحق، كما يتضمن هذا المستند رقم الفصل والمادة المراد الدفع على حسابها ويتم التوقيع عليه من قبل المنظم ومحاسب التأديات والمدقق والمفوض بالإنفاق لإجازة صرفه.

4- مستند صرف المدفوعات الأخرى:

يتم تنظيم هذا المستند لدفع مبالغ على حساب الأمانات أو حساب السلفة بأنواعها أو النقود المنقولة وذلك حسب الملحق رقم (7) الموضح.

جـ- مستندات اللوازم والرقابة على المستودعات:

وهي التي تستخدم عند شراء اللوازم الحكومية أو استلامها أو إدخالها أو صرفها من المستودعات الحكومية وتشمل:

1- نموذج طلب مشترى محلي.

2- ضبط لجنة الاستلام.

3- نموذج إدخال اللوازم.

4- نموذج طلب اللوازم.

5- مستند إخراج اللوازم.

د- مستندات القيد وتصحيح القيود:

1- نموذج التسوية.

2- مستند القيد.

3- الحساب الختامي.

هـ- نماذج التقارير المحاسبية:

1- الموقف المالي.

2- الخلاصة الحسابية الشهرية.

3- قائمة الحساب الختامي.

4- قائمة المركز النقدي.

و- المستندات الأخرى:

وهي المستندات التي تستخدم لأغراض خاصة كمستند التسوية. وكما أن هناك بعض النماذج والمستندات التي تستخدم في حالتي القبض والصرف، أو التي تتعلق بقيد العمليات التي تتعلق بحسابات الموازنة أو الحسابات الوسيطة (خارج الموازنة) وسيتم التعرض إليها فيما بعد عند بحث الدورة المستندية والمعالجة المحاسبية لكل من الإيرادات والنفقات.

2-7 المجموعة الدفترية في الوحدات الحكومية:

على ضوء التعليمات التي يصدرها وزير المالية حسب النظام المالي الأردني رقم (3) لسنة 1994. تتحدد أنواع وأشكال الدفاتر والسجلات المحاسبية التي تستخدم في إثبات وضبط العمليات المحاسبية والمالية المتعلقة بالمقبوضات والمدفوعات والتي يجب على الدوائر الحكومية إمساكها واستعمالها وتنظيمها لإثبات تلك العمليات المحاسبية، كما أن هذه الدفاتر والسجلات المحاسبية يتم طبعها تحت إشراف وزارة المالية، وتتمثل أهم الدفاتر والسجلات المستخدمة في النظام المحاسبي الحكومي الأردني في عمليات القبض والصرف في الآتي:

أ- مجموعة الدفاتر المحاسبية في الدائرة:

تتولى الدائرة مسك الدفاتر المحاسبية التالية:

1- دفتر اليومية العامة (دفتر الصندوق).

2- دفتر الأستاذ العام.

3- دفتر أستاذ الإيرادات المساعد (جداول تصنيف الإيرادات).

4- دفتر أستاذ النفقات المساعد (جداول تصنيف النفقات).

5- دفاتر الأستاذ المساعدة للحسابات الوسيطة (الأمانات والسلفات والنقود المنقولة).

كما يجب على الدائرة مسك السجلات الرقابية والإحصائية التالية:

1- سجل مراقبة المخصصات (سجل التأدية).

2- سجل الشيكات المرتجعة.

3- سجل الحساب الإجمالي.

4- سجل رواتب الموظفين.

5- سجل الرخص والوصولات والقسائم ذات القيمة المالية.

6- سجل الموجودات الثابتة.

7- سجل المشاريع.

8- سجل ميزان المراجعة.

9- أي سجلات أخرى معتمدة من وزارة المالية.

ب- مجموعة السجلات المحاسبية في وزارة المالية:

تتولى وزارة المالية مسك السجلات الإجمالية التالية إضافة إلى الدفاتر والسجلات الخاصة بالدائرة:

1- سجل اليومية العامة.

2- سجل الأستاذ العام.

3- سجل أستاذ الإيرادات المساعد.

4- سجل أستاذ النفقات المساعد.

5- سجلات الأستاذ المساعدة للحسابات الوسيطة.

6- سجل دافعي الضريبة والتحققات المالية.

7- سجل رواتب الموظفين والمتقاعدين.

8- سجل الحسابات الختامية.

ويجوز للدائرة الحكومية أن تمسك سجلات فرعية إضافية تحت إشرافها، تتناسب وتتلاءم مع طبيعة نشاطها لغايات إحصائية وتحليلية.

وكذلك تمسك السجلات التالية في وزارة المالية:

1- سجل الشيكات المرتجعة.

2- سجل الشيكات المصروفة.

3- سجل المعلقات البنكية.

4- سجل الحساب الإجمالي للوحدة المحاسبية الحكومية.

5- سجل الالتزامات.

6- الأستاذ العام للواردات.

7- الأستاذ العام للنفقات.

8- سجل الحسابات الختامية للنفقات/الإيرادات.

9- سجل التحاويل غير المصروفة.

أما السجلات المتعلقة بالرقابة على اللوازم فتشتمل:

1- سجلات اللوازم المخصصة.

2- سجلات العهدة.

وعلى هذا فإنه طبقاً للتعليمات التطبيقية للشؤون المالية التي تنص على مجموعة من القواعد والضوابط المتعلقة بمسك الدفاتر المحاسبية والاحتفاظ بها، وتتمثل في النقاط التالية:

1- عدم جواز المحو أو الكشط في الدفاتر والسجلات المحاسبية.

2- يتم إجراء أي تصحيح في القيود عن طريق شطب القيد الخاطئ بخط واحد بالمداد الأحمر وكتابة القيد الصحيح فوق الشطب بالحبر العادي وعلى أن يعزز هذا التصحيح بتوقيع الموظف المسؤول عن مسك السجل.

3- تنص التعليمات أيضاً على الاحتفاظ بالسجلات المبينة بعدد مدد لا تقل عن المدة المحددة أمامها.

نوع السجل	الحد الأدنى للحفظ
-سجل الأستاذ العام	50 سنة
-سجل الأمانات والسلف	40 سنة
-سجل رواتب الموظفين	60 سنة
-سجل دافع الضرائب	60 سنة
-مستندات القبض والصرف	7 سنوات
-سجلات مراقبة المخصصات	20 سنة
-دفاتر اليومية العامة (الصندوق)	20 سنة

وسوف يتم تناول أهم السجلات والدفاتر المستخدمة في الوحدة الإدارية الحكومية بشيء من التفصيل كالتالي:

1- دفتر اليومية العامة (دفتر الصندوق):

يشبه في تصميمه دفتر اليومية على الطريقة الأمريكية كما يتميز هذا الدفتر بالخصائص التالية:

1- يتم التسجيل في هذا الدفتر من واقع بيانات مستندات الصرف والقيد ووصولات القبض وذلك حسب التسلسل التاريخي ووفقاً لأرقامها المثبتة عليها.

2- يتم استخدام طريقة القيد المزدوج في عمليات التسجيل وبحيث يتم إثبات العمليات المالية بطرفيها المدين والدائن.

3- يستعمل كل عمود لإثبات العمليات الخاصة بكل حساب على حدة وذلك لأغراض مطابقة مجاميعه اليومية والشهرية مع مجاميع نفس الحساب في السجلات التحليلية ودفاتر الأستاذ المساعدة.

4- يتم فيه إثبات جميع العمليات المالية التي تتعلق بالإيرادات والنفقات والحسابات الوسيطة المختلفة.

5- يتم جمع اليومية أولاً بأول ويتم إغلاقها في نهاية كل شهر، ويتم ترحيل مجاميعها إلى الأستاذ العام.

6- كل صفحة من هذا الدفتر تتكون من نسختين الأولى منه يتم نزعها من الجلد وإرفاقها مع المستند وتبقى النسخة الثانية في الجلد.

7- يستخدم من قبل الوحدات الإدارية الحكومية، أو مراكز المحاسبة (ماليات، محاسبون، والمراكز التي تقوم بعمليات القبض والصرف).

2- سجلات الأستاذ المساعد (البطاقات التحليلية):

وهذه السجلات تكون على شكل دفتر أو بطاقات أو جداول مبوبة (جداول التنسيق) وبشكل يتلاءم ويتناسب مع أنواع الحسابات، حيث يخصص سجل مستقل لكل من الإيرادات والنفقات وفقاً لفصول ومواد وبنود الموازنة العامة للدولة.

كما يتم ترحيل الحركات الإفرادية لكل عملية مالية إلى الحساب الخاص بها في سجلات الأستاذ المساعد ذات العلاقة بها من واقع بيانات المستندات.

وتقوم الوحدة الإدارية الحكومية بمسك سجلات الأستاذ المساعدة للحسابات الوسيطة، وفيما يلي أهم أنواع هذه السجلات:

أ- سجل البنك: يتم ترحيل الحركات الإفرادية إلى هذا السجل من واقع مستندات الصرف ووصول المقبوضات المؤيدة لها ليسهل في عملية المطابقة فيما بين السجل وكشف البنك للتوصل إلى المعلقات البنكية تمهيداً لإعداد كشف تسوية البنك.

ب- سجل السلف: ترحل إليه الحركات الإفرادية للسلفات المصروفة من واقع جداول مفردات السلف المصروفة وبحيث يتم فتح صفحة لكل شخص دفعت إليه سلفة مع تحديد نوعها وغرضها، كما يرحل إليها حركة السلف المستردة من الأشخاص الذين صرفت لهم سلف بحيث تتم متابعة هذه السلف في السجل.

جـ- ترحل إليه الحركات الإفرادية للأمانات من واقع جداول مفردات الأمانات وبشكل إفرادي في حالتي القبض والصرف مع قيد اسم صاحب الأمانة ويتكون كل حساب من حسابات الأمانات من صفحتين متقابلتين تمثل الصفحة اليمنى منها الجانب المدين، والصفحة اليسرى الجانب الدائن ويتم تجميع هذا السجل شهرياً ويتم إرسال خلاصة الأمانات مع الخلاصة الشهرية إلى مديرية الحسابات العامة في وزارة المالية.

3- سجل الأستاذ العام:

ويشتمل هذا السجل على حسابات النفقات والإيرادات مبوبة حسب فصول ومواد الموازنة العامة بحيث يكون لكل مادة من مواد الموازنة العامة صفحة مستقلة، كما يتضمن الحسابات الوسيطة المختلفة، ويتم الترحيل إلى هذا السجل من واقع المجاميع الإجمالية لليومية العامة (يومية الصندوق) ومن واقع هذا السجل يتم تصميم وتنظيم موازين المراجعة الشهرية.

4- سجل الحساب الإجمالي:

يتعين على كل وحدة إدارية حكومية ذات الاستقلال المحاسبي أن تمسك الحساب الإجمالي تسجل فيه نفقات الشهر حسب فصول ومواد الموازنة من الخلاصة الحسابية الشهرية، كما يجري عمل ميزان مراجعة شهرياً للتأكد من تطابق سجل الحساب الإجمالي مع الخلاصة الحسابية الشهرية، كما أنه في نهاية العام المالي يتم جمع النفقات الشهرية المثبتة في سجل الحساب الإجمالي وفقاً للفصول والمواد، ويتم تنظيم ميزان المراجعة السنوي حيث يظهر الميزان النتائج السنوية لإنفاق كل وحدة إدارية حكومية.

5- سجل الشيكات المرتجعة:

يستخدم هذا السجل لمتابعة تسديد الشيكات التي تعاد إلى الوحدة الإدارية الحكومية من قبل البنك المركزي أو أحد البنوك المعتمدة بدون أن يتم صرفها لأي سبب، ولمتابعة حصر هذه الشيكات وتسديدها من قبل الساحب وذلك لحصر جميع الشيكات المرتجعة وتمهيداً لتحصيلها من أصحابها، وهذا السجل يعتبر سجلاً تحليلياً لحساب الشيكات المرتجعة.

3-7 دليل حسابات الحكومة:

إن النظام المحاسبي الحكومي المتكامل لا يقتصر على وجود مجموعة مستندية ومجموعة دفترية بل يشتمل أيضاً على دليل للحسابات الحكومية باعتباره أحد الأركان الرئيسية للنظام المحاسبي الحكومي حيث أنه يتضمن تبويب الحسابات الحكومية في مجموعات مترابطة ومتناسقة لتحقيق أهداف معينة، بالإضافة إلى تحديد لمكونات الحسابات المختلفة وقواعد القيد بها والأسس المحاسبية الواجب إتباعها.

وعلى هذا يعتبر الدليل المحاسبي من الأركان الهامة للنظام المحاسبي الحكومي وذلك نظراً لأهمية وحصر وتعريف الحسابات التي تتعامل بها الوحدات الإدارية الحكومية مما يؤدي إلى منع هذه الوحدات من عمل تصرفات مالية على حسابات لا تدخل في نطاق أهدافها، ومن ثم يمثل الدليل أحد عناصر الرقابة على هذه الوحدات، فضلاً على توحيد المسميات لحسابات الوحدات الحكومية يمكن من تسهيل تجميع بيانات هذه الوحدات وإتمام المقارنة بينها.

وقد أوضحت اللائحة التنفيذية للقانون (127) لسنة 1981 بشأن المحاسبة الحكومية في مصر من خلال المادة (5) أن الحسابات الحكومية تنقسم إلى:

أ- حسابات الموازنة.

ب- حسابات الأصول.

جـ- حسابات الخصوم.

د- الحسابات الوسيطة.

أما النظام المحاسبي الحكومي الأردني فهناك مجموعتين رئيسيتين هما:

7-3-1 حسابات الموازنة:

إن عملية تبويب الحسابات الحكومية يؤثر بشكل مباشر على أنواع وأعداد المستندات والسجلات والدفاتر التي تمسكها الوحدات الإدارية الحكومية، ومن ثم فقد تم تصنيف الحسابات الحكومية لكي يطابق تصنيف الموازنة العامة للدولة بهدف توفير البيانات اللازمة لتحليل أثر النشاط الحكومي على القطاعات المختلفة ولتوفير الرقابة الفعالة على الأموال العامة.

وعلى هذا فإن النظام المحاسبي الحكومي يتابع تنفيذ الموازنة العامة من خلال العمليات المالية التي تعكس الأعمال والخدمات الحكومية وذلك ابتداء من عملية قبض الإيرادات وعملية صرف النفقات وبحيث تفتح حسابات تقيد بها

العمليات المالية والمحاسبية المتعلقة بعناصر الإيرادات والنفقات وفقاً لتصنيفها في الموازنة العامة للدولة، وهو الأمر الذي يؤدي إلى مراقبة هذه الحسابات بصورة فعالة ووفقاً للمتطلبات التشريعية والتعليمات المالية المعمول بها.

وتتمثل حسابات الموازنة في الحسابات التي تفتح لتسجل فيها العمليات المتعلقة بتنفيذ الموازنة العامة للدولة وهو ما يتعلق بتحصيل الإيرادات وأوجه إنفاقها، وكما تحمل المبالغ التي يتم تحصيلها إلى الحسابات العائدة لها والتي تمثل مصادرها سواء في ضريبة الدخل والأرباح وغيرها، أما المبالغ التي سيتم إنفاقها من المخصصات المرصودة لها في الموازنة العامة للدولة فتحمل إلى حسابات النفقات العامة حسب تصنيفها في وثيقة الموازنة.

ويتكون الهيكل التنظيمي للحسابات الحكومية في الأردن ووفقاً لوثيقة الموازنة العامة للدولة من الآتي:

أ- الموازنة الجارية:

وتتضمن الإيرادات الجارية المحلية والتي يتم تقسيمها إلى إيرادات ضريبية وإيرادات غير ضريبية، كما تتضمن النفقات الجارية التشغيلية والتي تمكن الدوائر والوزارات الحكومية من القيام بأعمالها ونشاطاتها التي تقدم من خلال خدمات المواطنين، فضلاً على أن هذه النفقات تغطى من الدخل العام للحكومة والتي تم تحصيله من الإيرادات المحلية مثل الضرائب والرسوم والعوائد.

ب- الموازنة الرأسمالية:

وتتضمن الإيرادات الرأسمالية وهي تمثل المصادر المالية غير العادية للدولة مثل المساعدات والمنح والقروض سواء من دول عربية أو دول أجنبية، كما تتضمن أيضاً النفقات الرأسمالية والتي تمثل نفقات إنشاء المشاريع الجديدة، ويرمز إلى هذه النفقات التي تمول من الدخل العام بالموازنة العامة للأردن بالرمز (2/)،

وبالرمز (3/) للمشاريع التي تمول من المساعدات والقروض، كما تصنف النفقات الرأسمالية ضمن مجموعة النفقات (500) في الموازنة العامة.

جـ- موازنة التمويل:

وتتضمن مصادر تمويل الموازنة العامة من القروض الخارجية والداخلية واستخدامات هذا التمويل في تسديد عجز الموازنة وتسديد أقساط القروض، وقد تلجأ الدولة إلى تغطية نفقاتها العامة من مصادر التمويل المحلية المتاحة والمساعدات والمنح الخارجية، كما تلجأ أيضاً إلى التمويل بالعجز (القروض) في حالة عدم كفاية المصادر المتاحة من الخل العام.

وتجدر الإشارة بأنه يمسك قيود خاصة بأنواع القروض في وزارة المالية لإظهار خدمة الدين العام والذي يتمثل في تسديد الأقساط والفوائد والتي تسدد من المخصصات المرصودة لدى وزارة المالية، كما تستخدم واردات القروض لتسديد عجز الموازنة (التمويل بالعجز).

وتتكون حسابات الموازنة بدورها من مجموعتين أساسيتين تشمل حسابات الإيرادات العامة وحسابات النفقات العامة ويتم تصنيفها وتبويبها وفقاً لتقسيمات الموازنة العامة للدولة وبما يحقق الأغراض التالية:

1- توزيع النفقات والموارد الجارية والرأسمالية طبقاً لطبيعتها النوعية.

2- إظهار نتائج تنفيذ الموازنة الجارية من فائض أو عجز جاري.

3- إظهار نتائج الموازنة الرأسمالية من فائض أو عجز رأسمالي.

4- بيان مصادر التمويل التي استخدمت في تغطية العجز الجاري أو العجز الرأسمالي، وكذا بيان أوجه التصرف في الفائض وفقاً لأوضاع الموازنة أو ما تقرره السياسات الاقتصادية وأيضاً ما تقرره القوانين والتشريعات واللوائح المالية المعمول بها.

وسيتم تناول حسابات الإيرادات العامة والنفقات العامة في النظام المحاسبي الأردني بالتفصيل كما يلي:

أ- حسابات الإيرادات العامة:

وفقاً للمادة رقم (2) من النظام المالي رقم (3) لسنة 1994 بأن الإيرادات هي: ((جميع الضرائب والرسوم والعوائد والأرباح والفوائض والمساعدات وأي أموال أخرى ترد لأي دائرة أو وزارة أو هيئة عامة تدخل موازنتها ضمن الموازنة العامة للحكومة)).

وكما أنه يتم تحصيل الإيرادات والتي تمثل الدخل العام من مصادر شتى أهمها الضرائب المختلفة والرسوم والعوائد والأرباح، وتصنف هذه الإيرادات وفقاً لطبيعة المعلومات التي ترغب بإظهارها وتوفيرها من مصادر التمويل وتكون لازمة لأغراض الرقابة والتخطيط ورسم السياسات الاقتصادية.

وعلى هذا فإنه يتم تصنيف الإيرادات العامة في الموازنة العامة الأردنية إلى مجموعة فصول رئيسية ويرمز لكل فصل برمز يتميز من (1-...)، وتصنف إيرادات كل فصل في أنواع فرعية (مواد) ويرمز لمواد كل فصل بأرقام متسلسلة ابتداء من الرقم (1) وحسب العدد الذي يشتمل عليه أنواع الإيرادات في ذلك الفصل، ووفقاً لهذا التصنيف يفتح حساب فصل/مادة تسجل فيه العمليات المالية المتعلقة بهذا الحساب، كما يسجل في كل حساب من حسابات الإيرادات نوعان من العمليات المالية المحاسبية هما:

أولاً: المبالغ التي يتم تحصيلها والتي تعود إلى ذلك الحساب، أي أن جميع أنواع الإيرادات يتم تصنيفها وفقاً للتصنيف الوارد في الموازنة العامة للدولة.

ثانياً: المبالغ التي يتم ردها إلى الأشخاص الذين حصل منهم أي مبلغ كإيراد عام بطريق الخطأ، أو بدون مسوغ قانوني أو في حالة القيد الخطأ لمبلغ ما في حساب غير الحساب الذي يعود إليه، وهو الأمر الذي يتم عليه تنظيم

(مستند تسوية) لتنزيل المبلغ من الحساب الذي سجل فيه لرده إلى صاحبه أو تحميله إلى الحساب الخاص به في حالة الخطأ في التسجيل.

وقد حددت المادة (6) من النظام المالي رقم (3) لسنة 1994 عملية رد الأموال المقبوضة والتي استوفيت خطأ في سنة مالية جارية ترد من نفس الحساب الذي قيدت له، أما إذا استوفيت خطأ في سنوات مالية سابقة فترد من مادة (رديات السنوات السابقة) ووفقاً لقانون الموازنة العامة للدولة للسنة المالية الجارية.

ب- حسابات النفقات العامة:

((هي جميع المبالغ المخصصة لمواجهة الالتزامات المتحققة بموجب التشريعات المعمول بها)).

وتصنف هذه النفقات في الموازنة العامة للدولة بصورة رئيسية إلى:

أولاً: نفقات جارية، وهي التي يتكرر دفعها سنوياً بصورة كلية أو جزئية بهدف تمكين الجهاز الإداري الحكومي من القيام بأداء المهام والواجبات المطلوبة منه ومنها الرواتب والأجور والعلاوات وأثمان القرطاسية وأثمان المياه والكهرباء وغيرها.

وقد قسمت النفقات الجارية إلى مجموعات أربعة كالتالي:

1- مجموعة الرواتب والأجور والعلاوات، ويرمز إليها بالرمز (100).

2- مجموعة النفقات التشغيلية (سلع وخدمات) ويرمز إليها بالرمز (200).

3- مجموعة النفقات التحويلية ويرمز إليها بالرمز (300).

4- مجموعة النفقات الأخرى (غير العادية) ويرمز إليها بالرمز (400).

والنفقات العامة ترد في الموازنة العامة في الأردن في صورة هذه المجموعات وكل مجموعة منها تتضمن عدة مواد متجانسة أي أنه يعني استخدام التصنيف

النوعي للنفقات كأساس للتصنيف الإداري حسب الوحدات الإدارية الحكومية والتي يشملها الهيكل التنظيمي العام للحكومة.

ثانياً: نفقات رأسمالية، ويقصد بها تلك النفقات التي يتم دفعها في سبيل الحصول على الأصول المختلفة والقيام بتنفيذ المشاريع الحيوية مثل نفقات بناء السدود والطرق والكباري والمطارات والموانئ حيث تمتد آثارها لفترة طويلة، كما تهدف هذه النفقات في مجموعها إلى زيادة التكوين الرأسمالي للحكومة وتنشيط الاقتصاد الوطني بشكل مباشر أو غير مباشر.

وتنقسم النفقات الرأسمالية حسب مصادر تمويلها إلى قسمين:

1- النفقات الرأسمالية الممولة من الإيرادات: وتشمل نفقات المشاريع التي تمولها الدولة من إيراداتها الذاتية بشكل كلي أو جزئي وتحمل الرقم (2) بجانب رقم الفصل.

2- النفقات الرأسمالية الممولة من القروض والمنح: وتشمل نفقات المشاريع الممولة كلياً أو جزئياً من القروض (داخلية أو خارجية) ومن المنح وتحمل الرقم (3) بجانب رقم الفصل. وبصفة عامة فإن النفقات الرأسمالية سوا كانت ممولة من الإيرادات أو من القروض والمنح تم إعادة تصنيفها في الموازنة العامة بحيث أعطيت رمزاً معيناً وتم تحليلها إلى مواد.

2-3-7 حسابات خارج الموازنة:

وهي تتضمن الحسابات الأخرى والتي تمسكها الوحدة المحاسبية الحكومية وتستخدم لأغراض الرقابة على عمليات الوحدات الحكومية، ويراعى تصفية هذه الحسابات عند انتهاء الغرض منها، وتتمثل في الحسابات الوسيطة وحسابات الخزينة.

الحسابات الوسيطة:

تقوم الوحدات المحاسبية الحكومية بإجراء بعض العمليات المالية التي تختص بقبض مبالغ لا يمكن تحميلها مباشرة إلى حسابات الإيرادات وبعضها يختص بصرف مبالغ لا يمكن تحميلها لحسابات النفقات العامة وبالتالي خصمها من نفقات الموازنة إما بصورة مؤقتة أو نهائية ويكون ذلك لأحد السببين التاليين:

الأول: أن هذه المبالغ ليست إيرادات أو نفقات تخص الدولة وإنما قد تخص أشخاص آخرين أو جهات معينة.

الثاني: أن هناك مبالغ تحتاج إلى إجراءات خاصة وتسويات أخرى لكي يتم تحميلها على حسابات الإيرادات أو النفقات العامة.

وعلى هذا فإن المبالغ التي يتم اقتطاعها من رواتب الموظفين والتي تكون على شكل ضريبة الدخل وتأمين صحي وضمان اجتماعي، أو تقطع لصالح بنك الإسكان وغيرها من الحالات التي تقيد في الحسابات الوسيطة حتى يتم تسويتها وذلك سواء تم ردها إلى أصحابها أو تحميلها على حسابات الموازنة.

ووفقاً للنظام المالي الأردني رقم (3) لسنة 1994 فإن أنواع الحسابات الوسيطة تتمثل في حسابات السلفات وحسابات الأمانات والتأمينات وحسابات النقود المنقولة وحسابات المصروفات المستردة.

ويتم تناول هذه الحسابات بإيجاز كما يلي:

أ- حسابات السلف:

وهي الحسابات التي تنظم قيد المبالغ التي تصرف مقدماً من قبل الوحدات الإدارية الحكومية لإنجاز أعمال محددة، أو القيام بمهام محددة أو لمواجهة التزامات على الدائرة الناشئة عن عقود أو اتفاقيات أو كفالات.

ويتم تسويتها وفقاً للأحكام والغايات التي تم الصرف من أجلها ويتم إغلاقها وذلك وفقاً لإجراءات محددة وحسب نوعية هذه السلفيات.

ب- حسابات الأمانات والتأمينات:

هذه الحسابات تقيد فيها المبالغ التي تقتطع من قبل الدوائر والمراكز المحاسبية الحكومية كوديعة لحساب مستحقيها ولكي تسوى لحسابهم ويتم قيدها في حسابات الأمانات انتظاراً لتسويتها، أما حسابات التأمينات فتشمل المبالغ التي يدفعها الأفراد في حالات معينة ضماناً لحقوق الخزينة بذمة الغير، حيث تستدعي عمليات التعامل مع الدولة في حالة التعهدات والتوريدات وغيرها من دفع مبالغ كتأمينات ترد إلى أصحابها عند انتهاء الغرض من تقديمها ومثل هذه المبالغ تسجل في حسابات الأمانات.

جـ- حسابات النقود المنقولة:

وهي الحسابات التي يتم فيها تنظيم النقود المنقولة التي يتم نقلها من الخزينة العامة للدولة (وزارة المالية) والخزائن الفرعية (الدوائر ومديريات المالية في المحافظات) أو بالعكس، أو تلك النقود التي يتم تحصيلها من قبل خزائن فرعية ويتم تحويلها إلى خزينة الدولة وفقاً لإجراءات وتعليمات محددة، كما قد تكون النقود المنقولة من المبالغ التي يتم تحويلها من الخزينة العامة (وزارة المالية) إلى المراكز المحاسبية الحكومية لتغطية نفقاتها حسب المخصصات المرصودة لها في الموازنة العامة.

وعلى هذا تمسك الوحدات الحكومية حسابات لضبط حركة النقود المنقولة وذلك وفقاً لإتباع إجراءات وتعليمات مالية محددة.

د- حسابات المصروفات المستردة:

المصروفات المستردة هي المبالغ التي يتم استردادها من قبل الوحدات الإدارية الحكومية بعد صرفها بغير حق أو زيادة عن مبلغ الاستحقاق.

وقد عالجت المادة (22) من النظام المالي رقم (3) لسنة 1994 والتعليمات التطبيقية للشؤون المالية رقم السنة 1995، النفقات التي دفعت خلال السنة واستردت في السنة نفسها تقيد لحساب الحوالة المالية التي تعود إليها تلك النفقات، وأما النفقات التي دفعت في سنوات سابقة واستردت في السنة الجارية فتقيد في حساب الإيرادات العامة.

وفيما يلي نماذج لبعض السجلات التي يتم مسكها في النظام المحاسبي الأردني:

نموذج دفتر يومية الصندوق:

وزارة المالية

المركز: ....

التاريخ	رقم مستند الصندوق	رقم التمويل	رقم مستند	رقم الوصول	رقم مستند القبض	من	إلى	البيان		المبلغ الإجمالي		12 شهر					
												من		إلى			
										فلس	دينار	فلس	دينار	فلس	دينار	فلس	دينار
									1								
									2								
									3								
									4								
									5								
									6								
									7								
									8								
									9								
									10								
									11								
									12								
									13								
									14								
									15								
									16								
									17								
									18								
									19								
									20								
									21								
									22								
									23								
									24								
									25								
									26								
									27								
									28								
									29								
									30								

المملكة الأردنية الهاشمية
وزارة المالية
مديرية الحسابات العامة

الخلاصة الحسابية الشهرية لإجمالية المصروفات / الواردات
الجانب الأيمن

المراكز المالية	كانون ثاني		شباط		آذار		نيسان		أيار		حزيران	
	فلس	دينار	فلس	دينار	فلس	دينار	فلس	دينار	فلس	دينار	فلس	دينار
النفقات												
وزارة التربية والتعليم												
وزارة الأشغال العامة												
وزارة التنمية الاجتماعية												
وزارة الصحة												
وزارة الزراعة												
وزارة الخارجية												
وزارة المواصلات												
وزارة الشؤون البلدية والقروية												
وزارة التخطيط												
وزارة التعليم العالي												
وزارة الطاقة والثروة المعدنية												
مؤسسة المواصلات السلكية واللاسلكية												
مؤسسة رعاية الشباب												
الأمن العام												
الدفاع المدني												
سلطة وادي الأردن												
سلطة المصادر الطبيعية												
مؤسسة التلفزيون												
الإذاعة												
الخزينة												
مالية عمان												
مالية السلط												
مالية مادبا												
مالية الزرقاء												
مالية الكرك												
مالية معان												
مالية الطفيلة												
مالية اربد												
مالية عجلون												
مالية جرش												
مالية المفرق												
مالية الكورة												
مالية الرمثا												
مالية الشونة الشمالية												
مالية وادي السير												
مالية الشونة الجنوبية												
مالية سمر												
مالية الطيبة												
مالية دير علا												

												مالية القصر
												مالية المزار الجنوبي
												مالية شمال عمان
												مالية جنوب عمان
												مالية شرق عمان
												مالية ناعور
												مالية الرصيفة
												مالية وادي موسى
												مالية الشوبك
												المجموع
												إضافة التسويات
												المجموع
												تنزيل التسويات

المملكة الأردنية الهاشمية

وزارة المالية — الخلاصة الحسابية الشهرية لإجمالية المصروفات / الواردات

مديرية الحسابات العامة — الجانب الأيسر

تموز		آب		أيلول		تشرين أول		تشرين ثاني		كانون أول		الإجمالي	
فلس	دينار	فلس	دينار	فلس	دينار	فلس	دينار	فلس	دينار	فلس	دينار	فلس	دينار

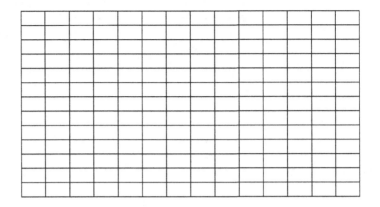

المملكة الأردنية الهاشمية
جدول مفردات الأمانة المستردة
الحركة شهر ....

فلس	دينار	الرقم	التاريخ	الأمانة المأخوذة			فرع الأمانة	اسم مسترد الأمانة
				رقم مستند القبض	رقم وصول القبض	التاريخ		

المملكة الأردنية الهاشمية

جدول مفردات السلفات والسلفات المستردة

السلفات				السلفات المستردة				نوع السلفة	الاسم
فلس	دينار	مستند القبض		فلس	دينار	مستند القبض			
		رقمه	تاريخه			رقمه	تاريخه		

التاريخ: .... المحاسب ....

الفصل

الثامن

المعالجة المحاسبية للإيرادات والمقبوضات الأخرى

الفصل الثامن

المعالجة المحاسبية للإيرادات والمقبوضات الأخرى

مقدمة:

سبق أن أوضحنا مفهوم الإيرادات ومصادرها والمستندات التي تخصها وتلزم لجبايتها، ولكن يتطلب الأمر الإشارة بأن تحصيل الإيرادات العامة للدولة لا يرتبط بصدور قانون الموازنة العامة كما هو الحال في حالة السماح بالإنفاق العام، فالإيرادات العامة تنفرد بموجب قوانين وتشريعات تحدد من الذي يدفعها أو أساليب تقديرها وتحقيقها.

وفي الدول تتولى أجهزة إدارية حكومية تحصيل الإيرادات بصورة متخصصة غالباً لصالح خزينة الدولة مثل الإدارة المتخصصة في تحصيل الضرائب (دائرة ضريبة الدخل)، أما هناك رسوم تحصلها بعض الدوائر التي تدير النشاط المتعلق بتلك الرسوم مثل دائرة الجوازات العامة تتولى تحصيل رسوم الجنسية وإصدار جوازات السفر، دائرة المساحة والأراضي والتي تتولى تحصيل الرسوم المتعلقة ببيع الأراضي وتسجيلها.

وهناك جهات أخرى يتم فيها تحصيل الرسوم والضرائب من جهات ليس لها علاقة أساسية بالنشاط وذلك تسهيلاً لعملية التحصيل مثل رسوم التلفزيون يتم تحصيلها عبر فواتير الكهرباء.

كما أن هناك بعض المقبوضات لصالح دوائر أخرى حكومية يتم اقتطاعها من المصدر أي من رواتب الموظفين مباشرة وتقيد بصورة مؤقتة كأمانات باسم الخزينة أو الدوائر الحكومية التي تقتطع لصالحها، ومن ثم يتم تحويلها إلى هذه الدوائر، وتتمثل هذه الاقتطاعات في المبالغ المقتطعة لحساب التأمين الصحي والضمان الاجتماعي ودوائر أخرى متعددة.

وتقوم وزارة المالية بإمساك دفتر يومية الصندوق بصورة مركزية في قسم صندوق الإيرادات العامة يقيد فيه جميع المبالغ التي يجري تحصيلها من قبل الوحدات الإدارية والمراكز المحاسبية التي تتولى تحصيل الإيرادات أو قبضها ومن ثم توريدها إلى صندوق الإيرادات العامة، بالإضافة إلى المبالغ التي تقبض مباشرة من بعض الدوائر الحكومية مثل دائرة الجمارك والتي تحول المبالغ التي تحصلها يومياً بعد قيدها في دفتر الصندوق الذي تمسكه إما نقداً إلى صندوق الإيرادات العامة لدى وزارة المالية، أو بموجب قسائم إيداع إذا تم التوريد مباشرة لحساب الإيرادات العامة لدى البنك المركزي.

والإيرادات التي تحصلها الدوائر الحكومية والمراكز المحاسبية المختلفة يتم قيدها في دفتر صندوق الإيرادات حسب تسلسل عمليات القبض من بداية الشهر حتى نهايته، ثم يتم تنسيق هذه الإيرادات حسب أنواعها في دفتر الأستاذ المساعد تماماً كالتصنيف الوارد في الموازنة العامة، كما أنه عند إقفال الحسابات في نهاية الشهر يتم ترحيل مجموعها إلى الخلاصة المحاسبية الشهرية التي يتم إعدادها لإظهار الإيرادات الفعلية والنفقات الفعلية وغيرها من المقبوضات والمدفوعات، وترسل الخلاصة المحاسبية الشهرية إلى وزارة المالية لقيدها في السجلات المركزية.

وعلى ضوء المادة (4) من النظام المالي رقم (3) لسنة 1994 الفصل الثاني يتبين أن: تحقيقاً للغايات المقصودة من هذا النظام تعتمد الدائرة الأسس والقواعد المالية والمحاسبية التالية في تطبيق أسلوب المركزية في توريد إيرادات الدائرة لحساب الخزينة العامة.

وتأسيساً على ما سبق أنه يتم تحصيل الإيرادات العامة وذلك وفقاً للأساس النقدي في تسجيلها لذلك يتم إثباتها عند تحصيلها فقط، فضلاً عن تعدد أساليب تحصل الإيرادات في الوحدات الحكومية لتشمل التحصيل النقدي عن طريق

الخزائن الفرعية أو الخزائن العامة والتحصيل عن طريق الشيكات أو عن طريق الحوالات البريدية ويتم تحويل هذه الإيرادات إلى حساب الإيرادات العامة وترحيلها إلى السجلات المركزية في وزارة المالية.

ونود الإشارة في هذا السياق أن القيود المحاسبية الخاصة بالإيرادات العامة تختلف عنها في الدول العربية. وسيتم معالجة ذلك وفقاً للنظام المالي رقم (3) لسنة 194م.

وبعد استكمال الإجراءات الإدارية المتعلقة بعمليات قبض الإيرادات والمقبوضات الأخرى، حيث يتم قبضها بموجب إيصال مقبوضات معتمد سواء كان هذا الإيصال رئيسياً أو فرعياً أو بموجب نموذج رخص أو قسائم مالية مقررة ويعطى الدافع نسخة منها.

وبناء على هذا يتولى قسم صندوق الإيرادات لدى وزارة المالية بإدارة وضبط القيود المتعلقة بالإيرادات العامة، ويمسك دفتر يومية بالإيرادات، ويتم تحصيل الإيرادات وفقاً للحالات التالية:

أ- يتم توريد مبالغ الإيرادات مباشرة من قبل وزارة المالية (صندوق الإيرادات) في نهاية كل يوم عمل إلى حـ/الإيرادات العامة لدى البنك المركزي.

ب- تقوم بعض الدوائر الحكومية بتحصيل الإيرادات حسب اختصاصها وتوريدها يومياً إلى صندوق الإيرادات في وزارة المالية أو إلى حـ/الإيرادات العامة لدى البنك المركزي أو أحد البنوك المعتمدة وإحضار فيشة الإيداع، ونسخة دفتر الصندوق الذي سجلت فيه الإيرادات إلى أمين صندوق الإيرادات في وزارة المالية.

جـ- تتولى دوائر أو مصالح حكومية محددة (مؤسسة المواصلات ووزارة البريد والاتصالات) تحصيل الإيرادات الخاصة بها وقيدها في سجلاتها وتوريدها إلى حسابها الخاص حيث يتم تحويلها كل شهر إلى حساب الإيرادات بموجب

حوالات مالية مسحوبة على حساباتها، ومن ثم يتم توسيط ح/النقود المنقولة عند توريد الإيرادات إلى ح/الإيرادات لدى البنك المركزي تماماً كما هو الحال في المراكز المحاسبية المختلفة لدى مديريات في المحافظات.

د- يمكن للأفراد والشركات إيداع المبالغ المستحقة عليهما في حساب الإيرادات العامة لدى البنك المركزي وتقديم فيشة الإيداع إلى أمين صندوق الإيرادات العامة لقيدها في صندوق الإيرادات لدى وزارة المالية.

وبناء على ما تقدم نعرض في هذا الفصل الموضوعات التالية:

1- الدورة المستندية للإيرادات والمقبوضات.

2- المعالجة المحاسبية للإيرادات العامة.

3- المعالجة المحاسبية للمقبوضات الأخرى.

4- المعالجة المحاسبية للشيكات المرتجعة.

5- المعالجة المحاسبية لتحصيل الإيرادات لدى الخزينة الفرعية.

6- المعالجة المحاسبية لتحصيل الإيرادات في الخزينة العامة.

7- المعالجة المحاسبية للنقدية الواردة للخزائن العامة وهيئة البريد.

8- حالات عملية محلولة وغير محلولة.

ولضرورة التحليل سوف نتناول هذه الموضوعات بالتفصيل الآتي:

8-1 الدورة المستندية للإيرادات والمقبوضات الأخرى:

تتمثل الدورة المستندية للإيرادات والمقبوضات الأخرى في الآتي:

1-1-8 الدورة المستندية على مستوى الوحدة الإدارية الحكومية:

1- يقوم الموظف المختص بتنظيم (أمر قبض) متضمناً المبلغ المتحقق واسم الحساب العائد له واسم المكلف بالدفع وعليه كتابة اسمه بالكامل وتوقيعه.

2- يقدم (أمر القبض) إلى المدقق الداخلي في الدائرة الذي عليه تدقيق البيانات الواردة فيه ويستكمل ما كان ناقصاً منها ثم يوقعه ويختمه بالخاتم الرسمي ويكتب اسمه بالكامل إشعاراً منه بصحة البيانات الواردة فيه.

3- يقدم (أمر القبض) إلى أمين الصندوق الذي يقبض قيمته بموجب (وصول مقبوضات) ينظم باسم الدافع كاملاً ويكتب بخط واضح مع بيان كافٍ عن الغاية التي قبض المبلغ من أجلها ويسلم النسخة الأولى من الوصول للدافع ويرفق النسخة الثانية مع أمر القبض وتبقى النسخة الثالثة في أرومة الجلد.

4- تحول النسخة الثانية من (وصول المقبوضات) إلى ماسك دفتر اليومية العامة (يومية الصندوق) والذي علية مطابقة مجموع المبلغ المذكور في (أمر القبض) مع (وصول مقبوضات) وفي حالة المطابقة يسجل الوصول في دفتر اليومية العامة حسب تسلسل أرقام وصول المقبوضات طبقاً لطريقة القيد المزدوج، أما في حالة وجود اختلاف بالمبلغ فعليه إشعار رئيسه المباشر الذي عليه أن يتأكد من الأمر ويتخذ الإجراء اللازم.

5- يقوم ماسك دفتر اليومية العامة بجمعه في نهاية كل يوم والتأكد من صحة القيود.

6- تحول النسخة الثانية من وصول المقبوضات المعززة بأوامر القبض كل يوم مع النسخة الأولى من دفتر اليومية العامة إلى الموظف المختص بدفاتر الأستاذ

المساعدة (جداول التصنيف) لترحل بيانات أوامر القبض إلى الحسابات الخاصة بها ويطابق مجاميعها مع مجموع دفتر اليومية.

7- يقوم ماسك دفتر اليومية العامة في نهاية كل شهر بجمعه ويتم ترحيل مجاميع الحركات الشهرية لكل حساب إلى دفتر الأستاذ العام، ثم يتم عمل ميزان المراجعة الشهرية بطريقة المجاميع والأرصدة على دفتر مخصص لهذه الغاية.

8- يقوم محاسبو الدوائر بتقديم الحسابي (النسخة الأولى من دفتر اليومية العامة (دفتر الصندوق) أو (الإرسالية)) من قبل الرئيس المباشر أو المسؤول الإداري في الدائرة ومرفقاً به أرومات جلود الوصول مع النقد أو قسائم الإيداع (الفيش البنكية) المساوية لقيمة البيان في نهاية كل يوم إلى محاسبي وزارة المالية في مختلف المراكز معززاً بأمر القبض ليصار إلى توقيعه وقبض قيمته وقيده حسب الأصول.

8-1-2 الدورة المستندية على مستوى وزارة المالية:

تضمن التعليمات التطبيقية للشؤون المالية رقم (01) لسنة 1995 الصادرة بموجب النظام المالي رقم (3) لسنة 1994 ووفقاً للمادة (28) من اللائحة المذكورة الآتي:

يقوم محاسب وزارة المالية عند استلامه البيان الحسابي ومرفقاته بالإجراءات التالية:

أ- تقديمه لمدقق المقبوضات الذي عليه القيام بما يلي:

1- تدقيق البيان الحسابي وأرومة جلود الوصولات مع الرخص والقسائم وكذلك قسائم الإيداع (الفيش البنكية) ومطابقتها مع المعلومات مع المعلومات المدونة في البيان الحسابي.

2- التأكد من صحة تسلسل أرقام الوصولات مع الرخص والقسائم ومطابقة المجموع النهائي للبيان الحسابي مع مجموع أمر القبض وقسائم الإيداع.

3- التأكد من عدم وجود أخطاء أو شطب في كتابة وتعبئة الوصول وإن وجدت يجب أن تكون موقعة من قبل أمين الصندوق ورئيسه المباشر أو المسؤول الإداري.

4- التأكد من أن المبالغ المقبوضة قد أودعت في البنك أولاً بأول دون تأخير.

5- إجراء مطابقة دورية لحجم المقبوضات للفترات الدورية المتماثلة.

6- ختم وتوقيع وكتابة اسم المدقق الكامل على آخر نسخة مستعملة من الوصول أو القسيمة أو الرخصة المالية لمتابعة تسلسل الأرقام في البيانات الحسابية اللاحقة.

7- ختم وتوقيع اسم المدقق الكامل على البيان الحسابي وأمر القبض إشعاراً بقيامه بالتدقيق وصحة المعلومات.

ب- تنظيم وصول المقبوضات بقيمة البيان.

جـ- تحويل النسخة الثانية من وصول المقبوضات المرفق مع أمر القبض إلى ماسك دفتر اليومية العامة لقيده.

د- تحويل جميع النسخ الثانية من وصول المقبوضات المعززة بأوامر القبض مع النسخة الأولى من دفتر اليومية العامة إلى ماسك دفاتر الأستاذ المساعدة الذي يقوم بترحيل محتوياتها حسب فصولها وموادها في قانون الموازنة العامة.

2-8 المعالجة المحاسبية للإيرادات العامة:

واتساقاً على ما سبق فإن قيود اليومية والمعالجة المحاسبية للإيرادات العامة تتمثل في الآتي:

8-2-1 تحصيل الإيرادات من قبل الدوائر والوحدات الإدارية الحكومية:

قد يتم تحصيل الإيرادات نقداً أو بشيكات أو بحوالات بريدية، أو خصماً من المستحقات وذلك عن طريق الخزائن العامة أو الخزائن الفرعية، وفيما يلي نبين كيفية المعالجة المحاسبية للإيرادات نقداً أو بشيكات:

1- حالة قبض الإيرادات نقداً أو بشيكات:

أ- إذا كانت الإيرادات معلومة النوع:

×××	من حـ/ الصندوق	
	×××	إلى حـ/ الإيرادات / فصل ..... مادة ....

بموجب أمر القبض وووصول المقبوضات

ب- إذا كانت الإيرادات غير معلومة النوع:

×××	من حـ/ الصندوق	
	×××	إلى حـ/ الإيرادات تحت التسوية

جـ- إذا تم معرفة نوعها:

×××	من حـ/ الإيرادات تحت التسوية	
	×××	إلى حـ/ الإيرادات / فصل .... مادة ......

د- في حالة إذا كانت الإيرادات تخص وحدة إدارية حكومية أخرى:

×××	من حـ/ الصندوق	
	×××	إلى حـ/ جاري مبالغ دائنة تحت التسوية (اسم المصلحة)

2- توريد الإيرادات المجمعة إلى صندوق الإيرادات العامة بالبنك المركزي:

أ- في دفتر أمين صندوق الدائرة:

من ح/ البنك المركزي ×××

إلى ح/ الصندوق ×××

بموجب فيشة إيداع ووصول المقبوضات

ب- في دفتر أمين صندوق الإيرادات لدى وزارة المالية:

من ح/ البنك المركزي ×××

إلى ح/ الإيرادات / فصل .... مادة ...... ×××

بموجب وصول المقبوضات وفيشة الإيداع

ويعني ذلك أنه تم قبض الإيرادات مباشرة عن طريق البنك المركزي.

3- عند قبض الإيرادات عن طريق البنوك التجارية المعتمدة:

من ح/ بنك القاهرة عمان ×××

إلى ح/ الإيرادات / فصل .... مادة ... ×××

حالة افتراضية (1):

مثال (1):

تسلمت إحدى الدوائر الحكومية مبالغ نقدية سداد لإيرادات مستحقة وكانت قيمتها كالتالي:

أ- 4000 دينار إيرادات سيادية محددة النوع تخص الدائرة.

ب- 3000 دينار إيرادات خدمات تخص مصلحة حكومية أخرى / وزارة العدل.

جـ- 6000 دينار إيرادات من إحدى الخزائن الفرعية / دائرة السير.

د- ثم قامت الدائرة بسداد المبالغ المطلوبة لوزارة العدل ودائرة السير بموجب شيكات.

والمطلوب: إجراء قيود اليومية اللازمة بدفتر الدائرة الحكومية.

الحل:

المبالغ		البيان	التاريخ
منه	له		
4000	4000	من حـ/ الصندوق إلى حـ/ الإيرادات / فصل .... مادة ..... بموجب أمر القبض ووصول المقبوضات	(أ)
3000	3000	من حـ/ الصندوق إلى حـ/ جاري المبالغ الدائنة تحت التسوية / وزارة العدل الإيرادات تخص وحدة إدارية حكومية أخرى	(ب)
6000	6000	من حـ/ الصندوق إلى حـ/ جاري المبالغ الدائنة تحت التسوية / دائرة السير بموجب أمر القبض ووصول المقبوضات	(جـ)
3000	3000	من حـ/ جاري المبالغ الدائنة تحت التسوية / وزارة العدل إلى حـ/ الشيكات تحويل المبالغ المحصلة إيرادات بشيك إلى المصلحة الخاصة بها	(د)
6000	6000	من حـ/ جاري مبالغ دائنة تحت التسوية / دائرة السير إلى حـ/ الشيكات تحويل المبالغ المحصلة إيرادات بشيك إلى دائرة السير	

حالة افتراضية (2):

فيما يلي بعض العمليات التي تمت في إحدى الدوائر الحكومية:

1- قامت الدائرة بتوريد الإيرادات المتجمعة لديها وقيمتها 70000 دينار إلى صندوق الإيرادات العامة لدى البنك المركزي.

2- تم قبض إيرادات مستحقة لها من بنك القاهرة عمان وقيمتها 80000 دينار.

3- قامت الدائرة بسحب شيك على البنك المركزي بمبلغ 50000 دينار لتغذية الخزينة العامة.

4- قامت الدائرة بإرسال مبلغ 30000 دينار من الخزينة العامة التابعة لها لإيداعها بالبنك المركزي فأصدرت إذن صرف لذلك وتسلمت بعد ذلك إشعار الإضافة من البنك.

المطلوب:

قيد العمليات السابقة في يومية الدائرة.

الحل:

الحالة رقم (1 و2):

المبالغ		البيان	التاريخ
منه	له		
70000	70000	من حـ/ البنك المركزي إلى حـ/ الصندوق بموجب قسيمة إيداع ووصول المقبوضات	(1)
80000	80000	من حـ/ بنك القاهرة عمان إلى حـ/ الإيرادات / فصل .... مادة ..... بموجب قسيمة إيداع ووصول المقبوضات	(2)

الحالة رقم (3):

المبالغ		البيان	التاريخ
منه	له		
		سحب الشيك	(أ)
50000		من حـ/ جاري المبلغ المدينة تحت التسوية	
	50000	إلى حـ/ الشيكات	
		سحب الشيك	
		استلام النقدية:	(ب)
50000		من حـ/ الخزينة	
	50000	إلى حـ/ جاري المبالغ المدينة تحت التسوية	
		استلام النقدية	
		استلام إشعار الخصم من البنك المركزي:	(جـ)
50000		من حـ/ الشيكات	
	50000	إلى حـ/ البنك المركزي	
		وصول الإشعار بالخصم	

الحالة رقم (4):

المبالغ		البيـــــــــــان	التاريخ
منه	له		
		سحب إذن الصرف	(أ)
30000		من حـ/ جاري المبالغ المدينة تحت التسوية	
	30000	إلى حـ/ الحوالات	
		قيام الدائرة بسحب إذن صرف	

30000		صرف المبلغ من الخزينة العامة:	(ب)
		من حـ/ الحوالات	
	30000	إلى حـ/ الخزينة	
30000		ورود إشعار الإضافة باستلام النقدية	(جـ)
		من حـ/ البنك المركزي	
	30000	إلى حـ/ جاري المبالغ المدينة تحت التسوية	
		ورود الإشعار بالاستلام	

2-2-8 تحصيل الإيرادات لدى وزارة المالية:

يقوم قسم صندوق الإيرادات التابع لمديرية الحسابات العامة في وزارة المالية بتحصيل الإيرادات العامة وذلك حسب الجدول الزمني الذي تصدره الوزارة الذي يتضمن فصول ومواد وبنود كل نوع من أنواع الإيرادات وفقاً لقانون الموازنة العامة.

ويقوم هذا الصندوق بقبض الإيرادات من الجهات التالية:

أ- الوزارات والدوائر الحكومية المستقلة محاسبياً، حيث تقوم بتوريد إيراداتها إلى هذا الصندوق في نهاية كل شهر بموجب شيك بقيمة الإيرادات مرفق به كتاب أو كشف يبين تفاصيلها.

ب- الوزارات والدوائر الحكومية غير المستقلة محاسبياً بما فيها الدوائر التابعة لوزارة المالية (ضريبة الدخل، الجمارك) ويتم التوريد من هذه الوحدات بموجب النسخة الأولى من دفتر الصندوق والنسخة الثانية من وصول المقبوضات المرفق بها أمر القبض وقيمة الإيرادات إما نقداً أو بموجب قسائم إيداع (إشعار) من البنك المركزي أو أي بنك آخر معتمد لهذه الغاية.

جـ- مديريات ماليات المحافظات ويتم توريد إيراداتها إلى صندوق الإيرادات عن طريق توسيط البنك المعتمد الذي يقوم بدوره بتحويلها إلى البنك المركزي وبموجب إشعارات أصولية.

د- الشركات والمؤسسات والأفراد المكلفين بدفع ما يستحق عليها من ضرائب إضافية أو رسوم ... الخ.

وعلى هذا فإن قبض الإيرادات قد يكون نقداً أو شيكات وفي هذه الحالة يتم إجراء القيد التالي:

1- قبض الإيرادات نقداً أو بشيكات:

×××	من حـ/ الصندوق
	××× إلى حـ/ الإيرادات العامة/ حسب موادها

بموجب أمر القبض ووصول المقبوضات

2- إيداع الإيرادات في حساب الإيرادات العامة من قبل أمين صندوق الإيرادات بوزارة المالية:

×××	من حـ/ البنك المركزي
	××× إلى حـ/ الصندوق

3- قبض الإيرادات مباشرة من قبل البنك المركزي:

×××	من حـ/ البنك المركزي
	××× إلى حـ/ الإيرادات العامة (حسب موادها)

بموجب وصول المقبوضات وفيشة الإيداع

4- قبض الإيرادات من قبل البنك المعتمد ووصول الإشعار بالإيداع:

×××	من حـ/ البنك العربي الإفريقي
	××× إلى حـ/ الإيرادات العامة (حسب موادها)

5- عند قيام البنك المعتمد (الوسيط) بتحويل المبلغ إلى حـ/ الإيرادات العامة لدى البنك المركزي:

××× من حـ/ البنك المركزي

××× إلى حـ/ البنك العربي الإفريقي

بموجب مستند القيد وفيشة الإيداع

6- يقوم البنك المركزي بتحويل الإيرادات المتجمعة لديه يومياً إلى حـ/ الخزينة العام ويقوم بالآتي:

أ- إرسال إشعار مدين إلى محاسب المالية المختص، وينظم بقيمته مستند صرف ويجري القيد التالي:

××× من حـ/ النقود المنقولة المدفوعة (خزينة)

××× إلى حـ/ البنك المركزي

بموجب مستند صرف وإشعار البنك المركزي المدين

ب- إرسال إشعار دائن إلى أمين صندوق الإيرادات العامة لدى وزارة المالية:

××× من حـ/ البنك المركزي

××× إلى حـ/ النقود المنقولة المقبوضة (خزينة)

بموجب وصول المقبوضات والإشعار الدائن

حالة افتراضية (3):

قامت خزينة وزارة المالية بإرسال مبلغ 9000 دينار في صناديق مؤمن عليها إلى الخزينة العامة التابعة لأحد المصالح الحكومية فقامت بسحب إذن الصرف الخاص بها.

المطلوب:

قيد العملية السابقة في يومية خزينة وزارة المالية.

الحل:

المبالغ		البيـان	التاريخ
منه	له		
9000	9000	من حـ/ جاري المبالغ المدينة تحت التسوية إلى حـ/ الحوالات سحب الإذن	
9000	9000	من حـ/ الحوالات إلى حـ/ الخزينة صرف المبلغ	
9000	9000	من حـ/ حركة النقود المنقولة إلى حـ/ جاري المبالغ المدينة تحت التسوية إرسال النقود	

وحيث أن خزينة وزارة المالية هي خزينة عامة بطبيعتها تقوم بالكثير من الأعمال والعمليات المالية بينها وبين الخزائن العامة الأخرى فسوف نتناولها في تمرين عام وشامل في نهاية هذا الفصل.

3-2-8 تحصيل الإيرادات الواردة من مديريات ماليات المحافظات:

نظراً لقيام هذه المديريات بتنسيق إيراداتها في الخلاصات الحسابية الشهرية حسب فصول ومواد وبنود الموازنة العامة للدولة وترسلها مباشرة للحسابات المركزية في مديرية الحسابات العامة بوزارة المالية شأنها في ذلك شأن مقبوضات وزارة المالية ومؤسسة المواصلات وذلك لتجنب تكرار تسجيل الإيرادات، حيث يتم استخدام حساب وسيط يسمى ((حساب النقود المنقولة)).

وعلى هذا فإنه يتم قبض الإيرادات المختلفة بموجب أوامر قبض ووصول مقبوضات مثل ما يتم في الوحدات الإدارية الحكومية الأخرى وذلك كالتالي:

1- عند قبض الإيرادات نقداً أو بشيكات:

        من ح/ الصندوق   ×××

        إلى ح/ الإيرادات / فصل ... مادة ....   ×××

2- عند إيداع المقبوضات لدى البنك المركزي أو البنك المعتمد:

        من ح/ البنك المركزي / أو البنك المعتمد   ×××

        إلى ح/ الصندوق   ×××

    بموجب أمر القبض ووصول المقبوضات

3- عند قيام البنك المركزي أو البنك التجاري المعتمد بتحويل المبالغ المقبوضة إلى حساب الإيرادات العامة في البنك المركزي:

        من ح/ النقود المنقولة المدفوعة   ×××

        إلى ح/ البنك المركزي / أو البنك التجاري المعتمد   ×××

    بموجب مستند صرف ووصول إشعار لدى مديرية مالية المحافظة

4- أما أمين صندوق الإيرادات العامة لدى وزارة المالية عند استلام قسيمة الإيداع من البنك المركزي:

        من ح/ البنك المركزي -حساب الإيرادات العامة   ×××

        إلى ح/ النقود المنقولة المقبوضة   ×××

حالة افتراضية (4):

بلغت متحصلات الخزينة العامة لمحافظة اربد في 30 من شهر تشرين أول 2001 مبلغ 72000 وبيانها كالتالي:

30000 دينار إيرادات تخص المحافظة.

15000 دينار إيرادات تخص المحافظة ولم يمكن تحديد نوعها بعد.

20000 دينار متحصلات تخص وزارة الإسكان.

3000 دينار تأمينات مؤقتة.

2000 دينار نقدية واردة في صناديق مؤمن عليها من دائرة السير.

2000 دينار نقدية واردة من إحدى الخزائن الفرعية التابعة لوزارة الصناعة.

المطلوب: إجراء قيود اليومية اللازمة في دفاتر الخزينة العامة بالمحافظة.

الحل:

المبالغ		البيان	التاريخ
منه	له		
72000		من حـ/ الخزينة	
		إلى مذكورين:	
	30000	حـ/ الإيرادات / فصل ... مادة	
	15000	حـ/ الإيرادات تحت التسوية	
	20000	حـ/ جاري المبالغ الدائنة تحت التسوية / وزارة الإسكان	
	3000	حـ/ جاري التأمينات المؤقتة	
	2000	حـ/ حركة النقود الواردة	
	2000	حـ/ جاري المبالغ الدائنة تحت التسوية / وزارة الصناعة	
		قيمة المتحصلات النقدية خلال شهر تشرين أول	

4-2-8 الإيرادات المقبوضة وتصحيح أخطاء القيود:

وفقاً للمادة (44) من النظام المالي رقم (3) لسنة 1994 والتعليمات التطبيقية للشؤون المالية رقم (1) لسنة 1995 عالجت رد المبالغ المقبوضة إلى أحد حسابات الإيرادات العامة وذلك وفقاً للحالات التالية:

1- إذا كان التشريع يجيز ردها.

2- إذا استوفيت خطأ في سنة مالية جارية ترد من نفس الحساب الذي قيدت له أما إذا استوفيت خطأ في سنوات مالية سابقة فترد من مادة رديات إيرادات السنوات السابقة وفق قانون الموازنة العامة للسنة المالية الجارية.

3- إذا استوفيت دون وجه حق ترد بقرار من وزير المالية أو من يفوضه.

وعلى هذا تتم الإجراءات اللازمة كالتالي:

1- أخذ موافقة وزير المالية لإجازة ردها.

2- ينظم مستند تسوية (قيد محاسبي) بقيمة المبلغ المراد رده من قبل محاسب التسويات في مديرية الحسابات العامة على النحو التالي:

أ- في حالة إذا تمت عملية القبض والرد في نفس السنة المالية:

×××	من حـ/ الإيرادات (بالاستبعاد)	
	×××	إلى حـ/ الأمانات باسم ....

تخفيض الإيرادات بقيمة المبلغ المحصل خطأ

×××	من حـ/ الأمانات باسم	
	×××	إلى حـ/ البنك المركزي

تسديد الأمانة بموجب شيك رقم ..... والمتعلقة برد الإيرادات المحصلة خطأ

أو ترد الإيرادات بتخفيضها أو الحساب الذي سجلت له مباشرة كالتالي:

×××	من حـ/ الإيرادات / فصل ... مادة	
	×××	إلى حـ/ البنك المركزي

رد مبلغ الإيرادات بقيمة المبلغ المحصل خطأ إلى السيد ..... ومعالجته في نفس السنة من الحساب.

ب- إذا تم رد الإيرادات التي استوفيت خطأ في سنوات سابقة:

من حـ/ رديات إيرادات لسنوات سابقة / فصل ... مادة ..   ×××

إلى حـ/ البنك المركزي   ×××

جـ- إذا وقع خطأ في ترحيل مبلغ إلى حساب لا يعود إليه:

من حـ/ الإيرادات/ ضريبة دخل الشركات/ فصل .. مادة   ×××

إلى حـ/ الإيرادات/ ضريبة دخل الضريبة / فصل ... مادة ...   ×××

تصحيح الخطأ في عملية الترحيل بموجب مستند تسوية

حالة افتراضية (5):

يفرض أن العمليات التالية تمت لدى إحدى الإدارات الحكومية (لديها خزينة فرعية):

1- تسلمت الإدارة التأمينات الآتية: 700 دينار نقداً، 2000 دينار بشيكات تأمينات مؤقتة، 5000 دينار بحوالات بريدية، 10000 دينار بخطاب ضمان كتأمين نهائي.

2- ردت الإدارة الحكومية تأميناً مؤقتاً قد استلمته من أحد المقاولين وقدره 8000 دينار بعد تحويل 7000 دينار كتأمين نهائي.

3- ردت التأمين النهائي الذي سبق أن تسلمت قيمته بخطاب ضمان.

4- سحبت شيكاً بمبلغ 10000 دينار قيمة مستحقات أحد المقاولين بعد خصم مبلغ 2000 دينار غرامة تأخير ومبلغ 500 دينار لحساب مصلحة الضرائب.

المطلوب:

إثبات قيود اليومية اللازمة لما تقدم.

الحل:

1- استلام التأمينات:

المبالغ		البيان	التاريخ
منه	له		
		استلام التأمينات نقداً وبشيكات:	
		من مذكورين:	
700		حـ/ النقدية المحصلة تحت التسوية	
2000		حـ/ شيكات تحت التحصيل	
	2700	إلى حـ/ جاري تأمينات الغير / مؤقتة	
		استلام تأمينات نهائية بحوالة بريدية وخطاب ضمان	
		من مذكورين:	
5000		حـ/ جاري نقدية بالبريد (إيداعات)	
10000		حـ/ الكفالات عن تأمينات الغير / نهائية	
		إلى مذكورين:	
	5000	حـ/ جاري تأمينات الغير / نهائية	
	10000	حـ/ تأمينات الغير / نهائية مقابل خطاب ضمان	

2- رد التأمين المؤقت وتحويل الباقي إلى نهائي:

المبالغ		البيـان	التاريخ
منه	له		
8000		من حـ/ جاري تأمينات للغير / مؤقتة	
		إلى مذكورين:	
	7000	حـ/ جاري تأمينات الغير / نهائي	
	1000	حـ/ الشيكات	

3- رد التأمين النهائي كان محصلاً بخطاب ضمان.

المبالغ		البيان	التاريخ
منه	له		
10000		من حـ/ تأمينات الغير/ نهائية مقابل خطاب ضمان	
	10000	إلى حـ/ الكفالات عن تأمينات الغير /نهائية	

4- سحب شيك رقم .... باسم المقاول .... بعد خصم غرامة التأخير والمستحق لمصلحة الضرائب.

المبالغ		البيـان	التاريخ
منه	له		
12500		من حـ/ النفقات / فصل .... مادة	
		إلى مذكورين:	
	2000	حـ/ إيرادات متنوعة/ بند الغرامة	
	500	حـ/ جاري المبالغ الدائنة تحت التسوية / باسم مصلحة الضرائب	
	10000	حـ/ الشيكات	

3-8 المعالجة المحاسبية الأخرى:

قد تحصل الحكومة بعض المبالغ من المتعاملين معها خصماً من مستحقاتهم لدى هذه المصالح مثل خصم الضرائب على العاملين وكذلك التأمينات الاجتماعية من مرتباتهم، وتتمثل هذه المقبوضات في الأنواع التالية:

1- أموال مقبوضة لحساب الدوائر والمؤسسات العامة والخاصة:

وتتمثل هذه المقبوضات في جملة الاقتطاعات من الرواتب لحساب جهات أخرى مثل مؤسسة الضمان الاجتماعي، وصندوق التأمين الصحي ... الخ:

أ- اقتطاعات الرواتب:

xxx من حـ/ الرواتب والأجور والعلاوات

إلى مذكورين:

xxx حـ/ الأمانات (مجموع الاقتطاعات)

أو حـ/ جاري مبالغ دائنة تحت التسوية (تأمينات)

أو حـ/ جاري مبالغ دائنة تحت التسوية (ضرائب)

xxx حـ/ الشيكات (صافي المرتبات)

ب- عند تسديد الأمانات نقداً أو باستخراج شيكات لها:

xxx من حـ/ الأمانات

أو حـ/ جاري مبالغ دائنة تحت التسوية (هيئة التأمينات)

و حـ/ جاري مبالغ دائنة تحت التسوية (ضرائب)

xxx إلى حـ/ الصندوق (الدفع النقدي)

xxx أو حـ/ الشيكات (الدفع بالشيكات)

جـ- عمد ورود إشعار من البنك المركزي بصرف الشيك:

xxx من حـ/ الشيكات

xxx إلى حـ/ البنك المركزي

د- عند وصول الشيك إلى مصلحة الضرائب:

xxx من حـ/ شيكات تحت التحصيل

xxx إلى حـ/ الإيرادات

بقيمة المستقطع من مرتبات الموظفين

2- أموال مقبوضة بالزيادة من بعض الجهات أو الأشخاص:

xxx من حـ/ الصندوق

xxx إلى حـ/ الأمانات - اسم صاحب الأمانة

وذلك قيمة المبلغ المحصل زيادة من الضريبة على السيد ...

3- أموال مقبوضة كتأمينات نقدية:

أ- عند قبض مبلغ التأمينات نقداً:

    من حـ/ الصندوق   ×××

    إلى حـ/ التأمينات / عطاء رقم ....   ×××

    بموجب وصول المقبوضات رقم ... تاريخ ....

ب- عند قبض مبلغ التأمينات بشيك:

    من حـ/ البنك المركزي   ×××

    إلى حـ/ التأمينات / عطاء رقم .....   ×××

    بموجب قسيمة إيداع ووصول المقبوضات رقم ... تاريخ ...

جـ- عند رد المبلغ لصاحبه بعد استنفاذ الغرض الذي من أجله قبض مبلغ التأمين:

    من حـ/ التأمينات / عطاء رقم ....   ×××

    إلى حـ/ البنك المركزي   ×××

    بموجب مستند الصرف والتحويل رقم .... تاريخ ....

د- عند قبض مبلغ كأمانة من إحدى الدوائر الحكومية للإنفاق منه على مشروع محدد:

    من حـ/ الصندوق   ×××

    إلى حـ/ أمانات / مشروع   ×××

    بموجب وصول المقبوضات رقم ... تاريخ ....

هـ- عند الإنفاق من هذه الأمانة على النشاط المحدد له:

    من حـ/ أمانات / مشروع   ×××

    إلى حـ/ البنك   ×××

    بموجب مستند صرف وتحويل رقم ..... تاريخ ....

حالة افتراضية (6):

تمت في إحدى المصالح الحكومية العمليات المالية التالية:

1- بلغت رواتب العاملين بالمصلحة عن الشهر الجاري 30000 دينار بينما بلغت استقطاعات التأمينات 3000 دينار، والضرائب المستحقة 2000 دينار، وتم سحب شيك بالصافي لمندوب الصرف وورد إشعار صرف الشيك من البنك المركزي.

2- تم استخراج شيك لصالح مصلحة الضرائب وآخر لصالح هيئة التأمينات.

المطلوب:

إثبات قيود اليومية للعمليات السابقة.

الحل:

المبالغ		البيـــــــــــان	التاريخ
منه	له		
		إثبات الأجور والإستقطاعات:	(أ)
30000		من حـ/ الرواتب والأجور والعلاوات	
		إلى مذكورين:	
	3000	حـ/ جاري مبالغ دائنة تحت التسوية / تأمينات	
	2000	حـ/ جاري مبالغ دائنة تحت التسوية /مصلحة الضرائب	
	25000	حـ/ الشيكات (صافي الرواتب)	
		عند وصول إشعار الصرف من البنك المركزي	
25000		من حـ/ الشيكات	
	25000	إلى حـ/ البنك المركزي	

		سحب شيكات بالاستقطاعات:	
		من مذكورين:	
3000		حـ/ جاري مبالغ دائنة تحت التسوية / تأمينات	
2000		حـ/ جاري مبالغ دائنة تحت التسوية / مصلحة الضرائب	
	5000	إلى حـ/ الشيكات	
		عند ورود إشعار صرف الشيكات:	
5000		من حـ/ الشيكات	
	5000	إلى حـ/ جاري البنك المركزي	

4-8 المعالجة المحاسبية للشيكات المرتجعة:

أ- عند قيام البنك المركزي أو البنوك المعتمدة بإعادة شيكات لم يتم تحصيلها فيتم تنظيم مستند قيد كالتالي:

xxx من حـ/ الشيكات المرتجعة

xxx إلى حـ/ البنك المركزي / البنك المعتمد

بموجب مستند قيد وإشعار البنك الدائن

ب- يسجل الشيك في سجل الشيكات المرتجعة لمتابعة عملية التحصيل، وعند إجراء عملية التحصيل وإحضار قسيمة الإيداع يتم تنظيم مستند قيد كالتالي:

xxx من حـ/ البنك المركزي / البنك المعتمد

xxx إلى حـ/ الشيكات المرتجعة

بموجب مستند قيد وقسيمة إيداع

جـ- إذا تم التحصيل نقداً:

×××　　　　　من حـ/ الصندوق

×××　　　　　إلى حـ/ الشيكات المرتجعة

بموجب وصول المقبوضات

حالة افتراضية (7):

تسلمت إحدى الدوائر الحكومية الشيكات التالية:

1- شيك بمبلغ 7500 دينار إيرادات مستحقة.

2- شيك بمبلغ 6500 دينار إيرادات لم يتم تحديد نوعها.

3- شيك بمبلغ 2600 دينار تأمينات مؤقتة.

وقد تم إرسال الشيكات الثلاثة إلى البنك المركزي للتحصيل، وقد أخطر البنك الدائرة بما يفيد تحصيل الشيكين الثاني والثالث ورفض الشيك الأول، وقد تم الاتصال بصاحبه وتم توريد قيمته نقداً.

المطلوب: إجراء قيود اليومية اللازمة لإثبات ما تقدم.

الحل:

1- إثبات استلام الشيكات:

المبالغ		البيان	التاريخ
منه	له		
16600		من حـ/ شيكات تحت التحصيل	
		إلى مذكورين:	
	7500	حـ/ الإيرادات / فصل ... مادة ...	
	6500	حـ/ الإيرادات تحت التسوية	
	2600	حـ/ جاري التأمينات المؤقتة	

2- إثبات الشيكات المحصلة:

المبالغ		البيـــــــــان	التاريخ
منه	له		
9100		من حـ/ البنك المركزي	
	9100	إلى حـ/ شيكات تحت التحصيل	

3- إثبات الشيك المرتجع:

المبالغ		البيـــــــــان	التاريخ
منه	له		
		رده من البنك المركزي:	(أ)
7500		من حـ/ الشيكات المرتجعة	
	7500	إلى حـ/ البنك المركزي	
		استبعاده من الإيرادات:	
7500		من حـ/ الإيرادات بالاستبعاد	
	7500	إلى حـ/ الشيكات المرتجعة	
		توريد قيمة الشيك نقداً:	
7500		من حـ/ الصندوق	
	7500	إلى حـ/ الشيكات المرتجعة	

5-8 المعالجة المحاسبية لتحصيل الإيرادات لدى الخزينة الفرعية:

توجد هذه الخزائن بجميع الوحدات الإدارية الحكومية وتقوم بعمليات التحصيل فقط ولصالح الوحدة التي تتبعها، وتقتضي ضرورة العمل في هذه الخزن الفرعية بضرورة توريد المتحصلات في نهاية اليوم أو الأسبوع عند وصول رصيد إلى حد معين وذلك لتوريد هذا الرصيد إلى الخزينة العامة، ونظراً لعدم استقرار متحصلاتها يتم توسيط حساب يسمى (حساب النقدية تحت التسوية)

وعلى أن تضاف القيمة إلى حساب الإيرادات في حالة معرفة نوع الإيراد أو لحساب الإيرادات تحت التسوية في حالة عدم معرفة نوع الإيراد أو لأي حساب جاري نختص مثل (حساب جاري التأمينات المؤقتة أو النهائية)، وعلى هذا تتم المعالجة المحاسبية في دفاتر الخزينة الفرعية كالتالي:

أ- عند قبض الإيراد ومعرفة نوعه:

××× من حـ/ النقدية تحت التسوية

××× إلى حـ/ الإيرادات / فصل .... مادة ....

ب- عند قبض الإيراد وعدم معرفة نوعه:

××× من حـ/ النقدية تحت التسوية

××× إلى حـ/ الإيرادات تحت التسوية

أو:

××× من حـ/ النقدية تحت التسوية

××× إلى حـ/ الأمانات / التأمينات

جـ- قيام الخزينة الفرعية بتوريد المبالغ المقبوضة إلى الخزينة العامة:

××× من حـ/ جاري البنك المركزي

××× إلى حـ/ نقدية تحت التسوية

حالة افتراضية (8):

قامت الخزينة الفرعية التابعة لأحد الدوائر الحكومية بتحصيل إيرادات قيمتها 7000 دينار، أودع منها 4000 دينار في البنك المركزي، وفي اليوم التالي وتسلمت حافظة السداد.

المطلوب:

إثبات إجراء قيود اليومية اللازمة لإثبات ما تقدم.

الحل:

1- إثبات استلام الإيرادات:

المبالغ		البيان	التاريخ
منه	له		
7000		من حـ/ النقدية المحصلة تحت التسوية	
	7000	إلى حـ/ الإيرادات / فصل ... مادة ...	

2- إثبات توريد النقدية إلى البنك المركزي:

المبالغ		البيان	التاريخ
منه	له		
4000		من حـ/ جاري البنك المركزي	
	4000	إلى حـ/ النقدية المحصلة تحت التسوية	

ملحوظة: يلاحظ أن رصيد النقدية تحت التسوية يظل مديناً بمبلغ 3000 دينار تمثل النقدية التي لم يتم توريدها.

حالة افتراضية (9):

كانت الإيرادات المحصلة لدى إحدى الدوائر الحكومية وبها خزينة فرعية 30000 دينار،منها 5000 دينار نقداً، 7000 دينار شيكات حكومية، 5000 دينار شيكات مقبولة الدفع، 3000 دينار بحوالات بريدية والباقي بالخصم من مستحقات سابقة، وقد تم توريد النقدية المحصلة للبنك المركزي.

المطلوب:

إجراء قيود اليومية اللازمة علماً بأن جميع إخطارات البنك قد وردت وتم تسويتها.

الحل:

المبالغ		البيـان	التاريخ
منه	له		
		عند استلام الإيرادات:	(أ)
		من مذكورين:	
12000		حـ/ شيكات تحت التحصيل (7000+5000)	
5000		حـ/ النقدية المحصلة تحت التسوية	
3000		حـ/ جاري نقدية بالبريد (إيداعات)	
10000		حـ/ أمانات / الدوائر الأخرى	
	30000	إلى حـ/ الإيرادات المتنوعة	
		وصول الشيك من هيئة البريد	
3000		من حـ/ شيكات تحت التحصيل	
	3000	إلى حـ/ جاري نقدية بالبريد (إيداعات)	
		وصول إخطار البنك بما يفيد تحصيل الشيكات وتوريد النقدية:	
20000		من حـ/ جاري البنك المركزي	
		إلى مذكورين:	
	15000	حـ/ الشيكات تحت التحصيل	
	5000	حـ/ النقدية المحصلة تحت التسوية	

6-8 المعالجة المحاسبية لتحصيل الإيرادات في الخزينة العامة:

أ- في حالة إذا كانت المتحصلات النقدية تخص الوحدة الإدارية:

×××　　　　من حـ/ الخزينة

　　×××　　　　إلى حـ/ الإيرادات / فصل .... مادة ....

(في حالة معرفة نوع الإيراد)

أو:

xxx من حـ/ الخزينة

xxx إلى حـ/ الإيرادات تحت التسوية

(في حالة عدم معرفة نوع الإيراد)

ب- تحصيل مبالغ تخص وحدة إدارية أخرى:

xxx من حـ/ الخزينة

xxx إلى حـ/ جاري المبالغ الدائنة تحت التسوية / باسم الوحدة الإدارية

جـ- إذا كان التحصيل يخص الوحدة الإدارية الحكومية ولكنها لا تعتبر إيرادات كالأمانات والتأمينات:

xxx من حـ/ الخزينة

xxx إلى حـ/ الأمانات / التأمينات

د- إذا كان التحصيل من خزينة فرعية:

xxx من حـ/ الخزينة

xxx إلى حـ/ جاري المبالغ الدائنة تحت التسوية/ اسم الجهة التي تتبع لها الخزينة الفرعية

هـ- إذا كان التحصيل من خزينة عامة أخرى:

xxx من حـ/ الخزينة

xxx إلى حـ/ جاري مبالغ دائنة تحت التسوية/ اسم المصلحة التي تتبع لها الخزينة العامة

و- إذا كان التحصيل وارد ضمن صناديق أو مظاريف مختوم عليها من قبل وزارة المالية:

××× من حـ/ الخزينة

××× إلى حـ/ حركة النقود الواردة

ويتم توسيط حـ/ حركة النقود الواردة

حالة افتراضية (10):

قامت إحدى الخزائن العامة التابعة لإحدى الدوائر الحكومية باستلام نقدية من صناديق مؤمن عليها بمبلغ 16500 دينار من خزينة وزارة المالية، كما قامت بإرسال مبلغ 5000 دينار إلى خزينة وزارة المالية وسحبت إذن صرف لهذا الغرض.

المطلوب:

قيد العمليات السابقة في يومية الخزينة العامة بتلك الدائرة.

الحل:

المبالغ		البيان	التاريخ
منه	له		
		استلام النقدية:	(1)
16500		من حـ/ الخزينة	
	16500	إلى حـ/ حركة النقود المقبوضة	
		صرف المبلغ من الخزينة:	
5000		من حـ/ الحوالات	
	5000	إلى حـ/ الخزينة	
		إرسال النقدية إلى خزينة وزارة المالية	
5000		من حـ/ حركة النقود المنقولة المدفوعة	
	5000	إلى حـ/ الحوالات	

7-8 المعالجة المحاسبية للنقدية الواردة للخزائن العامة وهيئة البريد:

أ- النقدية الواردة للخزائن العامة:

قد تقوم الوحدات الإدارية الحكومية بسحب شيكات على البنك المركزي لتمويل خزينتها العامة، وفي هذه الحالة تكون المعالجة المحاسبية كالآتي:

1- عند سحب الشيك: يجعل حساب جاري المبالغ المدينة تحت التسوية مديناً وحساب الشيكات دائناً:

           ×××   من حـ/ جاري المبالغ المدينة تحت التسوية / اسم مندوب الخزينة

                 ×××   إلى حـ/ الشيكات

2- عند استلام الخزينة للنقدية: في هذه الحالة يقفل حساب جاري المبالغ المدينة تحت التسوية وذلك يجعل دائناً

                 ×××   من حـ/ الخزينة

       ×××   إلى حـ/ جاري المبالغ المدينة تحت التسوية / اسم مندوب الخزينة

3- عند ورود إشعار خصم من البنك المركزي:

                 ×××   من حـ/ الشيكات

       ×××   إلى حـ/ البنك المركزي

ب- التحصيلات بحوالات بريدية:

قد ترد بعض المتحصلات الحكومية في شكل حوالات بريدية حكومية وتجري قيود التحصيل عن طريق هيئة البريد باعتبارها خزينة عامة وذلك على النحو التالي:

1- عند استلام المصلحة الحكومية للحوالات البريدية:

من حـ/ نقدية بالبريد (إيداعات)   ×××

إلى حـ/ الإيرادات (أو أي حساب آخر مختص)   ×××

2- عند استلام شيك من هيئة البريد بقيمة الحوالات:

من حـ/ شيكات تحت التحصيل   ×××

إلى حـ/ نقدية بالبريد (إيداعات)   ×××

3- عند ورود شعار البنك المركزي بالتحصيل:

من حـ/ جاري البنك المركزي   ×××

إلى حـ/ شيكات تحت التحصيل   ×××

4- عند ورود حوالة إلى المصلحة الحكومية لا تخصها:

من حـ/ جاري نقدية بالبريد (إيداعات)   ×××

إلى حـ/ جاري مبالغ دائنة تحت التسوية / اسم المصلحة صاحبة   ×××
الحق

5- عند القيام بتسديد قيمة الحوالة للمصلحة الحكومية الأخرى صاحبة الحق بموجب شيك:

من حـ/ جاري مبالغ دائنة تحت التسوية / اسم المصلحة صاحبة الحق   ×××

إلى حـ/ الشيكات   ×××

6- عند ورود إشعار من البنك المركزي يفيد بصرف الشيك:

××× من حـ/ الشيكات

××× إلى حـ/ جاري البنك المركزي

حالة افتراضية (11):

فيما يلي العمليات التي حدثت في إحدى الخزائن العامة:

1- تم سحب إذن صرف بمبلغ 15000 دينار لتوريده لخزينة عامة أخرى وقد تم الصرف فعلاً من الخزينة وورد إشعار إضافة من البنك المركزي باستلام النقود.

2-تم إصدار إذن صرف وإرسال مبلغ 6000 دينار داخل مظاريف مؤمن عليها إلى خزينة عامة أخرى.

3-تم سحب شيك على البنك المركزي مبلغ 17000 دينار لتمويل الخزينة العامة وقد تسلمت الخزينة العامة النقدية وورد إشعار الخصم من البنك المركزي.

المطلوب: إجراء قيود اليومية اللازمة لإثبات العمليات المالية التي تمت.

الحل:

1-سحب إذن الصرف:

المبالغ		البيان	التاريخ
منه	له		
		إصدار إذن الصرف:	(أ)
15000		من حـ/ جاري المبالغ المدينة تحت التسوية	
	15000	إلى حـ/ الحوالات	
		صرف المبلغ من الخزينة:	(ب)
15000		من حـ/ الحوالات	
	15000	إلى حـ/ الخزينة	

15000	5000	ورود إشعار الإضافة من البنك من حـ/ جاري البنك المركزي إلى حـ/جاري المبالغ المدينة تحت التسوية	(جـ)

2-إصدار إذن الصرف:

المبالغ		البيان	التاريخ
منه	له		
6000	6000	عند الإصدار: من حـ/ جاري المبالغ المبينة تحت التسوية إلى حـ/ الحوالات	(أ)
6000	6000	صرف المبلغ: من حـ/ الحوالات إلى حـ/ الخزينة	(ب)
6000	6000	إرسال النقود: من حـ/ حركة النقود المنقولة المدفوعة إلى حـ/ جاري المبالغ المدينة تحت التسوية	(جـ)

3-سحب شيك لتمويل الخزينة العامة:

المبالغ		البيـــــــــــان	التاريخ
منه	له		
17000	17000	سحب الشيك: من حـ/ جاري المبالغ المدينة تحت التسوية (مندوب الخزينة) إلى حـ/ الشيكات	(أ)
17000	17000	استلام النقدية: من حـ/ الخزينة إلى حـ/ جاري المبالغ المدينة تحت التسوية	(ب)

17000	17000	وصول إشعار الخصم: من حـ/ الشيكات إلى حـ/ جاري البنك المركزي	(جـ)

حالة افتراضية (12):

تسلمت إحدى الدوائر الحكومية من مواطنين حوالات بريدية سداداً لضريبة مستحقة عليهم بمبلغ 14000 دينار، كما تسلمت بعد خمسة عشر يوماً شيكاً بمبلغ 6000 دينار سداداً لبعض الحوالات.

المطلوب: قيد العمليات المالية السابقة في يومية الدائرة الحكومية.

الحل:

المبالغ		البيـــــــــــان	التاريخ
منه	له		
14000	14000	استلام الحوالات من المواطنين: من حـ/ جاري المبالغ المدينة تحت التسوية / هيئة البريد إلى حـ/ الإيرادات / فصل .... مادة	(1)
6000	6000	استلام شيكات من البريد: من حـ/ شيكات تحت التحصيل إلى حـ/ جاري المبالغ المدينة تحت التسوية / هيئة البريد	

8-8 حالات عملية:

حالة رقم (1): تمت في إحدى الدوائر الحكومية العمليات المالية التالية:

1- ورد للدائرة شيكات كمتحصلات لإيرادات مبالغها 20000، 15000، 10000 دينار على التوالي، وعند تدقيق الشيك الأول اتضح أن التوقيعات غير مطابقة، أما الشيكين الآخرين فقد ورد إشعار من البنك المركزي يفيد إضافتهما للحساب الجاري، ثم بعد فترة ورد ما يفيد تعذر تحصيل الشيك الثالث لعدم كفاية الرصيد، فردته المصلحة إلى صاحبه وحصلت منه القيمة نقداً في الخزينة الفرعية.

2- وردت إلى المصلحة ثلاث حوالات بريدية كمتحصلات لإيرادات مبالغها 2000، 1000، 500 دينار على التوالي، وقد تبين أن الحوالة الأولى تخص مصلحة أخرى، وقد أرسلت هيئة البريد شيك إلى المصلحة بقيمة الحوالات التي سبق ورودها إليها وورد إشعار البنك المركزي بصرف الشيك.

3- بلغت جملة رواتب العاملين بالدائرة عن الشهر الجاري 30000 دينار، وبلغت استقطاعات التأمينات 4000 دينار، والضرائب 2000 دينار، كما تم سحب شيك بالصافي لمندوب الصرف، ثم ورد إشعار صرف الشيك من البنك المركزي.

4- تم استخراج شيك لصالح مصلحة الضرائب وآخر لصالح مؤسسة التأمينات.

5- تم تحصيل إيرادات تخص الدائرة بمبلغ 1600 دينار منها 1000 دينار محددة النوع.

6- تم التعرف على نوعية بعض الإيرادات السابق تحصيلها بمبلغ 400 دينار.

7- استلمت الدائرة شيكات كإيراد بمبلغ 9000 دينار وتم إرسالها إلى البنك للتحصيل.

8-ورد إشعار إضافة بمبلغ 8700 دينار من البنك المركزي ورفض شيك بالباقي.

الحل:

المبالغ		البيان	التاريخ
منه	له		
45000	45000	عند تحصيل الإيرادات بشيكات: من حـ/ الخزينة (شيكات تحت التحصيل) إلى حـ/ الإيرادات / فصل ... مادة ...	(1)
20000	20000	عند رد الشيك: من حـ/ الشيكات المرتجعة / جاري مبالغ مدينة تحت التسوية، اسم صاحب الشيك إلى حـ/ البنك المركزي	
25000	25000	عند ورود إشعار بالإضافة من البنك المركزي: من حـ/ البنك المركزي إلى حـ/ شيكات تحت التحصيل	
10000	10000	عند رد شيك سبق إضافته للحساب الجاري لعدم كفاية الرصيد من حـ/ الشيكات المرتجعة / جاري مبالغ مدينة تحت التسوية (اسم صاحب الشيك) إلى حـ/ البنك المركزي	
10000	10000	عند تحصيل قيمة الشيك الذي تم رده إلى صاحبه: من حـ/ الخزينة / الصندوق إلى حـ/ الشيكات المرتجعة/ اسم صاحب الشيك	

ويراعى أنه إذا لم يتم تحصيل قيمة الشيك الأول حتى نهاية السنة المالية الحالية فإنه يلزم الأمر ضرورة استبعاد قيمته من الإيرادات، ويجري القيد التالي:

المبالغ		البيان	التاريخ
منه	له		
20000		من حـ/ الإيرادات بالاستبعاد	
	20000	إلى حـ/ الشيكات المرتجعة / جاري مدينة تحت التسوية اسم صاحب الشيك	
		ورود الحوالات البريدية:	(2)
3500		من حـ/ نقدية بالبريد (إيداعات)	
		إلى مذكورين:	
	1500	حـ/ الإيرادت / فصل .... مادة ...	
	2000	حـ/ جاري مبالغ دائنة تحت التسوية، اسم المصلحة	
		استخراج شيك بقيمة الحوالة الأولى:	
2000		من حـ/ جاري مبالغ دائنة تحت التسوية/ اسم المصلحة الأخرى	
	2000	إلى حـ/ الشيكات	
		عند ورود شيك من هيئة البريد:	
3500		من حـ/ شيكات تحت التحصيل	
	3500	إلى حـ/ نقدية بالبريد (إيداعات)	
		عند ورود إشعار من البنك المركزي بتحصيل الشيك:	
3500		من حـ/ البنك المركزي	
	3500	إلى حـ/ الإيرادات / شيكات تحت التحصيل	

		إثبات الرواتب والاقتطاعات:	(3)
30000		من حـ/ الرواتب والأجور والعلاوات / بند الرواتب	
		إلى مذكورين:	
	6000	حـ/ الأمانات	
		أو:	
		(4000 حـ/ جاري مبالغ دائنة تحت التسوية/تأمينات)	
		(2000 حـ/ جاري مبالغ دائنة تحت التسوية / مصلحة الضرائب)	
	24000	حـ/ الشيكات (صافي الرواتب)	
		سحب شيكات بالاقتطاعات:	(4)
6000		من حـ/ الأمانات (مجموع الاقتطاعات)	
	6000	إلى حـ/ الشيكات	
		أو:	
		من مذكورين:	
4000		حـ/ جاري مبالغ دائنة تحت التسوية / تأمينات	
2000		حـ/ جاري مبالغ دائنة تحت التسوية/مصلحة الضرائب	
	6000	إلى حـ/ الشيكات	
		عند ورود إشعار صرف الشيكات:	
30000		من حـ/ الشيكات	
	30000	إلى حـ/ البنك المركزي	

التاريخ	البيـان	المبالغ	
		له	منه
(5)	إثبات تحصيل الإيرادات: من حـ/ الخزينة إلى مذكورين: حـ/ الإيرادات / فصل .... مادة ..... حـ/ إيرادات تحت التسوية	 1000 600	 1600
(6)	إثبات الإيرادات التي تم تحديد نوعها: من حـ/ إيرادات تحت التسوية إلى حـ/ الإيرادات / فصل .... مادة	 400	 400
(7)	عند استلام الشيكات وإرسالها للتحصيل: من حـ/ شيكات تحت التحصيل إلى حـ/ الإيرادات	 9000	 9000
(8)	ورود إشعار الإضافة من البنك المركزي: من حـ/ البنك المركزي إلى حـ/ الإيرادات/شيكات تحت التحصيل	 8700	 8700
	رفض الشيك بالباقي: من حـ/ الإيرادات بالاستبعاد إلى حـ/ الشيكات المرتجعة/شيكات تحت التحصيل	 300	 300
	ويمكن إجراء القيد على النحو التالي: من مذكورين: حـ/ الإيرادات بالاستبعاد حـ/ البنك المركزي إلى حـ/ شيكات تحت التحصيل	 9000	 300 8700

حالة رقم (2): تمت العمليات التالية في موازنة ضريبة الدخل، وزارة المالية للسنة المالية 2000:

1- قامت الدائرة الحكومية بتحصيل إيرادات بلغت 20000 دينار أودعت بالخزينة العامة لديها، ثم قامت بإيداع 16000 دينار بحساب الإيرادات العامة لدى البنك المركزي في اليوم التالي، تسلمت قسيمة الإيداع من البنك.

2- قبض أمين صندوق الإيرادات نقداً 3000 دينار رسوم المحاكم الشرعية، ومبلغ 5000 دينار رسوم رخص سير المركبات (السائقين)، 4000 دينار رسوم المحاكم النظامية، 10000 دينار رسوم تسجيل الأراضي، وقام أمين الصندوق بإيداع جملة هذه المبالغ بحساب الإيرادات العامة لدى البنك المركزي وتسلم قسيمة الإيداع من البنك.

3- استردت دائرة الجمارك مبلغ 6000 دينار نقداً والذي دفع زيادة في نفقة المحروقات لشركة مصفاة البترول الأردنية المساهمة في شهر شباط من نفس العام، كما استردت أيضاً مبلغ 4000 دينار قد دفعتها منذ سنتين لنفس الشركة واستردها في هذا العام.

4- حصلت الدائرة تأمين مؤقت عن مناقصة بمبلغ 400 دينار نقداً، 600 دينار بشيك مصرفي علماً بأن المصلحة لديها خزينة فرعية.

5- قامت الدائرة الحكومية بإيداع إيراداتها في البنك الأردني الكويتي مباشرة وقيمتها 15000 دينار وقد تم إحضار إشعار الإيداع إلى أمين صندوق الإيرادات وإلى البنك المركزي والذي قام بتحويل الإيرادات في الخزينة العامة لديه وأرسل الإشعار الدائن بذلك.

6- رد البنك المركزي شيك بمبلغ 700 دينار إلى قسم صندوق الإيرادات بمالية المحافظة لعدم تحصيل قيمته بسبب عدم وجود رصيد لصاحب الشيك، وقد تم الاتصال بصاحب الشيك والذي سدد قيمته نقداً.

7-بلغت قيمة الرواتب والأجور المرتجعة من أحد مندوبي الصرف لعدم تقدم أصحابها لصرفها مبلغ 2500 دينار، وبعد عشرة أيام قام هؤلاء الموظفين بالمطالبة بالصرف وتم الصرف فعلاً بموجب شيك بعد خصم 75 دينار ضريبة دخل وورد إشعار من البنك المركزي بخصم الشيك وتحويل الضريبة لدائرة الضرائب على الدخل بموجب شيك آخر، ثم ورد إشعار خصم من البنك المركزي.

8-بلغت المبالغ التي تم تسجيلها خطأ بحساب الإيرادات مبلغ 2500 دينار علماً أنها محصلة لصالح دائرة الضريبة على الدخل وتم تحرير شيك لها وورد إشعار الخصم.

9-بلغت جملة المتحصلات النقدية لأحد الخزائن الفرعية التابعة للدائرة 7500 دينار وقد تم توريد المبلغ للبنك المركزي وورد إشعار الخصم.

المطلوب: إثبات ما تقدم من العمليات المالية التي تمت في الدائرة.

المبالغ		البيـــــــــــان	التاريخ
منه	له		
20000	20000	تحصيل الإيراد: من حـ/ الخزينة إلى حـ/ الإيرادات / فصل .... مادة	(1)
16000	16000	تحويل الإيراد لدى البنك المركزي: من حـ/ البنك المركزي إلى حـ/ الخزينة	
22000	22000	استلام الإيراد: من حـ/ الخزينة إلى حـ/ الإيرادات العامة / فصل .... مادة ...	(2)

		تحويل الإيراد إلى البنك المركزي:	
22000		من حـ/ البنك المركزي	
	22000	إلى حـ/ الخزينة	
		استرداد النفقة في نفس العام الذي أنفقت فيه:	(3)
		أ-توسيط حـ/ المصاريف المستردة:	(أ)
6000		من حـ/ الخزينة	
	6000	إلى حـ/ المصاريف المستردة	
		-إقفال حـ/ المصروفات المستردة من حساب النفقة ذات العلاقة	
6000		من حـ/ المصروفات المستردة	
	6000	إلى حـ/ النفقات / فصل .... مادة	
6000		من حـ/ الخزينة	
	6000	إلى حـ/ النفقات / فصل ... مادة ...	
		المسترد من المصروف والذي تم دفعه في سنوات سابقة:	(ب)
4000		من حـ/ الخزينة	
	4000	إلى حـ/ الإيرادات / فصل .... مادة	
		توريد التأمين عن طريق خزينة فرعية:	(4)
1000		من حـ/ الخزينة	
	1000	إلى حـ/ جاري مبالغ دائنة تحت التسوية / اسم الخزينة الفرعية	
		إثبات الإيداع في البنك الأردني الكويتي:	(5)
15000		من حـ/ البنك الأردني الكويتي	
	15000	إلى حـ/ الإيرادات العامة (حسب موادها)	

15000		-تحويل الإيرادات لدى البنك المركزي: من حـ/ البنك المركزي	
	15000	إلى حـ/ البنك الأردني الكويتي	

-قيام البنك المركزي بتحويل الإيرادات إلى حساب الخزينة العام لديه وإرسال الإشعار الدائن إلى أمين صندوق الإيرادات العامة بوزارة المالية بتنظيم مستند قبض بذلك.

المبالغ		البيــــــــــان	التاريخ
منه	له		
15000		من حـ/ البنك المركزي	
	15000	إلى حـ/ النقود المنقولة المقبوضة (خزينة)	
		رد الشيك لعدم التحصيل:	(6)
700		من حـ/ الشيكات المرتجعة	
	700	إلى حـ/ البنك المركزي	
		-قيام صاحب الشيك بسداده نقداً:	
700		من حـ/ الصندوق	
	700	إلى حـ/ الشيكات المرتجعة	
		عند إعادة الرواتب إلى الخزينة وإدخالها في الإيرادات:	(7)
2500		من حـ/ الإيرادات بالاستبعاد	
		إلى مذكورين:	
	75	حـ/ جاري مبالغ دائنة تحت التسوية /دائرة الدخل	
	2425	حـ/ الشيكات (بالصافي)	

2425	 2425	-ورود إشعار الخصم من البنك المركزي: من حـ/ الشيكات إلى حـ/ البنك المركزي	
75	 75	-تحرير شيك لضريبة الدخل: من حـ/جاري مبالغ دائنة تحت التسوية/ضريبة الدخل إلى حـ/ الشيكات	
75	 75	-عند وصول إشعار خصم الشيك: من حـ/ الشيكات إلى حـ/ البنك المركزي	
2500	 2500	عند استبعاد المبالغ المسجلة خطأ: من حـ/ الإيرادات بالاستبعاد إلى حـ/ جاري مبالغ دائنة تحت التسوية/ ضريبة الدخل	(8)
2500	 2500	-عند تحرير شيك لدائرة ضريبة الدخل: من حـ/ جاري مبالغ دائنة تحت التسوية/ ضريبة الدخل إلى حـ/ الشيكات	
2500	 2500	-ورود إشعار الخصم: من حـ/ الشيكات إلى حـ/ البنك المركزي	
7500	 7500	عند استلام المبلغ من الخزينة الفرعية: من حـ/ الخزينة إلى حـ/ جاري مبالغ دائنة تحت التسوية /اسم الخزينة الفرعية	(9)

7500		-تحويل المبلغ إلى البنك المركزي: من حـ/ البنك المركزي	
	7500	إلى حـ/ الخزينة	
7500		-عند تحرير شيك للخزينة الفرعية: من حـ/ جاري مبالغ دائنة تحت التسوية/اسم الخزينة الفرعية	
	7500	إلى حـ/ الشيكات	
7500		-ورود إشعار الخصم: من حـ/ الشيكات	
	7500	إلى حـ/ البنك المركزي	

حالة رقم (3):

تمت العمليات التالية في موازنة دائرة ضريبة الدخل / وزارة المالية للسنة المالية 2001م:

1-تم تحصيل مبلغ 7000 دينار نقداً لحساب ضريبة الدخل من شركة مصانع الأدوية المساهمة.

2-قامت مصانع الاسمنت الأردنية المساهمة المحدودة بدفع مبلغ 8000 دينار مباشرة في البنك المركزي لحساب ضريبة الدخل المستحقة عليها عام 2000م.

3-سددت شركة مصانع الفوسفات الأردنية المساهمة المحدودة مبلغ 10000 دينار لحساب ضريبة الدخل المستحقة عليها في عام 2000 عن طريق بنك القاهرة عمان.

4- قامت دائرة ضريبة الدخل باسترداد مبلغ 2000 دينار والذي دفع بالزيادة في نفقة المحروقات لشركة مصفاة البترول الأردنية المساهمة في شهر شباط عام 2001م.

5- عند تدقيق النفقة الخاصة بصيانة الأجهزة والمعدات لعام 2000 تبين أن هناك مبلغ 1000 دينار دفع بالزيادة لشركة الأجهزة والمعدات للصيانة نظير إجراء الصيانة اللازمة، وقد تم مطالبتها بدفع المبلغ حيث سددته للدائرة نقداً.

6- قدمت ألمانيا منحة مالية قدرها 200000 دينار لإنشاء أحد المراكز الطبية المتخصصة للعيون في الدائرة، وقد تم إنجاز المشروع بوفر 10000 دينار وافقت ألمانيا على عدم المطالبة به.

7- تبين عند تدقيق المكلفين أن هناك رديات ضريبة الدخل المسجلة في عام 1998 والبالغة 40000 دينار لم يطالب بها أصحابها.

8- بلغت صافي الرواتب المنصرفة للموظفين 25000 دينار عن شهر تشرين ثاني 2001م وقد قامت الدائرة بتحويل اقتطاعات مؤسسة الضمان الاجتماعي بمبلغ 1000 دينار والمؤسسة العلاجية بمبلغ 500 دينار في اليوم التالي.

9- عند إحالة مشروع إقامة المركز الطبي المتخصص للعيون تم قبض مبلغ 9000 دينار تأمينات نقدية من الشركة المنفذة وذلك لضمان حسن التنفيذ.

10- تم استلام المشروع أعلاه وقد تبين أنه قد أنجز حسب شروط العقد ولكن بعد انقضاء مدة التنفيذ مما ترتب على الشركة غرامات تأخير بلغت 2500 دينار تم خصمها من التأمينات النقدية المدفوعة من الشركة.

المطلوب:

إجراء قيود اليومية للعمليات المالية التي تمت في سجلات دائرة ضريبة الدخل.

التاريخ	البيان	المبالغ	
		له	منه
(1)	إثبات الإيرادات:		
	من ح/ الصندوق		7000
	إلى ح/ الإيرادات / فصل ... مادة ...	7000	
(2)	إثبات الإيرادات المدفوعة مباشرة في البنك المركزي وذلك بموجب مستند القيد وقسيمة الإيداع		
	من ح/ البنك المركزي		8000
	إلى ح/ الإيرادات/ فصل ... مادة	8000	
(3)	سداد الإيرادات في أحد البنوك المعتمدة:		
	من ح/ بنك القاهرة عمان		10000
	إلى ح/ الإيرادات / فصل ... مادة	10000	
(4) (أ)	استرداد النفقة بالزيادة في نفس العام:		
	يتم توسيط ح/ المصروفات المستردة كالتالي:		
	من ح/ الصندوق		2000
	إلى ح/ المصروفات المستردة	2000	
	-يتم إقفال ح/ المصروفات المستردة في النفقة ذات العلاقة بها:		
	من ح/ المصروفات المستردة		2000
	إلى ح/ النفقات / بند المحروقات	2000	
	ويمكن إجراء قيد للمعالجة كالتالي:		
	من ح/ الصندوق		2000
	إلى ح/ النفقات/ بند المحروقات	2000	
	عند استرداد النفقة في نفس السنة التي دفعت فيها		

(6)أ	أ-عند تحصيل الأمانة:			
	من حـ/ الصندوق			200000
	إلى حـ/ الأمانات / منحة ألمانيا		200000	
(ب)	تحويل المبلغ المتبقي من الأمانات إلى حـ/ الإيرادات			
	من حـ/ الأمانات			10000
	إلى حـ/ الإيرادات / فصل ... مادة ...		10000	
(7)أ	إثبات الأمانات:			
	من حـ/ الصندوق			40000
	إلى حـ/ الأمانات		40000	
(ب)	ترحيل الأمانات للإيرادات لعدم المطالبة بها:			
	من حـ/ الأمانات			40000
	إلى حـ/ الإيرادات / فصل ... مادة ...		40000	
(8)أ	إثبات الرواتب والعلاوات والأجور:			
	من حـ/ الرواتب والعلاوات والأجور			26500
	إلى مذكورين:			
	حـ/ البنك (صافي الرواتب المدفوعة)		25000	
	حـ/ الأمانات (مجموع الاقتطاعات)		1500	
(ب)	تسديد قيمة الاقتطاعات:			
	من حـ/ الأمانات (مجموع الاقتطاعات)			1500
	إلى حـ/ البنك		1500	
(جـ)	ورود إشعار صرف الشيكات:			
	من حـ/ الشيكات			26500
	إلى حـ/ البنك المركزي		26500	

(أ)	ويمكن الحل بالآتي: إثبات الرواتب: من حـ/ النفقات / بند الرواتب إلى مذكورين:		26500
	حـ/ جاري مبالغ دائنة تحت التسوية / مؤسسة الضمان الاجتماعي	1000	
	حـ/ جاري دائنة تحت التسوية / المؤسسة العلاجية	500	
	حـ/ الشيكات (صافي الرواتب)	25000	
(ب)	سحب شيكات بالاقتطاعات: من مذكورين:		
	حـ/ جاري مبالغ دائنة تحت التسوية / مؤسسة الضمان الاجتماعي		1000
	حـ/ جاري مبالغ دائنة تحت التسوية / المؤسسة العلاجية		500
	إلى حـ/ الشيكات	1500	
	عند ورود إشعار صرف الشيكات: من حـ/ الشيكات		26500
	إلى حـ/ البنك المركزي	26500	
(9)	تحصيل التأمينات: من حـ/ الصندوق		9000
	إلى حـ/ التأمينات (اسم صاحب التأمين)	9000	
(10)	سداد التأمينات وتحصيل الغرامة: من حـ/ التأمينات/ اسم الشركة المنفذة للمشروع		9000

	إلى مذكورين:		
	ح/ البنك (المبلغ المسدد)	6500	
	ح/ الإيرادات (بند الغرامة)	2500	
	عند سداد التأمينات وتحصيل الغرامة		

حالة رقم (4): غير محلولة

إليك العمليات المالية التي قامت بها الدائرة الحكومية للعام المالي 2001م:

1- قامت الدائرة بتحصيل إيرادات بلغت 15000 دينار أودعت بالخزينة العامة التابعة للمصلحة، ثم قامت بإيداع 12000 دينار بحساب الإيرادات العامة بالبنك المركزي الأردني في اليوم التالي، وتسلمت حافظة السداد من البنك.

2- بلغت قيمة المرتبات المرتجعة عن شهر أيلول 2001 لعدم حضور مستحقيها في المواعيد المحددة 800 دينار فردت إلى الخزينة الفرعية التابعة للمصلحة، ثم تقدم المستحقون بعد ذلك في الشهر التالي بطلبها فصرفت لهم القيمة بشيك.

3- استردت الدائرة مبلغ 2000 دينار نقداً والذي دفع بالزيادة في نفقة المحرقات لشركة مصفاة البترول الأردنية المساهمة في شهر شباط من نفس العام.

4- حصلت الدائرة الحكومية كتأمين مؤقت عن مناقصة مبلغ 300 دينار نقداً، 700دينار بشيك مصرفي علماً بأن الدائرة لديها خزينة فرعية.

5- قامت الدائرة بشراء بعض الأصناف لحين تحصيل قيمتها من أحد المتعهدين الذي تأخر في توريدها في المواعيد المحددة، وطبقاً للعقد بينه وبين المصلحة، وكان ثمن الشراء الذي دفعته الدائرة بشيك مبلغ 300 دينار، وعند تحصيل

الشيك رفض لعدم وجود رصيد لدى المتعهد، فرد البنك إليه ودفع قيمته نقداً أودعها في الخزينة الفرعية للدائرة.

والمطلوب:

إجراء قيود اليومية اللازمة لإثبات العمليات السابقة في دفتر الدائرة الحكومية.

حالة رقم (5) غير محلولة:

تمت العمليات المالية التالية بإحدى الدوائر الحكومية (لدى الدائرة خزينة فرعية) وذلك خلال شهر شباط 2001م:

1- بلغت قيمة المتحصلات 30000 دينار بياناتها كالتالي:

أ- 10000 دينار بشيكات مقبولة الدفع.

ب- 7000 دينار بموجب حوالات بريدية.

جـ- 13000 دينار بموجب قسائم إيداع.

2- بلغت قيمة غرامة التأخير بموجب شيك بمبلغ 1500 دينار سبق فرضها على أحد المقاولين بسبب التأخير في التسليم.

3- بلغت قيمة التأمينات المحصلة نقداً 10000 دينار منها 400 دينار تأمين ابتدائي والباقي تأمين نهائي.

4- بلغت قيمة المرتجعات من الرواتب والأجور مبلغ 2000 دينار تخص أربعة عاملين بواقع 500 لكل منهم وردها مندوب الصرف إلى الخزينة الفرعية أربعة وقيدته إيرادات.

5- بلغت مجموع المبالغ المحصلة في الخزينة الفرعية التابعة للوحدة الإدارية الحكومية مبلغ 4700 دينار وقد تم توريد المبلغ للخزينة لعامة.

6- تبين أن قيمة الشيكات الواردة للوحدة الإدارية بمبلغ 15000 دينار أرسلتها للبنك للتحصيل وورد إشعار من البنك بتحصيل وإضافة مبلغ 13800 دينار ورفضت شيكات بالباقي.

المطلوب:

إثبات ما تقدم دفتر الدائرة الحكومية.

الفصل

التاسع

الحسابات الختامية في الوحدات الحكومية

الفصل التاسع

الحسابات الختامية في الوحدات الحكومية

تقوم الوحدات الحكومية المختلفة وخلال السنة المالية بإعداد تقارير دورية، البعض منها شهرية وأخرى ربعية تتناول في مجملها متابعة الأداء والتنفيذ الفعلي، إضافة إلى ذلك، فإن هذه الوحدات تقوم بإعداد الحساب الختامي في نهاية السنة المالية ليعس بصورة واضحة الأداء الإجمالي عن السنة المالية المنتهية.

1-9 خطوات إعداد الحساب الختامي:

يتم تجميع البيانات الواردة في الملخصات المالية التي تم إعدادها بشكل دوري (ربعية) والقيام بالخطوات التالية:

1-تفريغ الكشوفات الدورية (الربعية) التي تم إعدادها مسبقاً في جداول فرعية البعض منها للإيرادات ومثلها للنفقات.

2-تلخيص الجداول الفرعية في جدولين رئيسيين أحدهما للإيرادات والآخر للنفقات، بحيث يكون بالإمكان تحديد مجموع النفقات وكذلك مجموع الإيرادات وحسب الأبواب الواردة في أبواب الموازنة.

3-يتم إعداد مذكرة توضح الإيرادات التي كانت مقدرة حسب الموازنة ويقابلها الإيرادات التي تم تحصيلها فعلياً، وكذلك النفقات التي كانت مقدرة في الموازنة وتلك التي تم إنفاقها فعلياً، وكذلك الاعتمادات الإضافية، ونتيجة الحساب الختامي من فائض أو عجز، وكيفية عمل التسوية اللازمة لهما.

2-9 قيود الإقفال في الحسابات الحكومية:

1-ترحيل الفرق من الحسابات في نهاية السنة المالية إلى السنة الجديدة، هذا فيما يخص الحسابات الجارية المدينة والدائنة فقط، أما حسابات الموازنة الأخرى فلا تظهر لها قيود افتتاحية حيث يكون لها أرصدة في نهاية السنة المالية حيث تسوى أرصدتها (الفرق) في حساب الاحتياطي العام للحكومة.

2-إثبات تقديرات الإيرادات والنفقات العامة، الواردة في الموازنة العامة للدولة.

3-إثبات المبالغ الإجمالية الواردة في ملخصات الإيرادات والنفقات، وذلك بحسب الباب والفصل والمواد، وحسابات التسوية.

4-إثبات الفروقات بين النفقات المقدرة والفعلية، وكذلك الفروقات بين الإيرادات المقدرة والفعلية.

مثال:

تسوية وإقفال حسابات الموازنة.

((تتم المعالجة المحاسبية من خلال مجموعة من المقارنات بين كل من الإيرادات التقديرية والفعلية وكذلك النفقات التقديرية والفعلية)).

فيما يلي الملخصات الإجمالية عن ربط النفقات والإيرادات كما وردت بموازنة إحدى السنوات وبيان النفقات والإيرادات الفعلية عن نفس السنة:

البيان	ربط الموازنة	الفعلي	الفرق
المصروفات	3500000	3600000	100000
الإيرادات	3000000	2800000	200000
الفرق	500000	800000	300000

المطلوب:

1- إثبات قيود الإقفال في حسابات الحكومة.

2- ترحيل الحسابات لدفتر الأستاذ.

الحل:

أولاً: دفتر اليومية

أ- إثبات الربط التقديري:

3500000		من حـ/ الحكومة العمومي
	3500000	إلى حـ/ الوزارات والمصالح (نفقات)

<u>إثبات الربط التقديري للنفقات</u>

3000000		من حـ/ الوزارات والوحدات (إيرادات)
	3000000	إلى حـ/ الحكومة العمومي

<u>إثبات ربط الإيرادات التقديري</u>

ب- إثبات المصروفات والإيرادات الفعلية:

3600000		من حـ/ المصروفات العامة
	3600000	إلى حـ/ الخزينة

<u>إثبات المصروفات الفعلية</u>

2800000		من حـ/ الخزينة
	2800000	إلى حـ/ الإيرادات العامة

<u>إثبات الإيرادات الفعلية</u>

جـ-مقارنة الإيرادات والمصروفات الفعلية والمقدرة:

3600000   من حـ/ الوزارات والمصالح (مصروفات)

     3600000   إلى حـ/ المصروفات العامة

<u>إقفال حساب المصروفات الفعلية في حساب الوزارات والمصالح الحكومية</u>

2800000   من حـ/ الإيرادات العامة

     2800000   إلى حـ/ الوزارات والمصالح (إيرادات)

<u>إقفال حساب الإيرادات الفعلية في حساب الوزارات والمصالح الحكومية</u>

د-إقفال الفرق بين الأرقام الفعلية والتقديرية:

100000   من حـ/ الحكومية العمومي (السنة الجارية)

     100000   إلى حـ/ الوزارات والمصالح (مصروفات)

<u>زيادة المصروفات الفعلية عن التقديرية</u>

200000   من حـ/ الحكومة العمومي (السنة الجارية)

     200000   إلى حـ/ الوزارات والمصالح (إيرادات)

<u>نقص الإيرادات المقدرة عن الفعلية</u>

800000   من حـ/ الاحتياطي العام

     800000   إلى حـ/ الحكومة العمومي (السنة الجارية)

<u>إقفال حـ/ الحكومة العمومي عن السنة الجارية في حـ/ الاحتياطي العام</u>

الفصل

العاشر

العلاقة بين المحاسبة القومية والاقتصاد

الفصل العاشر

العلاقة بين المحاسبة القومية والاقتصاد

مقدمة:

ارتبط تطور المحاسبة القومية بالتطورات الاقتصادية التي عاشتها الدول الرأسمالية وكذلك تلك التي سارت على النظام الاشتراكي منذ القرن العشرين، فلم يكن في السابق ذلك التدخل المؤثر من قبل الدول في مجال النشاط الاقتصادي. ولكن وبعد الكساد الذي عم العالم في عامي 1929 و1930 في الدول الرأسمالية والذي كان بمثابة الصدمة الكبرى لأولئك المدافعين عن مبدأ الحرية الاقتصادية، بدأ تدخل الدول في مجال الاقتصاد، من إنفاق عام، واستهلاك خاص واستهلاك عام، واستثمار، وكان من الطبيعي أن تظهر الحاجة ملحة لتطوير الإحصاء الاقتصادي وذلك خدمة لأهداف السياسة الاقتصادية على مستوى الاقتصاد القومي.

ثم جاءت الحرب العالمية الثانية لتؤكد هذا الاتجاه، واشتدت حاجة الدول الرأسمالية إلى هذا النوع من البيانات حتى تتمكن من تعبئة وإعادة تخصيص الموارد لخدمة أهداف الحرب، ومن هنا شهدت فترة الأربعينات والخمسينات من القرن الماضي تطوراً في عملية تعميم نظم المحاسبة القومية، وبدأت عملية بناء النماذج الاقتصادية الكلية لتوضح العلاقات التي تحكم العمليات الاقتصادية في صورة مجموعة من العلاقات الرياضية.

في دول المنظومة الاشتراكية التي تعتمد على نظام التخطيط الاقتصادي الشامل ظهرت نظم متطورة للمحاسبة القومية، هدفها خدمة أغراض هذا التخطيط. وفي الدول النامية ظهرت الحاجة إلى وجود نظام فعال للمحاسبة

القومية يمكن الاستعانة به من أجل التعجيل في عملية النمو والتحكم في مسارات عملية التنمية.

1-10 تعريف المحاسبة القومية:

تعددت تعاريف المحاسبة القومية من قبل الاقتصاديين والمحاسبين، وهذا التعدد نشأ نتيجة اختلاف وجهات نظر هؤلاء ونظرتهم إليها، وسوف نتناول وجهات النظر هذه على سبيل المثال على النحو التالي:

يرى بعض الاقتصاديين أن الحسابات القومية: ((هي تلك التي تصف نتائج النشاط الاقتصادي في الدولة في شكل حسابات متكاملة تصف الإنتاج والدخل والتدفقات المالية والعلاقات بين الوحدات الإنتاجية، وتمكن من الوصول إلى النتائج التي يستخدمها المسؤولين عن وضع السياسات والخطط الاقتصادية للدولة)).

بينما يعرفها البعض الآخر بأنها: ((وسيلة لوصف النشاط الاقتصادي للمجتمع وضعاً قيماً يتبع فيه مجموعة من المبادئ المحاسبية والقواعد التي تحدد الشكل الذي تخرج به صورة النشاط الاقتصادي، وتستند هذه القواعد المتبعة إلى منطق اقتصادي)).

ويعرفها آخرون على أنها: ((وسيلة إطار منهجي صمم خصيصاً لقياس مجمل نتائج النشاط الاقتصادي في مجتمع معين وعرض المعلومات المتعلقة بذلك النشاط في صورة رقمية متكاملة تصلح أساساً لتحليل الأوضاع القائمة وترشيد عملية رسم السياسة الاقتصادية واتخاذ القرارات اللازمة لتصحيح التعرجات التي تعتري المسار الاقتصادي لبلد ما)).

ومن خلال التعريفات السابقة يتضح ما يلي:

1-ينظر الاقتصاديين إلى المحاسبة القومية على أنها إطار منهجي يمكن من وصف وقياس نتائج النشاط الاقتصادي، وتساهم في ترشيد ورسم السياسات الاقتصادية للدولة.

2-في الفكر المحاسبي تمثل المحاسبة القومية مجال من مجالات العمل المحاسبي يهدف إلى قياس نتائج النشاط الاقتصادي وساهم في ترشيد السياسات الاقتصادية للدولة، خلال فترة زمنية معينة، معتمدة في ذلك على مجموعة المبادئ والأسس العملية.

3-لا تعد المحاسبة القومية نبتاً مقطوع الجذور، ولكنها تمثل في واقع الأمر مجالاً من مجالات المعرفة يرتبط ارتباطاً وثيقاً بعلم الاقتصاد والمحاسبة والإحصاء.

4-من جانبناً يمكن تعريف المحاسبة القومية بأنها: ((مجالاً من مجالات المعرفة المحاسبية، يهدف إلى تسجيل وقياس حركة النشاط الاقتصادي للدولة خلال فترة زمنية معينة، ويهتم بدراسة التركيب الخاص بهيكل هذا النشاط ومكوناته والتغيرات التي تطرأ علية. معتمدة في ذلك عل مجموعة من معايير القياس المحاسبية، بقصد المساهمة في رسم وترشيد السياسات الاقتصادية)).

2-10 أهداف المحاسبة القومية:

تسعى المحاسبة القومية إلى تحقيق مجموعة من الأهداف يمكن ذكرها على النحو التالي:

الهدف الأول:

تهتم المحاسبة القومية بتسجيل وقياس حركة النشاط الاقتصادي للدولة خلال فترة زمنية معينة، فتهتم بتسجيل وقياس الإنتاج والاستهلاك والادخار

والاستثمار، فضلاً عن هذا تعنى بدراسة حركة التدفقات والمعاملات التي تتم بين القطاعات الاقتصادية المختلفة للدولة.

الهدف الثاني:

ويتمثل في دراسة التركيب الخاص بهيكل النشاط الاقتصادي ومكوناته، ودراسة المتغيرات التي تطرأ على هذا التركيب خلال فترات زمنية متعقبة، كما تهتم بدراسة التوازنات أو الاختلالات الرئيسية في حركة المتغيرات الاقتصادية خلال فترة زمنية معينة، وفي هذا الشأن تهتم المحاسبة القومية بدراسة التحليلات الهيكلية للدخل القومي وتوزيعه، وتوضح حجم المساهمة التي أحدثها كل قطاع في هذا المجال. وتلقي الضوء على القطاعات التي أحدثت مساهمات ضعيفة في زيادة هذا الدخل، حتى تتمكن الدولة من توجيه قدر وافر من الاستثمارات إلى هذه القطاعات.

الهدف الثالث:

إعداد جداول التدفقات المالية التي تعكس التدفقات النقدية والمالية، والتي توضح كيفية تمويل الاستثمارات القومية، حيث تهتم المحاسبة القومية بإلقاء الضوء على الموارد والاستخدامات النقدية للقطاعات الاقتصادية داخل الدولة، وتصور القطاعات المقرضة والقطاعات المقترضة، الأمر الذي يساعد في التعرف على أسباب الانكماش والتضخم.

الهدف الرابع:

إعداد الميزانية القومية والتي يمكن من خلالها التعرف على الثروة القومية التي تملكها الدولة في تاريخ معين، وما يقابلها من التزامات خارجية للدول الأخرى في ذلك التاريخ، وهذا أمر يجعل من المحاسبة القومية مجال من مجالات المعرفة يساهم مساهمة فاعلة في رسم السياسات الاقتصادية للدولة، فعن طريق الميزانية القومية يمكن للقائمين برسم السياسات الاقتصادية للدولة التعرف على

نسب توزيع رأس المال القومي بين القطاعات الاقتصادية داخل المجتمع، كذلك توضح الميزانية القومية لهؤلاء العلاقة بين كل من الإنتاج القومي ورأس المال القومي، وفضلاً على هذا تمكن الميزانية القومية من التعرف على عناصر رأس المال القومي ومعدلات النمو التي تطرأ عليه.

3-10 معايير القياس في المحاسبة القومية:

يحكم القياس في المحاسبة القومية مجموعة من المعايير منها ما هو مستمد من نظرية المحاسبة المالية مثل معيار الوحدة المحاسبية ومعيار الاستمرار ومعيار القياس النقدي ومعيار الإفصاح، بالإضافة لهذه المعايير يلاحظ أن للمحاسبة القومية مجموعة من معايير القياس الخاصة، وتتميز هذه المعايير في:

1-معيار تحقق الإيراد على أساس الإنتاج:

يقوم هذا المعيار على فكرة مفادها أن الأرباح من وجهة نظر المحاسب القومي تتحقق على أساس ما تم إنتاجه من سلع وخدمات، حيث أن الإنتاج في مرحله المختلفة يؤدي إلى زيادة المنافع التي يحصل عليها المجتمع، كما أن الإنتاج يمثل إضافة حقيقية للاقتصاد القومي للدولة، على حين أن عملية البيع هي النقطة التي يتحقق عندما الإيراد في المحاسبة المالية، وعملية البيع من وجهة نظر المحاسب القومي ما هي ألا مجرد انتقال سلع موجودة في الأصل بين الأفراد.

وفي هذا الشأن يري بعض كتابنا المحاسبين أن الإيرادات تتحقق من وجهة نظر الاقتصاد القومي في مجموعة بمجرد تمام الإنتاج، لهذا يتم تقويم المخزون السلعي من المنتجات تامة الصنع عل أساس أسعارها الجارية وليس على أساس تكاليف الإنتاج، ويقرر أن تحقق الإيراد على أساس تمام الإنتاج في المحاسبة القومية له ما يبرره، فعملية البيع لا تشكل بالضرورة أهمية بالغة في دورة الموارد الاقتصادية وهذه العملية من وجهة نظر المحاسب القومي ينحصر أثرها في مجرد

انتقال السلع الموجودة بين الأفراد داخل الدولة، كما أن القياس السليم للناتج القومي يستلزم تقويم الإضافات التي تحدث في المخزون السلعي على أساس سعر البيع، فضلاً على أنه لا يوجد أي مبرر لتطبيق مبدأ الحيطة والحذر الذي يؤمن به المحاسب المالي عن تقويم الأصول المتداولة، فالتغيرات التي تحدث في الأسعار ارتفاعاً أو انخفاضاً لا تعدو أن تكون مجرد تيارات دخلية، وهي تؤثر بالمديونية والدائنية في المشروعات التي تعمل داخل إطار الاقتصاد القومي للدولة، ويصبح أثرها منعدم من وجهة نظر الاقتصاد القومي لهذا لا ينصرف أثرها إلا في مجرد انتقال الحقوق بين الأفراد والقطاعات الأخرى.

ويجدر بالإشارة إلى أن المحاسب القومي يقوم بتقويم المخزون السلعي أخذاً في الاعتبار الأرباح المنتظر تحقيقها نتيجة تبادل هذا المخزون في السوق، أو بمعنى أخر يأخذ في اعتبار الزيادة في كمية هذا المخزون وليس الزيادة في قيمته، فقد تتمثل هذه الزيادة في كمية من المخزون في أول الفترة، بهذا ينبغي عند تقييم ذلك الجزء من الناتج القومي والذي يتمثل في شكل إضافات إلى المخزون السلعي في نهاية المدة، ضرورة استبعاد أي ارتفاع في أسعار المخزون أول الفترة لأن هذه الزيادة لا تمثل في حقيقة الأمر قيمة مضافة حقيقية، وعلى الجانب الأخر ينبغي إضافة أي انخفاض في أسعار المخزون لأن هذا الانخفاض لا يتمثل في جوهرة إهلاكاً حقيقياً للموارد على أن يراعى هذا الأمر في حالة تطبيق سياسة التكلفة أو السوق أيهما أقل، وهذا الأمر يجب تطبيقه على هذا النحو عند تقويم السلع الرأسمالية التي تنتجها الوحدات الاقتصادية لاستخدامها الداخل، حيث تتحقق الأرباح أيضاً بتمام الإنتاج، وعدم تطبيق ذلك يترتب علية أخطاء في تحديد القيمة المضافة والدخل القومي والناتج القومي.

2- **معيار التقويم على أساس الأسعار الجارية:**

حتى يتمكن المحاسب القومي من الوصول إلى بيانات تعبر عن واقع الحال، فأن الأمر يستلزم منه قياس نتائج النشاط الاقتصادي الذي تعيشه الدولة على أساس أسعار السوق الجارية، وبالتالي يقوم بتعديل البيانات وفقاً للتقلبات في المستوى العام للأسعار، حتى تصبح هذه البيانات قابلة للمقارنة على أساس زمني، حتى يتمكن من الحصول على القيمة الحقيقية للناتج القومي الإجمالي أو لأي قياس من مقاييس الدخل، وطالما أن البيانات المستخدمة في تقدير قيم الناتج تتضمن عنصرين، أحدهما عيني ويتمثل في الكميات المنتجة من السلع والخدمات، والآخر نقدي ويتمثل في الأسعار التي بناء عليها يتم تقدير قيم هذه الكميات لهذا فأن ارتفاع الأسعار رغم ثبات هذا الناتج أو نقصانه، قد يعطي قيمة متزايدة للناتج القومي، هذا يخالف الواقع، لهذا فإن تخليص هذه التقديرات من تغيرات الأسعار من عام لآخر يمثل الحل لهذا المشكلة.

وحتى يتمكن المحاسب القومي من أجراء المقارنات بين دخل السنوات المختلقة لا يصح أن تتم هذه المقارنة على أساس القيمة النقدية لهذا الدخل، وذلك لما قد يطرأ علية من تقلبات في المستوى العام للأسعار، ومن ثم يجب أن يتم هذا الأمر بناء على تقييم هذا الدخل على أساس قيمته الحقيقية أي بعد استبعاد الآثار الناشئة عن التقلبات في المستوى العام للأسعار وللتغلب على هذه المشكلة ينبغي استخدام الأرقام القياسية للأسعار لإجراء هذا الاستبعاد.

ويجدر بالملاحظة أن الرقم القياسي يمثل (نسبة يمكن عن طريقها تحديد العلاقة بين قيمة وحدة النقود في فترة زمنية معينة، أي القوة الشرائية للنقود) تسمى عادة بفترة أو سنة القياس وقيمتها في فترة زمنية أخرى تسمى عادة بسنة الأساس.هذا وقد تكون سنة الأساس لاحقة أو سابقة لسنة القياس على حسب الطريقة المتبعة في تحديد النسبة، وهذه النسبة تمثل في الحقيقة علاقة محددة

بين قيمتين. ويتم احتساب كل من هاتين القيمتين وذلك عن طريق اختيار عينة من السلع والخدمات المتوفرة في اقتصاد معين أو سوق معينة أو دولة معينة، ثم يتم تحديد أسعار كل من هذه السلع والخدمات المكونة لمفردات العينة في فترتين زمنيتين مختلفتين ثم تحسب نسبة التغير وفق الطرق الخاصة بتحديد هذه النسبة، هذه الطرق يفضل البعض تسميتها بالمقاييس التي بناءاً يمكن قياس التغير في المستوى العام للأسعار.

وفيما يختص بالمقاييس التي على أساسها يمكن تحديد الرقم القياسي للأسعار، يلاحظ أن هناك أربعة مقاييس شائعاً الاستخدام، هي مقياس لاسبير، ومقياس باش،ومقياس فيشر، مقياس الوزن الثابت.

ومقياس الأول (مقياس لاسبير) يمكن من قياس الإنتاج على أساس الأسعار السائدة في سنة الأساس وتتخذ معادلة لاسبير النموذج الرياضي الآتي:

$$\text{ل س (لاسبير)} = \frac{\text{مج س}_1\text{ك}}{\text{مج س ك}} \times 100$$

أما المقياس الثاني (مقياس باش) فيمكن من القياس في فترتين على أساس الأسعار السائدة في الفترة الثانية، وبمعنى أخر يعتمد هذا المقياس على أساس إيجاد متوسط التغير في الأسعار لكميات مختلفة من السلع والخدمات، مع ملاحظة اختلاف الكميات باختلاف سنة القياس حتى يتمكن هذا المقياس من إعطاء الأوزان لكميات سنة القياس وليس لكميات سنة الأساس، وتتخذ معادلة باش النموذج الرياضي الآتي:

$$\text{ب (باش)} = \frac{\text{مج س}_1\text{ك}_1}{\text{مج س ك}_1} \times 100$$

أما مقياس فبشر فيمثل في واقع الأمر المتوسط الهندسي لكل من المقياس الأول والثاني (لاسبير، وباش) وتأخذ معادلة فيشر النموذج الرياضي الآتي:

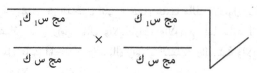

$$\sqrt{\frac{\text{مج س}_1\text{ك}}{\text{مج س ك}} \times \frac{\text{مج س}_1\text{ك}_1}{\text{مج س ك}}}$$

أما القياس الرابع (مقياس الوزن الثابت) فلا يختلف كثيراً عن المقياس الأول (لاسبير) ويكمن الاختلاف بينها في أن الكميات التي يتم القياس على أساسها أو تثبيتها هي تمثل كميات سنة معينة تختلف عن كميات سنة الأساس أو كميات سنة القياس ويأخذ هذا القياس النموذج الرياضي التالي:

$$\text{ث الوزن الثابت} = \frac{\text{مج س}_1\text{ك ت}}{\text{مج س ك ت}} \times 100$$

ومهما يكن من اختلاف بين المقاييس، فعلى أساسها يتم قياس التغير في الأسعار بين فترة وأخرى، فإن الأمر يستلزم من المحاسب القومي ضرورة حساب أقساط إهلاك الأصول الثابتة على أساس التكلفة الاستبدالية الجارية لأسعار هذه الأصول حتى يتمكن من قياس إهلاك رأس المال، وهذا أمر له أهميته البالغة، لأنه يمكن من تقسيم المنتجات النهائية على أساس أسعارها الحقيقية، كما أن حساب الإهلاك وعلى هذا النحو يمكن من المحافظة على رأس المال الحقيقي وهذا في حد ذاته يؤدي إلى ضمان استقرار التدفقات الإنتاجية والدخلية مستقبلاً.

3- معيار استبعاد التحويلات الدخلية:

يتمثل الدخل القومي في مجموع الدخول التي حصلت عليها عوامل الإنتاج مقابل مساهمتها في النشاط الإنتاجي أو بمعنى أخر يتمثل هذا الدخل في مجموع

الدخول التي تستحق لعوامل الإنتاج خلال فترة زمنية معينة وتتمثل مصادر هذا الدخل في عائد الملكية وعائد العمل والتحويلات التي تتم بين الدخول.

وعائد الملكية يتمثل في الدخول التي يحصل عليها مالك الأصول مقابل مساهمتها في النشاط الإنتاجي مثل الفوائد على رأس المال والإيجارات والأرباح. أما عائد العمل فيتمثل في المرتبات والأجور التي يحصل عليها الموظفين والعمال والمزايا النقدية والعينية والإيرادات المرتبة لمدى الحياة التي يحصل عليها هؤلاء.

والتحويلات التي تتم بين الدخول هي المعاشات ومكافآت ترك الخدمة والتعويضات وإعانات البطالة والإعانات بين الدولة والعالم الخارجي. وعند قياس الدخل القومي يجب على المحاسب القومي استبعاد التحويلات التي تتم بين الدخول، نظراً لأن هذه التحويلات ما هي إلى عبارة عن نقل للدخل من وحدة إلى أخرى دون أن يترتب على هذا الانتقال زيادة في الإنتاج فالمعاشات ومكافآت ترك الخدمة والتعويضات وإعانات البطالة ما هي إلا تحويلات لا تنتج عنها أي إضافة للناتج القومي وبالتالي لا تولد أي مساهمة في الدخل القومي، وقد يري البعض أن هذه التحويلات يمكن أن يترتب عليها مقابل معنوي، لكن هذا الأمر يصعب قياسه وتقويمه، وقد يقول البعض أن هذه التحويلات يمكن أن يترتب عليها مقابل نقدي أو مادي، لكنا نقول أن هذا المقابل يجب استبعاده عند حساب الدخل القومي لأن عدم استبعاده يترتب عليه نوع من الازدواج، فهذه القيمة قد تم احتسابها مرتين، مرة عند تولدها ومرة أخرى عند انتقالها بين الأطراف المختلفة.

أما التحويلات التي تتعلق بعوائد الملكية فتتمثل في الأرباح الناشئة عن إعادة التقويم السلعي والأرباح الناتجة عن بيع الأصول الرأسمالية والأرباح الناشئة عن حيازة الأوراق المالية، والتبرعات والتعويضات والديون المعدومة، هذه العوائد في الحقيقة لا تمثل عائد لأي من عوامل الإنتاج ومن ثم يجب على المحاسب القومي استبعادها عند حساب الدخل القومي للأسباب التالية:

أ- الأرباح الناشئة عن إعادة تقويم المخزون السلعي، هي أرباح خلقتها الظروف الاقتصادية وقت إعادة التقدير، وهي أرباح لا علاقة بالنشاط الإنتاجي، ولا ينتج عنها إضافة حقيقية للناتج القومي، فضلاً على هذا فهي لا تمثل إضافة للثروة القومية وأثرها يقتصر فقط على مجرد انتقال للثروة بين البائع والمشتري.

ب- الأرباح والفوائد الناشئة عن حيازة الأوراق المالية، فهي تمثل توزيعات إلى حملة الأسهم والسندات، وهذه عوائد تم احتسابها كجزء من الدخل القومي عند تولدها في الوحدة الاقتصادية التي تمثل هذه الأسهم وتلك السندات جزء أو كل رأسمالها المملوك والمقترض، فإذا قام المحاسب القومي باحتسابها يكون قد وقع في خطأ من أخطاء الازدواج، فالأرباح والفوائد يجب أن تحسب مرة واحدة عند استحقاقها أو تولدها، ولا ينبغي أن يتم احتسابها عند تحصيلها فعلاً بواسطة حملة الأسهم والسندات، ويجدر التنويه أن الفوائد التي يأخذها المحاسب القومي ويعتبرها جزءاً من هذا الدخل هي الفوائد الدائنة، حيث يتمثل عائد الملكية هنا في الفرق بين الفوائد المدينة التي تدفع عن الأموال المقترضة، وتلك الفوائد التي تحصل عليها المنشآت مقابل الأموال التي تقرضها للغير، فوفقاً لمبدأ الاستحقاق يتم الاعتراف بالدخل القومي في مرحلة تولد الدخل وليس في مرحلة تخفيض الدخل.

جـ- التبرعات والتعويضات، تمثل في الواقع الأمر نوع من أنواع التنازل عن الدخل سواء كان هذا التنازل إجبارياً أو اختيارياً من طرف إلى آخر، ومن ثم تعد هذه التبرعات والتعويضات نوعاً من التحويلات الدخلية التي يقتصر أثرها على إعادة توزيع الدخل بين القطاع العائلي والقطاعات الأخرى التي تعمل داخل الاقتصاد القومي لهذا يقوم المحاسب القومي عند قياس الدخل الخاص بالوحدة المانحة للتبرع أو التعويض باستبعاد قيمة هذه التبرعات أو

التعويضات من أرباح هذه الوحدة (المانحة) باعتبارها لا تمثل تكاليف حقيقية من وجهة نظر المجتمع.

4-معيار التميز بين المنتجات الوسيطة والنهائية:

وفقاً لهذا المعيار ينبغي على المحاسب القومي ولتجنب الوقوع في أخطاء الازدواج عند قياس الناتج القومي، ضرورة التمييز بين المنتجات الوسيطة والمنتجات النهائية.

ويقصد بالمنتجات الوسيطة، السلع أو الخدمات التي تدخل في العملية الإنتاجية مرة واحدة، وخلال فترة زمنية معينة، كما يقصد بالمنتجات الوسيطة، المنتجات التي يتم شراؤها بقصد إعادة بيعها، سواء تم بيعها بشكلها الراهن أو تم بيعها بعد إجراء مجموعة من العمليات الصناعية عليها، ويتم التعامل مع قيمتها كتكاليف إنتاج خلال هذه الفترة.

أما المنتجات النهائية فتتمثل في السلع أو الخدمات التي تم إنتاجها خلال فترة زمنية معينة، ولم يتم استخدامها في مرحلة إنتاجية أخرى خلال نفس الفترة، كما يقصد بها تلك المنتجات التي يتم بيعها للمستهلكين خلال فترة زمنية معينة في شكل سلع أو خدمات نهائية أو يتم ترحيلها لفترة إنتاجية مستقبلية في شكل زيادة في المخزون السلعي أو الأصول الرأسمالية.

وإذا ضربنا مثالاً يوضح الفرق بين المنتج النهائي والمنتج الوسيط نقول أن الخبز يعد منتجاً نهائياً، بينما القمح والدقيق المستخدمين في إنتاج هذا الخبز، منتجات وسيطة، وبناء على هذا التمييز ينبغي على المحاسب القومي أن يأخذ في الاعتبار عند قياس الناتج القومي، ضرورة تضمين هذا الخبز عند قياس هذا الناتج، وفي نفس الوقت يجب أن يستبعد قيمة القمح والدقيق الداخلين في إنتاج الخبز من عملية الحساب، وهذا تفادياً لخطر الازدواج في الحساب، لهذا يمكن لنا أن نقول أن ما يدخل في حساب قيمة الناتج القومي، هو قيمة السلع والخدمات

النهائية، سواء كانت هذه السلع استهلاكية أو إنتاجية، والتي تم إنتاجها خلال فترة زمنية معينة، وذلك بعد استبعاد قيمة المدخلات المستخدمة في إنتاج هذه السلع والخدمات من منتجات في فترة سابقة، وبصفة عامة يمكن القول أن المحاسب القومي يدخل في حساب الناتج القومي المنتجات النهائية فقط وذلك بعد استبعاد ما تم احتسابه من مخزون أول الفترة.

5-معيار استبعاد إهلاكات الأصول الثابتة:

بعد تحديد المحاسب القومي لما يدخل من سلع وخدمات عند قياس الناتج القومي، وبعد استبعاد السلع الوسيطة، واستبعاد التحويلات الدخلية، وحتى يتمكن من الوصول إلى صافي ما أنتجه المجتمع من سلع وخدمات نهائية، يتعين عليه استبعاد مقابل إهلاك الأصول الثابتة من قيمة الناتج القومي، حيث يفترض أن إهلاكات الأصول الثابتة تمثل في واقع الأمر نسبة ثابتة إلى حد كبير من قيمة الناتج القومي الإجمالي، ومن ثم إذا ما توصل المحاسب القومي إلى قيمة هذه الإهلاكات في سنة معينة، وقام بحساب نسبتها إلى الناتج القومي الإجمالي لهذه السنة، يمكن الوصول بمعلومية هذه النسبة إلى النواتج الإجمالية القومية الصافية، ومن النواتج الإجمالية القومية لعدد معين من السنوات.

ولعل السبب الحقيقي في ضرورة استبعاد المحاسب القومي لمقابل إهلاك هذه الأصول، يرجع إلى أن هذه الأصول لا تمثل إضافة صافية إلى الثروة القومية، نظراً لأن عملية إنتاج السلع الرأسمالية والسلع النهائية الأخرى والمكونة في مجموعها للناتج القومي، تؤدي إلى استهلاك جزء من المعدات الرأسمالية المتاحة في نفس الفترة، ومن ثم، لكي يصل المحاسب القومي إلى صافي ما أنتجه المجتمع من سلع وخدمات نهائية، يتعين خصم مقابل إهلاكات الأصول الثابتة من قيمة الناتج القومي، وهذا يمكننا من الوصول إلى قيمة الناتج القومي من المنتجات النهائية والمكون فقط من السلع الاستهلاكية، وذلك الجزء من السلع

الاستثمارية الذي يشكل إضافة فعلية إلى الأصول الرأسمالية المتاحة، وهو ما يطلق عليه (صافي الاستثمار).

مما تقدم يمكن القول أن الناتج القومي الصافي = الناتج القومي الإجمالي – إهلاكات الأصول الثابتة

وفيما يتعلق ببناء النماذج في المحاسبة القومية، يقرر بعض الكتاب أن المحاولة التي قام بها Quennay تعد المحاولة الأولى لبناء نموذج متقدم للحسابات القومية، حيث تمكن من تصوير حركة التدفقات الاقتصادية داخل المجتمع، كما يرى أن الدفعة الكبرى والحقيقية للإسهامات العلمية الواسعة لإعداد نظم المحاسبة القومية، حدثت في ظل اتساع النفوذ الفكري المستند إلى النظرية العامة للتوظف والفائدة والنقود لـ (كينز)، وأصبحت المحاسبة القومية أداة لتحليل حركة المتغيرات الاقتصادية، ووسيلة لترشيد عملية رسم السياسات الاقتصادية، ويرى أن نظم المحاسبة القومية ليست هياكل محاسبية أو إحصائية ذات طبيعة فنية بحتة، بل في مجال من مجالات المعرفة يرتبط ارتباطاً وثيقاً بالإطار الفكري للنظريات الاقتصادية، ومن ثم يمكن أن تعدد نظم المحاسبة القومية بتعدد هذه النظريات.

تنحصر الوظيفة الأساسية للمحاسبة في قياس نتائج النشاط الاقتصادي، وعرض هذه النتائج بكيفية تكفل الاستفادة من دراستها كأساس لاتخاذ القرارات.

وتؤدي المحاسبة هذه الوظيفة على مستوى الوحدة الاقتصادية –أي المشروع، سواء كان تجارياً أو مالياً أو صناعياً- بتطبيق المبادئ العلمية التي سبق دراستها في أنظمة المحاسبة المالية ومحاسبة التكاليف.

فمن المعلوم أن المحاسبة المالية تهدف إلى تسجيل المعاملات المالية وقياس نتائج الأعمال التي تؤديها الوحدات الاقتصادية، ثم تلخيص هذه النتائج وعرضها في فترات دورية منتظمة.

كما أن محاسبة التكاليف تهدف إلى قياس التكلفة الفعلية للمنتجات النهائية، وتحقيق الرقابة على استخدام عناصر التكلفة، وإعداد الدراسات اللازمة لحل المشاكل واتخاذ القرارات الإدارية.

وعلى المستوى القومي تهدف المحاسبة القومية (أو المحاسبة الاقتصادية القومية National Economic Accounting) إلى قياس نتائج النشاط الاقتصادي للمجتمع، وللقطاعات التي يتكون منها في فترات دورية منتظمة، ثم تصوير هذه النتائج وتحليلها بحيث يتسنى دراستها واستخدامها كأساس للتخطيط والمتابعة واتخاذ القرارات الاقتصادية.

وجدير بالذكر أن المدخل المحاسبي لدراسة الحسابات القومية يعتبر من أحدث التطورات الأكاديمية في المحاسبة، فهو يرجع أصلاً إلى الخمسينات من القرن العشرين، حينما أخذت البحوث العلمية تبرز أهمية استخدام المفاهيم والأساليب الفنية التي تعتمد عليها النظرية العامة للمحاسبة في إعداد الحسابات القومية، وقد صاحب ذلك ظهور الأسلوب المحاسبي بصورة واضحة في المؤلفات المتخصصة في هذا الموضوع.

ومن أمثلة ذلك ما عبر بعض الكتاب فيما يلي:

1-تشكل حسابات الدخل القومي إطاراً يصلح لتسجيل نتائج النشاط الاقتصادي وإبراز مدى الترابط بين النتائج بأسلوب يشبه إلى حد كبير نفس الأسلوب الذي يتبع لتسجيل العمليات التي تجريها المشروعات التجارية وعرض نتائج تلك العمليات، ويعتبر فهم طبيعة الحسابات التي تعدها هذه

المشروعات شرطاً ضرورياً لاستيعاب الأسس التي يعتمد عليها تصوير حسابات الدخل القومي.

2-تبدأ دراسة هذا الموضوع بإعداد نظام مبسط لحسابات الدخل القومي يعتمد على مدخل ذي أبعاد ثلاثة، يراعى فيه التناظر بين نظام القيد المزدوج المتبع في المحاسبة، وأسلوب المصفوفات المتبع في إعداد جداول المدخلات والمخرجات، والعلاقات الرياضية التي تربط بين المتغيرات الاقتصادية المتعلقة بالدخل القومي.

وبالإضافة إلى ذلك فقد أصدر المجمع الأمريكي للمحاسبة في سنة 1958 أول دراسة متكاملة في هذا الموضوع A Survey of Economic Accounting، وقد سبقت هذه الدراسة نشر مجموعة من البحوث المتعلقة بالمحاسبة القومية في المجلة العلمية The Accounting Review التي أصدرها المجمع في شهر أبريل 1953.

وغني عن البيان أن المجال لا يتسع في هذا الكتاب لتحليل الأسس التي اعتمدت عليها تلك البحوث أو لشرح الأسلوب الذي اتبع في كل من المؤلفات المشار إليها، لذلك نكتفي بإثبات أهم البحوث والمؤلفات التي ظهرت خلال الخمسينيات وتميزت بالطبع المحاسبي، حتى يستطيع أن يرجع إليها الباحث في هذا الموضوع.

إلاّ أنه تجب الإشارة إلى نظام الحسابات القومية الذي أصدرته هيئة الأمم المتحدة في سنة 1953، والتعديلات التي أعقبته، حتى سنة 1968 حينما أصدرت الهيئة نظاما أخر أكثر تكاملا بعنوان: ((نظام الحسابات القومية)).

وتشمل دراسة المحاسبة القومية أربعة موضوعات هي:

أ- إعداد الحسابات القومية National Income Accounts.

ب- جداول المدخلات والمخرجات (أو المستخدم والمنتج).

Input- Output Tables .

جـ- جداول التدفقات النقدية أو المالية Flow- of Fund Tables

د- الميزانية القومية National Budget.

4-10 إطار الحسابات القومية:

يتمثل النشاط الاقتصادي للمجتمع في عدد كبير من المعاملات التبادلية والصفقات التي تتعلق أساساً بعمليات الإنتاج والاستهلاك والاستثمار.

ولكي يتسنى تسجيل هذه الصفقات وقياس نتائجها وإبراز العلاقات التي تربط بينها، يتعين المتميز بين الأنواع المختلفة منها- تبعاً لطبيعتها وآثارها الاقتصادية- كما يتعين تبويب الوحدات التي تقوم بإجرائها في قطاعات متجانسة من حيث وظائفها، ثم تخصيص حساب- أو مجموعة من الحسابات- لتصوير نتائج النشاط الاقتصادي لكل من الصفقات، وهي:

1-قطاع الإنتاج:

ويتكون من الوحدات الإنتاجية التي تقوم بإنتاج السلع والخدمات بغرض البيع، ومن ثم يطلق على هذا القطاع اصطلاح: Business Sector أو Production Sector.

2- القطاع العائلي:

ويتكون من الوحدات الاستهلاكية Consumption Units فيشمل الأفراد فيها يتعلق باستهلاكهم للسلع والخدمات، كما يشمل الهيئات التي لا تهدف إلى

الربح Non-profit Institution كالهيئات العملية والنوادي، والجمعيات الخيرية، ومن ثم يطلق على هذا القطاع اصطلاح Household Sector أو Household and Non-profit Institutions.

3- قطاع الإدارة الحكومي:

ويتكون من الوحدات الإدارية التي تقوم بتأدية الخدمات العامة وتقديمها دون مقابل أو بمقابل رمزي، ويطلق على هذا القطاع اصطلاح Government Sector.

ونظراً لأن الوحدات التي يتكون منها كل من هذه القطاعات تقوم بإجراء صفقات أو معاملات تبادلية مع الوحدات المناظرة في العام الخارجي فإن الحسابات القومية تشتمل على حساب لتصوير نتائج هذه المعاملات، يطلق علية اصطلاح حساب العام الخارجي Rest of the World Account.

ومن ناحية أخرى، فإن الحسابات القومية لا تقتصر على تصوير نتائج العمليات لكل من القطاعات المشار إلها وإنما تعني كذلك بتصوير نتائج العمليات الرأسمالية، ومن ثم يمكن تخصيص حساب يشمل نتائج العمليات الاستثمارية التي تجريها القطاعات الثلاثة، ويطلق علية اصطلاح ((حساب والاستثمار)) Saving and Investment Account ويشمل الجانب المدين من هذا الحساب الاستثمارات بأنواعها المختلفة، بينها يشمل الجانب الدائن مصادر تمويل هذه الاستثمارات.

وعلى هذا الأساس يتكون الهيكل الحاسبي لمجموعة الحسابات القومية مما يأتي:

1- حساب القطاع الإنتاج.

2- حساب القطاع العائلي.

3- حساب قطاع الإدارة الحكومي.

4- حساب العالم الخارجي.

5- حساب الادخار والاستثمار.

- جانب دائن: ويعرف في الحسابات القومية باصطلاح (الموارد) Resources.

- جانب مدين: ويعرف باصطلاح (الاستخدامات) Allocations or Uses

ومن ثم، فإنه يمكن الربط بين هذه الحسابات الخمسة في إطار واحد على شكل قائمة تسوية Work sheet، وفقاً للنموذج التالي:

قائمة التسوية أو إطار الحسابات القومية على مستوى الاقتصاد القومي

حسابات القطاعات		حساب قطاع الإنتاج		حساب القطاع العائلي		حساب قطاع الحكومة		حساب العالم الخارجي		حساب ادخار واستثمار	
بيان المعاملات		استخدامات	موارد	استخدامات	موارد	استخدامات	موارد	استخدامات	موارد	استخدامات	موارد

كما أنه باستخدام قاعدة القيد المزدوج المتبعة في المحاسبة المالية يمكن تصوير نتائج المعاملات التبادلية التي تتم بين القطاعات التي سبقت الإشارة إليها.

ومن أمثلة ذلك أن أجور العاملين بقطاعي الإنتاج والإدارة الحكومي تظهر كعنصر من عناصر الاستخدامات في كل من حسابي هذين القطاعين، بينما تظهر بنفس القيمة بجانب الموارد في حساب القطاع العائلي.

وكذلك الحال بالنسبة للضرائب فهي تظهر كاستخدامات بكل من حساب قطاع الإنتاج والقطاع العائلي بينما يظهر مجموع قيمتها بجانب الموارد في حساب قطاع الإدارة الحكومي.

ويوضح المثال الآتي كيفية تطبيق قاعدة القيد المزدوج لتسجيل نتائج مجموعة من المعاملات التبادلية أو الصفقات التي تتم بين القطاعات المختلفة:

1-مبيعات السلع الاستهلاكية:

إذا فرض أن ($ع_1$) تمثل قيمة مشتريات القطاع العائلي من السلع الاستهلاكية التي ينتجها قطاع الإنتاج. وأن ($ع_2$) تمثل قيمة مشتريات قطاع الإدارة الحكومية من السلع والخدمات التي ينتجها هذا القطاع. وأن ($ع_3$) تمثل قيمة الصادرات من هذه السلع.

فإن كلاً من ($ع_1$)، ($ع_2$)، ($ع_3$) تظهر كاستخدامات في حساب القطاع العائلي، قطاع الإدارة الحكومي، وحساب العالم الخارجي على التوالي، بينما يظهر مجموع هذه القيم ($ع_1 + ع_2 + ع_3$) في جانب الموارد من حساب قطاع الإنتاج.

2-الأجور والنقدية والعينية:

إذا فرض أن ($أ_1$)، ($أ_2$) تمثل قيمة الأجور التي تؤول إلى العاملين بقطاع الإنتاج وقطاع الإدارة الحكومي على الترتيب، فإن كلاً من ($أ_1$)، ($أ_2$) تظهر

كاستخدامات في حسابي هذين القطاعين، بينما يظهر مجموع (أ$_1$+أ$_2$) بجانب الموارد في حساب القطاع العائلي.

3-التأمينات الاجتماعية والصحية:

إذا فرض أن (ب$_1$) تمثل إجمالي حصة الوحدات الإنتاجية في التأمينات الاجتماعية والصحية، وأن (ب$_2$) تمثل حصة الوحدات الإدارية في هذه التأمينات و(ب$_3$) تمثل حصة العاملين في قطاع الإنتاج وقطاع الإدارة الحكومي، فإن (ب$_1$+ب$_2$+ب$_3$) تمثل جملة ما يؤول إلى مؤسسات التأمينات الاجتماعية والصحية من هذه الأقساط.

ولذلك تظهر كل من (ب$_1$)، (ب$_2$)، (ب$_3$) بجانب الاستخدامات في حسابات كل من هذه القطاعات على التوالي.

ونظراً لأن مؤسسات التأمينات الاجتماعية والصحية تعتبر من الوحدات الإنتاجية التي يتكون منها قطاع الإنتاج، فإن إجمالي أقساط التأمينات تظهر بجانب الموارد في حساب قطاع الإنتاج.

وينطبق ذلك أيضاً على أقساط التأمين ضد الحوادث، فتظهر قيمة الأقساط المستحقة على كافة الشركات ومؤسسات الأعمال وما في حكمها من الوحدات التي تدخل ضمن قطاع الإنتاج، والأقساط التي يؤديها القطاع العائلي بجانب الاستخدامات في حسابي هذين القطاعين، بينما يظهر إجمالي هذه الأقساط بجانب الموارد في حساب قطاع الإنتاج على أساس أن هذه الأقساط تؤول إلى شركات التأمينات، وهي وحدات إنتاجية طبقاً للتعريف السابق.

أما أقساط التأمين على الحياة فإن قيمتها تظهر كاستخدامات في حساب القطاع العائلي فقط مقابل ظهورها بنفس القيمة بجانب الموارد في حساب قطاع الإنتاج.

4-المعاشات والمكافآت:

إذا فرض أن (جـ) تمثل قيمة المعاشات والمكافآت التي تؤول إلى الأفراد من قطاع الإدارة الحكومي، فإن هذه القيمة تظهر بجانب الاستخدامات في حساب قطاع الإدارة الحكومي، ثم بجانب الموارد في حساب القطاع العائلي.

5-الضرائب والرسوم:

إذا فرض أن ($د_1$) تمثل قيمة الضرائب المباشرة على أرباح قطاع الإنتاج، وأن ($د_2$) تمثل قيمة الضرائب المباشرة على دخول الأفراد، فإن كلاً منها تظهر بجانب الاستخدامات في حسابي هذين القطاعين، بينما يظهر إجمالي الضرائب المباشرة ($د_1$+$د_2$) بجانب الموارد في حساب قطاع الإدارة الحكومي.

وينطبق ذلك أيضاً على الضرائب غير المباشرة والرسوم والأتاوات بفرض أن قيمتها ($هـ_1$+$هـ_2$) على الترتيب.

6-صافي الأرباح الموزعة:

إذا فرض أن ($و_1$) تمثل صافي حصة العاملين في أرباح الشركات، وأن ($و_2$) تمثل حصة مؤسسات الأعمال (أو ما في حكمها من الشركات القابضة) في أرباح هذه الشركات، وأن ($و_3$) تمثل حصة المؤسسات المشار إليها نظير الإشراف والإدارة، فإن ($و_1$) تظهر بجانب الموارد في حساب القطاع العائلي، بينما تظهر جملة الأرباح الموزعة ($و_1$+$و_2$+$و_3$) كاستخدامات في حساب قطاع الإنتاج، كما أن قيمة ($و_2$+$و_3$) تظهر بجانب الموارد في حساب قطاع الإنتاج.

7-المباني والتشييدات:

يفرض أن قيمة المباني والتشييدات التي يقوم بإنشائها قطاع الإنتاج هي (ت)، فإن هذه القيمة تظهر بجانب الموارد في حساب القطاع.

ونظراً لأنها تمثل جزءاً من الاستثمارات التامة خلال الفترة الزمنية التي تعد عنها الحسابات القومية فإنها تظهر بالجانب المدين في حساب الادخار والاستثمار.

8، 9-الآلات والمعدات، والأصول الإنتاجية الأخرى:

وينطبق ذلك على كل من قيمة الآلات والمعدات وغيرها من الأصول الإنتاجية الأخرى كوسائل النقل، مع مراعاة إثبات قيمة الجزء المستورد منها بالجانب الدائن في حساب العالم الخارجي.

فإذا فرض أن قيمة الآلات والمعدات المنتجة محلياً هي (ح$_1$)، وقيمة الآلات والمعدات المستوردة هي (ح$_2$)، فإن (ح$_1$) تظهر بجانب الموارد في حساب قطاع الإنتاج، (ح$_2$) بالجانب الدائن في حساب العالم الخارجي، بينما تظهر القيمة الإجمالية (ح$_1$+ح$_2$) بالجانب المدين في حساب الادخار والاستثمار.

وكذلك الحال بالنسبة لقيمة وسائل النقل (ط$_1$+ط$_2$).

10-الزيادة في المخزون السلعي:

سبقت الإشارة إلى أن الزيادة في المخزون السلعي تعتبر عنصراً من عناصر الاستثمار، ومن ثم فإن الزيادة في المخزون السلعي (ي) تظهر بجانب الموارد في حساب قطاع الإنتاج كما تظهر نفس القيمة بالجانب المدين من حساب الادخار والاستثمار.

11- مخصصات إهلاك الأصول الثابتة:

تظهر قيمة هذه المخصصات بجانب الاستخدامات في حساب قطاع الإنتاج كما تظهر القيمة بالجانب الدائن في حساب الادخار والاستثمار باعتبارها عنصراً من عناصر تمويل الاستثمارات.

وقد سبقت الإشارة إلى أنه –من الناحية التمويلية- تعتبر مخصصات إهلاك الأصول الثابتة بمثابة تجنيب جزء من إيرادات الوحدة الإنتاجية لتكوين المال اللازم لإحلال أصول الإنتاجية بأصول جديدة معادلة لها في كفايتها الإنتاجية Depreciation as a Reserve Fund.

12- رصيد حساب قطاع الإنتاج (الاحتياطيات والأرباح المحجوزة):

يعادل رصيد حساب قطاع الإنتاج (ل) قيمة الفرق بين إجمالي الموارد وإجمالي الاستخدامات الظاهرة بهذا الحساب، وهو يمثل الاحتياطيات والأرباح المحجوزة في هذا القطاع، ويظهر هذا الرصيد بالجانب المدين (الاستخدامات).

وتعتبر هذه الاحتياطيات والأرباح المحجوزة مصدراً من مصادر تمويل الاستثمارات، ومن ثم فإنها تظهر بالجانب الدائن من حساب الادخار والاستثمار.

13- رصيد حساب القطاع العائلي (مدخرات القطاع العائلي):

يعادل الرصيد (م) قيمة الفرق بين موارد القطاع العائلي واستخداماته وهو يمثل مدخرات القطاع العائلي، ويظهر هذا الرصيد بالجانب المدين (الاستخدامات)، كما يظهر بنفس القيمة في الجانب الدائن من حساب الادخار والاستثمار على أساس أنه مصدر من مصادر تمويل الاستثمارات.

14-رصيد حساب قطاع الإدارة الحكومي:

يعـادل الرصيـد (ن) قيمـة الفـرق بـين المـوارد والاسـتخدامات الجاريـة لقطـاع الإدارة الحكـومي، ويمثـل فائـض العمليـات الجاريـة، ويظهـر بالجانب المـدين مـن هذا الحسـاب مقابل ظهوره بالجانب الدائن من حساب الادخار والاستثمار.

15-رصيد حساب الادخار والاستثمار:

سبقت الإشارة إلى أن الجانـب الـدائن لحسـاب الادخار والاسـتثمار يشتمل علـى مصـادر تمويـل الاسـتثمارات، بينمـا أن الجانـب المـدين يـشتمل علـى الاسـتثمارات بأنواعهـا المختلفـة ويعـادل الفـرق بـين الجانبين -وقيمتـه (هـ) في هـذا المثـال- فائـض الادخار عـن الاستثمار، وهـو يمثـل صافي الإقـراض للعالم الخـارجي، ومـن ثم فإنه يظهـر بالجانب المدين لحسـاب الادخـار والاسـتثمار مقابـل ظهـوره بـنفس القيمـة بالجانـب الـدائن مـن حسـاب العـالم الخارجي.

وتوضـح قائمـة التسـوية الـواردة بالـشكل الإيـضاحي رقـم (1) كيفيـة تـسجيل نتائـج المعـاملات التبادليـة التـي سبقت الإشـارة إليهـا مـن رقـم 1-15، وتمثـل هـذه القائمـة إطاراً للحسابات القومية على مستوى الاقتصاد القومي.

شكل إيضاحي، قائمة التسوية وتمثل إطار الحسابات القومية على مستوى الاقتصاد القومي

بيان	حساب قطاع الإنتاج		حساب القطاع العائلي		حساب قطاع إدارة حكومي		حساب العالم الخارجي		حساب الادخار والاستثمار	
	الاستخدامات	الموارد	الاستخدامات	الموارد	الاستخدامات	الموارد	مدين	دائن	مدين	دائن
مبيعات السلع الاستهلاكية والخدمات		ع$_{1}$+ع$_{2}$+ع$_{3}$	ع$_{1}$		ع$_{2}$		ع$_{3}$			
أجور نقدية وعينية	أ$_{1}$			أ$_{1}$+أ$_{2}$	أ$_{3}$					
تأمينات اجتماعية وصحية	ب$_{1}$	ب$_{1}$+ب$_{2}$+ب$_{3}$	ب$_{2}$		ب$_{3}$					
معاشات ومكافآت				جـ	جـ					
ضرائب مباشرة	د$_{1}$		د$_{2}$			د$_{1}$+د$_{2}$				
ضرائب غير مباشرة	هـ$_{1}$		هـ$_{2}$			هـ$_{1}$+هـ$_{2}$				
صافي الأرباح الموزعة	و$_{1}$+و$_{2}$+و$_{3}$	و$_{2}$+و$_{3}$		و$_{1}$						
المباني والتشيدات		ت							ت	
الآلات والمعدات		ح$_{1}$						ح$_{2}$	ح$_{1}$+ح$_{2}$	
أصول إنتاجية أخرى	ط$_{1}$							ط$_{2}$	ط$_{1}$+ط$_{2}$	
الزيادة في المخزون السلعي	ي								ي	
الاحتياطيات والأرباح المحجوز (قطاع الإنتاج)	ل									ل
مدخرات القطاع العائلي										م
فائض قطاع الإدارة الحكومي					ن					ن

5-10 القيمة المضافة:

تعادل القيمة المضافة Value Added لكل وحدة إنتاجية مقدار الفرق بين قيمة السلع والخدمات التي تنتجها هذه الوحدة وقيمة السلع الوسيطة التي تحصل عليها من الوحدات الأخرى.

فإذا فرض أن قيمة ما أنتجته الشركة (ب) من المنسوجات في عام 1975 هو 1000000 دينار، وأن هذه الشركة قد حصلت على خيوط الغزل التي استلزمها إنتاج هذه المنسوجات من الشركة (أ)، وكانت قيمة هذه الخيوط 650000 دينار، فإن القيمة المضافة للشركة (ب) تعادل 350000 دينار.

وبعبارة أخرى، فإن القيمة المضافة لوحدة إنتاجية معينة تقاس بمقدار ما تساهم به هذه الوحدة في زيادة قيمة السلع التي أنتجتها الوحدات الأخرى التي سبقتها في تأدية العمليات الإنتاجية المتعلقة بتلك السلع.

ويرجع ذلك إلى أن إنتاج السلع القابلة للاستهلاك النهائي يستلزم تضافر العمليات التي تؤديها الوحدات الإنتاجية التي يتكون منها قطاع الإنتاج، إذ أن مجموعة من هذه الوحدات الإنتاجية التي يتكون منها قطاع الإنتاج. إذ أن مجموعة من هذه الوحدات تختص بالعمليات الزراعية أو الإستخراجية اللازمة لإنتاج الخامات والمواد الأولية، بينما تختص مجموعة أخرى بإجراء العمليات التحويلية أو الصناعية على هذه الخامات، وتختص مجموعة ثالثة بتأدية خدمات النقل والتخزين وما إليها من الخدمات التسويقية.

ولتوضيح مفهوم القيمة المضافة بمثال رقمي نفرض أن قطاع الإنتاج يتكون من ثلاث وحدات إنتاجية، تقوم الوحدة الأولى بعمليات الإنتاج الزراعي، والثانية بعمليات الإنتاج الصناعي، والثالثة بتأدية خدمات التسويق، وأن الوحدة الثانية تستوعب كافة منتجات الوحدة الأولى، وأن الوحدة الثالثة تقوم بتسويق كافة

منتجات الوحدة الثانية. وبفرض أن عناصر النفقات التي تستلزمها العمليات الإنتاجية بهذه الوحدات الثلاث كانت كالآتي:

الوحدة الإنتاجية الأولى: أجور 810، إيجارات 140، فوائد 60 دينار.

الوحدة الإنتاجية الثانية: أجور 1030، إيجارات 160، فوائد 80 دينار.

الوحدة الإنتاجية الثالثة: أجور 520، إيجارات 25، فوائد 15 دينار.

وأن الأرباح المحققة في هذه الوحدات كانت 190، 330، 140 دينار على التوالي، فإنه يمكن تصوير حسابات إنتاج مستقلة لكل من هذه الوحدات الثلاث على النحو المبين فيما يلي:

حساب الإنتاج للوحدة الأولى

موارد			استخدامات	
مبيعات الخامات الزراعية	1200		أجور	810
			إيجارات	140
			فوائد	60
			أرباح	190
	1200			1200

حساب الإنتاج للوحدة الثانية

موارد			استخدامات	
مبيعات المنتجات الصناعية	2800		مشتريات الخامات الزراعية	1200
			أجور	1030
			إيجارات	160
			فوائد	80
			أرباح	330
	2800			2800

حساب الإنتاج للوحدة الثالثة

موارد	استخدامات
مبيعات السلع الاستهلاكية 3500	2800 مشتريات المنتجات الصناعية
	520 أجور
	25 إيجارات
	15 فوائد
	140 أرباح
3500	3500

وبفرض أن مخصصات الإهلاك هي 40 دينار، فإنه يمكن تصوير حساب الإنتاج للوحدة الثالثة على الوجه التالي:

موارد	استخدامات
مبيعات السلع الاستهلاكية 3500	520 أجور
	25 إيجارات
-2800 مشتريات المنتجات الصناعية	15 فوائد
	40 مخصص الإهلاك
	100 أرباح
القيمة المضافة 700	700 استخدامات القيمة المضافة

وبالمثل، يمكن تصوير حساب الإنتاج للوحدة الثانية على الوجه الآتي، وذلك بفرض أن مخصصات إهلاك الأصول الثابتة هي 150 دينار.

موارد	استخدامات
مبيعات المنتجات الصناعية 2800	1030 أجور
	160 إيجارات
	80 فوائد
القيمة الإجمالية لإنتاج الوحدة الثانية 2800	150 مخصص إهلاك الأصول
قيمة الخامات المشتراة من الوحدة (1) 1200-	180 أرباح
القيمة المضافة للوحدة (2) 1600	1600 استخدامات القيمة المضافة

ومن هذه الحسابات الثلاثة يتبين ما يلي:

القيمة المضافة للوحدة الإنتاجية الأولى =		1200 دينار
القيمة المضافة للوحدة الإنتاجية الثانية =	1200-2800	1600 دينار
القيمة المضافة للوحدة الإنتاجية الثالثة =	2800-3500	700 دينار
القيمة المضافة للوحدات الإنتاجية الثلاثاء		3500 دينار

وهكذا تعادل قيمة السلع الاستهلاكية التي اشتركت هذه الوحدات الثلاث في إنتاجها.

كما أنه باستخدام البيانات الواردة بهذه الحسابات الثلاثة يمكن تصوير حساب إنتاج موحد Consolidated Production Account للوحدات الإنتاجية الأولى، والثانية، والثالثة. وذلك بتطبيق نفس المبادئ المتبعة في إعداد الحسابات الموحدة لشركات المجموعة، فكما أن إعداد القوائم المحاسبية الموحدة يستلزم استبعاد نتائج المعاملات المتبادلة فيما بين شركات المجموعة الواحدة، فإن إيجاد القيمة المضافة لهذه الوحدات الإنتاجية الثلاث يستلزم استبعاد المعاملات المتعلقة بالسلع الوسيطة التي تتداولها. كما يتبين ذلك من الشكل التالي:

حساب الإنتاج الموحد

بيــــــان	حساب الإنتاج للوحدة (1) (العمليات الزراعية)		حساب الإنتاج للوحدة (2) (العمليات الصناعية)		حساب الإنتاج للوحدة (3) (الخدمات التسويقية)		الحساب الموحد للإنتاج	
	استخدامات	موارد	استخدامات	موارد	استخدامات	موارد	استخدامات القيمة المضافة	القيمة المضافة
مبيعات الخامات الزراعية		1200						
مشتريات الخامات الزراعية			1200					
مبيعات المنتجات الصناعية				2800				
مشتريات المنتجات الصناعية					2800			
مبيعات السلع الاستهلاكية						3500		3500
أجور	810		1030		520		2360	
إيجارات	140		160		25		325	
فوائد	60		80		15		155	
أرباح	190		330		14		660	
إجماليات	1200	1200	2800	2800	3500	3500	3500	3500

ومن هذا الحساب يتبين أن القيمة المضافة وهي 3500 دينار تعادل مجموع عوائد عوامل الإنتاج، على النحو المبين فيما يلي:

أجور	2360	دينار
إيجارات	325	دينار
فوائد	155	دينار
أرباح	<u>660</u>	دينار
	<u>3500</u>	دينار

الفصل

الحادي عشر

المنظمات الدولية والمحاسبة الحكومية

الفصل الحادي عشر

المنظمات الدولية والمحاسبة الحكومية

مقدمة:

من الجدير بالذكر أن المبادئ والمعايير المحاسبية لم تلق العناية والاهتمام الذي لقيته المحاسبة المالية، من منطلق أن المحاسبة المالية أي المشروع، بغض النظر تجارياً كان أم صناعياً، كان هو الأصل والأكثر قدماً على وجه الأرض. حيث لم يكن هناك في السابق هذا التدخل الكبير للدولة في مسارات النشاط الاقتصادي، حيث كان هذا التدخل قاصراً على أدوات السياسة النقدية التقليدية، لهذا كانت الإحصاءات الاقتصادية محدودة، ولم تكن لتتعدى جمع البيانات الخاصة في مجال التجارة الخارجية والمتغيرات الديموغرافية وما إلى ذلك من بيانات عن الأسعار وكذلك السكان.

وبدأ الاهتمام بالمحاسبة الحكومية منذ عهد قريب، وفي هذا الفصل سوف نلقي الضوء على بعض المؤسسات العالمية التي أبدت اهتماماً بالمحاسبة الحكومية لنبين مقدار مساهمتها في هذا الإطار.

1-اللجنة القومية لمحاسبة البلديات (NCMA):

National Committee of Municipal Accounting:

قامت هذه اللجنة في عام 1934 بوضع تصور في محاولة لصياغة مبادئ وقواعد محاسبة حكومية في وحدات حكومية صغيرة على مستوى ((بلدات)) وذلك في الولايات المتحدة الأمريكية، وكان تقريرها تحت اسم:

Tentative Outline Principles of Municipal Accounting

2-اللجنة القومية للمحاسبة الحكومية (NCGA):

National Committee on Governmental Accounting

قامت هذه اللجنة لتحل محل اللجنة القومية لمحاسبة البلدات -السابقة الذكر-، وفي العام 1986 أصدرت تقريراً عن المحاسبة والتدقيق والتقارير الحكومية، وقد تضمن هذا التقرير مجموعة من المبادئ والقواعد المحاسبية التي استخدمت بشكل واسع فيما بعد، واعتبر كعنصر أساسي لمبادئ وقواعد المحاسبة الحكومية وكأساس للتطوير فيما بعد، وكان هذا التقرير تحت عنوان:

Governmental Accounting and Financial Reporting

3-المجلس القومي للمحاسبة الحكومية (NCGA):

National Council on Governmental Accounting

تأسس هذا المجلس ليحل محل اللجنة القومية للمحاسبة الحكومية، وكانت أولى إنجازاته، إصدار في عام 1979 المعيار (1) Statement والذي يمثل مراجعة وإعادة تحديث لتقرير اللجنة القومية للمحاسبة الحكومية والذي سبقت الإشارة إليه (GAAFR) حيث قام ومن خلال تقريره الذي كان تحت عنوان "Governmental Accounting and Financial Reporting "Principles ويعتبر هذا المعيار من أهم الوثائق المتعلقة بمعايير المحاسبة الحكومية التي صدرت حتى الآن. وقد وافق مجلس المحاسبين والمراجعين الأمريكيين على هذا المعيار وقام بتعديل ما سبق أن أصدره من أدلة ومعايير لتتفق وما جاء في هذا المعيار من مبادئ وقواعد.

4-مكتب المحاسبة العامة (General Accounting Office (GAO

هذا المكتب هو أحد الأجهزة التابعة للكونغرس الأمريكي وهو مسؤول عن صياغة وإصدار المعايير المحاسبية في وحدات الحكومة الأمريكية الفيدرالية، وفي العام 1971 قام هذا المكتب بعضاً من المبادئ والقواعد المحاسبية الواجبة التطبيق في الوحدات والأنشطة والبرامج الحكومية تحت عنوان: Standards for Audit of Governmental Organizations, Programs, Activities and Functions. وفي العام 1981 قام هذا المكتب بمراجعة المعايير التي كان قد أصدرها وأعاد صياغتها بحيث أكد على أن التقارير المالية الحكومية يجب أن تكون قد أعدت وفقاً للمبادئ المحاسبية المتعارف عليها، وأكد أيضاً على ضرورة الإفصاح أيضاً عن مدى كفاءة وفعالية الأنشطة الحكومية وتبيان واكتشاف الغش أو الأعمال غير القانونية وكذلك مقدار تحقيق الأهداف المرجوة من البرامج والأنشطة الحكومية.

5-مجمع المحاسبين والمراجعين الأمريكي (AICPA):

The American Institute of Certified Public Accountants

أصدر المجمع في عام 1974 دليلاً للمحاسبين والمراجعين يتعلق بمراجعة الوحدات الحكومية المحلية والولايات تحت عنوان: Audits of States and Local Governmental Units، وقد أشار المجمع بوضوح أنه وفيما يتعلق بالأمور التي لم يتم تعديلها في مراجعته فإن المبادئ والقواعد التي جاءت في تقرير اللجنة القومية للمحاسبة الأمريكية (GAAFR) هي الواجبة التطبيق أثناء مراجعة وتدقيق وحدات الحكومة الأمريكية وكذلك الولايات.

6-مجلس معايير المحاسبة الحكومية (GASB):

Governmental Accounting Standards Board

تأسس هذا المجلس في عام 1984 ليحل مكان المجلس القومي للمحاسبة الحكومية (NCGA)، ويختص هذا المجلس بوضع وإصدار معايير المحاسبة والتقارير لأنشطة وعمليات الوحدات الحكومية المحلية والولايات، وقد تم الاتفاق على أن يستمر العمل بما سبق صدوره من مبادئ وقواعد من خلال كل من المجلس القومي للمحاسبة الحكومية ومجمع المحاسبين والمراجعين الأمريكيين (AICPA) حتم تعديلها من جديد.

وفي شهر أيلول من عام 1984 أصدر المجلس المعيار رقم (1) والذي اعترف فيه بالمعايير رقم (1) والذي كان قد صدر عن المجلس القومي للمحاسبة الحكومية (NCGA) باعتباره المعيار المحاسبي الرسمي والواجب التطبيق من قبل جميع محاسبي ومراقبي الوحدات الحكومية.

7-مجلس معايير المحاسبة المالية (FASB):

Financial Accounting Standards Board

تعرضت مهنة المحاسبة في منتصف السبعينات من القرن العشرين إلى ضغوط متزايدة وشكلت العديد من اللجان على مستوى الكونجرس وكذلك على مستوى الحكومة الأمريكية لتقصي الحقائق والممارسات والتعريفات في مجال مهنة المحاسبة والتدقيق. وقد دفعت هذه الضغوط كل من الكونجرس والحكومة الأمريكية وكذلك الجمعيات والمعاهد العلمية والمهنية للتحرك باتجاه إعادة بناء الثقة في المحاسبة والتقارير المحاسبية.

وكان من أشهر هذه اللجان لجنة عضو الكونجرس (Moss)، ولجنة عضو الكونجرس (Metcalf). وكذلك تم تشكيل لجنة أخرى من قبل مجمع

المحاسبين والمراجعين الأمريكيين (AICPA) لمراجعة وظائف ومسؤوليات المحاسبين وتوضيح الدور الذي يجب أن يقوم به المحاسب,

وكان نتيجة ذلك أيضاً، أن كلف مجلس معايير المحاسبة المالية أحد الكتاب البارزين في مجال المحاسبة Robert N. Antony بإعداد دراسة استكشافية عن المحاسبة في المشروعات غير التجارية، وقد انتهى في عام 1978 من إعداد دراسة عرض فيها أهم الآراء والممارسات المتعلقة بالإطار الفكري للمحاسبة في المشروعات غير التجارية.

إضافة لذلك، قام المجلس بوضع إطار مفاهيمي للمحاسبة وأصدر في عام 1980 معيار رقم (4) تحت عنوان: Objectives of Financial Reporting by Non-Business Organization، وقد تضمن هذا المعيار أهداف التقارير المالية الخارجية للمشروعات غير التجارية، ومن بينها الوحدات الحكومية والخصائص التي تتميز بها تلك الوحدات، بالإضافة إلى ذلك تعرض هذا المعيار لمستخدمي التقارير المالية في تلك الوحدات.

8-مجلس معايير محاسبة التكاليف (CASB):

Cost Accounting Standards Board

تأسس هذا المجلس في عام 1970 وتحددت مسؤولياته بتوصيف وتقرير المبادئ والقواعد المحاسبية التي من الواجب إتباعها واستخدامها من قبل الوحدات الحكومية في حساب التكاليف.

وقد اصدر هذا المجلس المثير من المبادئ والقواعد التي تحكم إبرام العقود الحكومية مع الشركات الخاصة، مثال ذلك عقود وزارة الدفاع الأمريكية وبرامج الفضاء المختلفة.

قائمة المراجع:

1- نعيم دهمش، الأساليب الحديثة في التخطيط المالي، وإعداد الموازنات التحليلية، (برنامج تدريبي)، المركز الوطني للإدارة والتدريب، أبو ظبي، 1998م.

2- نعيم دهمش، الموازنة الصفرية، المنظمة العربية للعلوم الإدارية، عمان، الأردن، 1981م.

3- Wright, Chaster, The Concept of Program Budget، ترجمة محمد حامد إبراهيم، المنظمة العربية للعلوم الإدارية، عمان، الأردن، 1977.

4- د. محمد عباس حجازي، المحاسبة الحكومية في إدارة التنمية الاقتصادية (ترجمة)، المنظمة العربية للعلوم الإدارية، القاهرة، 1988م.

5- د. عمر حسنين، المحاسبة الحكومية والقومية، مؤسسة شباب الجامعة، الإسكندرية، 1978م.

6- د. عقلة المبيضين، النظام المحاسبي الحكومي وإدارته –المفاهيم والأسس والنظريات والتطبيق العملي، دار وائل للنشر، عمان، الأردن، 1999م.

7- د. حسن عبدالفتاح وصفي، النظرية والتطبيق في المحاسبة الحكومية، دار الجامعات المصرية، الإسكندرية، مصر,

8- د. محمد شوقي بشادي، المحاسبة الحكومية والقومية، الدار الجامعية للطباعة والنشر، بيروت، 1983م.

9-د. قاسم الحسيني، المحاسبة الحكومية والميزانية العامة للدولة، مؤسسة الوراق، عمان، الأردن، 1999م.

10-د. حسن محمد كمال وآخرون، نظام المحاسبة الحكومية –دراسة نظرية وعملية-، مكتبة عين شمس، القاهرة، 1989م.

11-د. حسين عامر شرف، نظرية المحاسبة الحكومية، دار النهضة العربية، القاهرة، 1973م.

12-د. عبدالله أحمد ود. محمد رشاد مهنا، المحاسبة الحكومية والقومية (النظرية والتطبيق)، مطبعة الإسراء، القاهرة، 2000م.

الأنظمة والقوانين:

1-الدستور الأردني.

2-وزارة المالية، مديرية التطوير والتدريب، النظام المالي رقم (3) لسنة 1994، والتعليمات التطبيقية للشؤون المالية رقم (1) لسنة 1995.

3-قانون تنظيم الميزانية العامة رقم (39) لسنة 1962.

فهرس المحتويات

تم بحمد الله

T0300932

Printed in the United States
By Bookmasters